3
희망은 있습니다
인생 문제에 대한 하나님과의 아름다운 소통

국제제자훈련원은 건강한 교회를 꿈꾸는 목회의 동반자로서 제자 삼는 사역을 중심으로 성경적 목회 모델을 제시함으로써 세계 교회를 섬기는 전문 사역 기관입니다.

희망은 있습니다

초판 1쇄 발행 | 2009년 12월 12일   **초판 3쇄 발행** | 2011년 1월 10일

지은이 | 옥한흠
펴낸이 | 오정현   **펴낸곳** | 도서출판 국제제자훈련원

기획책임 | 김명호   **마케팅책임** | 김석주
편집책임 | 박주성   **디자인책임** | 고경원   **디자인담당** | 정하은

등록 | 제22-1240호(1997년 12월 5일)
주소 | (137-865) 서울시 서초구 서초1동 1443-26
e-mail | dmipress@sarang.org   **홈페이지** | www.discipleN.com
전화 | 편집부 (02)3489-4310   영업부 (02)3489-4300
팩스 | 편집부 (02)3489-4310   영업부 (02)3489-4300

책값은 표지에 있습니다.
ISBN 978-89-5731-441-8 03230

● 독자의 의견을 기다립니다.

인생 문제에 대한 하나님과의 아름다운 소통

희망은 있습니다

옥한흠 지음

국제제자훈련원

서문

진정한 변화를 꿈꾸는 이들을 위하여

흔히 기독교를 변화의 종교라고 말한다. 실제로 기독교의 역사는 변화된 사람들의 역사이다. 스데반을 돌로 쳤던 바울은 예수님을 만난 후 유럽을 변화시켰고, 말씀에 사로잡힌 루터는 종교적인 타락이 절정에 이른 중세의 암흑기를 밝힌 햇불이 되었다. 이처럼 역사를 변화시킨 기독교의 역사는 소수의 위대한 신앙 영웅들에게만 제한되지 않는다. 오늘날 세계 최강국으로 자리매김을 하고 있는 미국을 보면, 이름도 빛도 없이 사라져 간 소수의 헌신된 청교도들에게 그 뿌리를 두고 있음은 누구나 아는 사실이다. 이처럼 역사를 변화시키고 세상을 변화시키는 능력은 예수님을 만난 사람 그 누구에게든지 부어지는 전천후 은혜이다.

그러나 우리는 어떤가? 통계청의 종교 인구 조사에 따르면, 기독교인 수는 1995년 11월 현재 1,180만 명이라고 한다. 그리고 최근 모신문에서 발표한 기사에 따르면, 1993년에서 1997년까지 지난 5년 동안 장차관으로 임명된 인사들 중에서 기독교 신자의 비율이 67.8퍼센트에 이른다. 그러나 부패 퇴치 민간 기관인 '국제투명성기구(Trans parency International)'의 워싱턴 사무소가 공개한 '96년 TI부패 지수'에 의하면, 한국은 전체 대상 54개국 중 27위에 머물렀다. 이런 통계들은 어쩌면 우리나라 기독교의 현주소를 보여 주는 것인지도 모른다.

길을 가든지, 차를 타든지, 심지어 잠을 잘 때조차도 좌우에 있는 네 명 중 한 명이 기독교인이라고 여겨지는 우리나라에서 어디 하나 썩어서 냄새나지 않는 곳이 없다는 현실은 도대체 어떻게 된 일인가? 어느 교사가 일만 원 단위로 꼼꼼하게 기록하였다는 촌지 기록부나, 8급의 말단 세무원 부인이 꿈꾸듯 인생을 설계하였던 뇌물 노트는 우리의 억장을 무너지게 한다. 그나마도 이렇게 밝혀진 일들이 빙산의 일각이라는 것은 서로가 너무도 잘 아는 사실이다. 그렇다면 가는 곳마다 거침없이 그 사회와 역사를 변화시켜야 할 기독교는 우리 사회의 어디에 있으며, 빛과 소금이어야 할 기독교인은 어디에 있는가?

윌리엄 제임스는 그의 저서에서 "종교는 우리 삶에서 습관 아니면 뜨거운 열정으로 존재한다."고 했다. 종교가 하나의 습관이 되면 그것은 우리 생활에 아무런 영향도 끼치지 못한다. 습관이 된 종교는 생명이라고는 찾아볼 수 없는 박제된 종교에 불과하다. 오늘날 기독교인들이 보이는 생명력을 상실한 무기력함은 소위 이중적인 삶으로 인한 '영적 분열증'에서 비롯되고 있다고 생각한다. 교회 내의 삶과 교회 밖의 삶이 다르다. 일상 생활에서 교인과 비교인을 구별하는 것은 곤충의 암수를 구별하는 것만큼이나 어려운 것이 현실이다. 이러한 영적 분열증의 원인은 많은 사람들이 '그리스도를 포기하려 하지도 않고, 그리스도를 위해서 다른 것을 포기하려고도 하지 않기 때문'일 것이다.

나는 사회적으로 큰 사건이 터질 때마다 두근거리는 가슴을 어찌하지 못한다. 혹시나 또 교회의 직임을 맡은 사람들이 관련되어 있지는 않나 하는 두려움 때문이다. 교회의 직분자가 사건의 관련자로 드러날 때마다 기독교는 세상 사람들로부터 조소를 당하고 있다. 교회가 사회에서 이처럼 무시를 당하고 조롱거리가 되는 이유는 어디에 있는가? 그것은 일차적으로 교회가 교인들에게 기독교의 개인적인 책임과 공적인 책임을 균형 있게 가르치지 못했기 때문이라고 생각한다. 교인들은 개인적인 구원에 대해서는 귀가 아프도록 들었지만, 공동체의 일원으로서 사회적인 책임과 의무에 대해서는 그렇게 충분한 가르침을 받지 못했다.

우리는 세상의 빛이다. 그리스도인들은 세상의 빛으로서 공적인 책임을 다해야 한다. 세상이 아무리 더러워도 우리는 세상 속에서 살며 그리스도인으로서 세상에 대한 책임을 다해야 한다. 상대적 가치가 판을 치는 이 세상에서 하나님이라는 절대적 진리를 소유한 자로서 살아야 한다. 세상의 상대적인 도덕 기준을 하나님이라는 절대적 진리와 가치에 부합하도록 상향시켜야 할 책임이 우리에게 있다. 이 병든 사회를 치료하고 이 나라를 위기에서 구할 수 있는 길은 우리 예수 믿는 사람들이 부패한 사회에서 그 영향력을 강화하는 방법 외에는 다른 길이 없다. 우리가 더 밝은 빛이 되고, 더 짠맛을 내는 소금이 되는 길 외에는 결코 파멸적 쾌락에 찌든 이 사회를 살아나게 할 수 없다. 우리 그리스도인들이 바로 살아야 세상은 바뀐다.

이 책의 목적은 모든 그리스도인이 공동체 속에서 사회적 책임 의식을 가진 성숙한 신앙인이 되도록 하는 데 있다. 척 스윈돌은 성숙이란 "영혼의 삼투압 현상"과 같다고 말하였다. 성경 말씀을 듣고 흡수하여 우리 마음 한가운데 그 진리가 흘러 들어가게 하는 것이다. 우리가 기꺼이 그 진리의 말씀에 순종할 준비만 되어 있다면, 우리 안에 거하시는 성령께서 권능으로 우리를 붙드시고 버티어 나갈 힘을 주실 것이다.

옥한흠

차례

서문 · 4

Chapter 1   빛을 잃어 버린 세상 · 11
Chapter 2   시민이 사라진 사회 · 31
Chapter 3   하나님의 비상수단 · 47
Chapter 4   버려야 삽니다 · 67
Chapter 5   내일을 위한 헌신 · 87
Chapter 6   종교에 빠진 사람들 · 105
Chapter 7   나라를 구하는 기도 · 125
Chapter 8   고개 숙인 아버지 · 143
Chapter 9   성숙이 필요한 사회 · 169
Chapter 10 책임전가 · 187
Chapter 11 빈자처럼, 부자처럼 · 205
Chapter 12 원수가 주리거든 · 221
Chapter 13 저주받은 땅, 책임 있는 관리 · 239
Chapter 14 희망은 있습니다 · 259

Chapter 1

빛을 잃어 버린 세상

"너희가 전에는 어둠이더니 이제는 주 안에서 빛이라 빛의 자녀들처럼 행하라 빛의 열매는 모든 착함과 의로움과 진실함에 있느니라 주를 기쁘시게 할 것이 무엇인가 시험하여 보라 너희는 열매 없는 어둠의 일에 참여하지 말고 도리어 책망하라 그들이 은밀히 행하는 것들은 말하기도 부끄러운 것들이라 그러나 책망을 받는 모든 것은 빛으로 말미암아 드러나나니 드러나는 것마다 빛이니라"(에베소서 5:8-13).

주님은 우리를 '교회의 빛'이 아니라 '세상의 빛'으로 보내셨습니다. 세상의 빛이라는 것은 다른 말이 아닙니다. 이 사회의 부패와 타락에 대해서 우리가 책임을 져야 한다는 뜻입니다.

종종 이런 생각을 할 때가 있습니다. '이 사회에 기독교가 존재한다는 것이 무슨 의미가 있을까?' 쉽게 말해서, 교회가 몇 만 개나 되고 교인이 천몇백만 명이라고 하는 것이 이 사회에 대해 무슨 의미가 있느냐는 것입니다. 왜냐하면 우리 사회의 현실을 보면 마치 교회가 존재하지 않는 것처럼 느껴지기 때문입니다.

요즈음 세상 돌아가는 모양을 보십시오. 사람들이 얼마나 악해졌습니까? 어느 교수의 말처럼 사람들의 마음속에서 죄의식이 완전히 실종된 것 같습니다. '다들 그렇게 하지 않느냐? 나만 재수 없어 걸린 것뿐인데 뭐가 잘못이냐?' 하는 생각이 사람들의 의식을 지배하고 있습니다. 이런 세상을 볼 때마다 저는 예수님이 우리를 향해서 책망하시는 소리를 듣습니다.

"너희들, 도대체 뭘 하고 있니? 너희들이 살고 있는 이 세상이 왜 이 모양이니?"

어떤 사람은 이렇게 변명할지도 모릅니다.

"주님, 세상은 원래 악한 것 아닙니까? 우리가 기를 쓴다고 해서 세상이 천국으로 바뀌겠습니까? 가롯 유다가 성자로 바뀌겠습니까? 그저 우리만 예수 잘 믿고 천국 가면 되는 것 아닙니까?"

그러나 하나님의 말씀 앞에 스스로를 냉정하게 비추어 보십시오. 고개를 설레설레 흔드시는 주님의 모습이 보일 것입니다. 왜냐하면 주님은 우리가 '세상의 빛'이라고 말씀하시기 때문입니다. '세상의 빛'이라는 것은 다른 말이 아닙니다. 이 사회의 부패나 타락에 대해서 우리가 책임을 져야 한다는 말입니다. 그러므로 세상이 어떻게 돌아가든 그게 나하고 무슨 상관이냐는 식의 변명은 어림 없는 소리입니다. 주님은 우리를 '교회의 빛'이 아니라 '세상의 빛'으로 보내셨기 때문입니다.

그러므로 참된 기독교는 개인적인 종교로서의 역할과 공적인 종교로서의 역할을 균형 있게 잘 감당해야 합니다. 어느 한쪽으로만 치우쳐 버리면 그것은 참 기독교가 아닙니다.

개인적인 종교로서의 기독교는 나 하나만 구원받으면 된다고 생각합니다. 내가 구원받고 나의 소원이 이루어지는 것으로 만족하는 것입니다. 어느 신학자는 이것을 가리켜 '실리적인 개인주의'라고 했습니다.

이와 같이 자기 실속만 차리려는 자들은 기독교를 개인화시켜 버립니다. 그들이 예수님을 찾는 것은 단지 자기 감정을 만족시키고 자기 소원을 성취하기 위한 수단에 불과합니다. 이런 사람들은 겉으로는 신앙생활을 썩 잘하는 것처럼 보입니다. 그러나 그 내면을 들여다보면, 그들은 하나님을 주인으로 모신 것이 아니라 자기가 주인이 되어 살고 있는 사람들입니다.

공적 책임

기독교는 공적 책임을 가진 종교라는 것을 기억해야 합니다. 공적 책임이란, 정의를 외치고 약한 자와 억눌린 자 편에서서 하나님의 공의를 세우는 데 앞장서는 것을 말합니다. 사회가 도덕적으로 타락했다면 교회가 그 타락의 환부를 끌어안고 치유하기 위해 애써야 한다는 것입니다. 이것이 바로 기독교가 감당해야 할 공적 책임입니다. 그러나 안타깝게도 얼마나 많은 그리스도인들이 이러한 공적 책임을 도외시한 채 자기만을 위한 종교에 몰두해 있는지 모릅니다.

조지 아담 스미스라고 하는 사람이 이런 말을 했습니다.

"기독교를 개인적인 영역에 제한시켜 보십시오. 그러면 썩어서 냄새가 진동하게 되고 심각하게 병들어 신음하게 될 것입니다. 그러나 기독교를 열린 대기 속에 살게 해보십시오. 그러면 피가 깨끗하게 될 것입니다."

참 멋진 표현이라고 생각합니다. 이 말은 기독교가 나 하나 구원받고 자기 소원을 이루는 데만 초점을 맞추다 보면 나중에는 썩은 냄새를 피우는 송장처럼 된다는 말입니다. 그러나 기독교가 사회를 거룩하게 만들고, 세상 사람들로 하여금 하나님의 영광을 보게 하는 공적인 책임을 다하게 되면 교회의 피가 깨끗해지고, 결과적으로 사회까지 건강하게 만들 것이라는 얘기입니다. 그러므로 기독교는 개인적인 면과 공적인 면, 이 두 가지가 적절하게 조화와 균형을 이루어야 합니다.

그런데 오늘날 한국 교회를 보면 결코 그렇지 못한 것 같습니다. 기독교의 영광이 어디 있습니까? 내가 갈급한 은혜를 받는 것도 중요한 일이긴 하지만, 이 사회를 염려하여 병든 부분을 치유하려고 몸부림치지 않는다면 그 기독교는 썩은 송장에 불과한 것입니다.

예수 믿는다고 하면서 이 사회를 보고 가슴을 치며 하나님 앞에 울부짖지 않는다면 그는 영적으로 뭔가 병들어 있는 자입니다. 나만 구원받고, 나만 잘살면 뭘 합니까? 배가 가라앉고 있는데 식당에 앉아 맛있는 것을 혼자 실컷 먹게 되었다고 행복해하는 사람이 있다고 가정해 봅시다. 그 사람이 정말 행복한 사람입니까? 아닙니다. 그 사람은 정신나간 사람인 것입니다.

우리는 세상의 빛입니다! 기독교는 이 세상의 빛으로서 공적 책임을 다해야 할 것입니다. 이러한 책임을 제일 먼저 깨닫고 실천에 옮긴 선각자들이 바로 종교 개혁자들이었습니다. 당시는 신성로마제국시대로 기독교가 그 사회를 주관하고 있었습니다. 이런 점에서 보면 굉장히 이상적인 사회가 아닐까 생각할 수도 있겠지만 실상은 그 반대였습니다.

왜냐하면 그 당시 교회는 더 이상 썩을 수 없을 만큼 썩어 있었기 때문입니다. 뇌물을 받고 성직을 팔기도 하고 돈을 받고 죄 용서를 보증하는 면죄부를 팔고 거룩한 삶을 자랑하는 성직자들이 수녀들과 음행을 저지르며 사생아를 낳기까지 했습니다. 세상에서 가장 부패해서 악취가 나는 곳이 바로 교회였던 것입니다.

이러한 상황에서 의식 있는 젊은이들이나 신앙생활을 바로 해보겠다는 거룩한 사람들은 누구나 세상을 등지고 수도원으로 들어가고 싶은 충동을 받았습니다. '이 더럽고 신물나는 세상, 안 보는 것이 상책이야. 이 세상 꼴도 보기 싫으니 수도원에나 가서 그 속에서 살다가 죽자!' 그래서 수많은 신실한 사람들이 수도원으로 들어갔습니다. 세상과 담을 높이 쌓고 그 속에서 밭이나 갈고 채소나 재배하면서 하나님만 바라보고 살겠다는 것이었습니다. 이게 그 당시의 풍조였습니다.

이런 풍조를 가장 잘 보여 주는 것이 토마스 아 캠피스의 『그리스도를 본받아』라는 책입니다. 이 책은 거룩하게 살려는 사람들에게 좋은 지침서 역할을 했습니다. 그러나 이 책의 밑바닥에는 잘못된 사상이 하나 깔려 있습니다. 하나님 앞에서 긍정적인 삶을 살기 위해서는 세상에 대해 부정적인 삶을 살아야 한다는 것입니다. 더 쉽게 말씀드리면, 거룩하게 살고자 한다면 세상을 버리고 돌아서야 한다는 것입니다.

루터나 칼뱅, 쯔빙글리와 같은 종교 개혁자들은 바로 이러한 잘못된 신학을 부정하고 나선 것입니다. 그들은 부패한 교회를 개혁하는 일에 앞장섰을 뿐 아니라 수도원 운동들에 의해 무시되었던, 교회의 공적 책임을 다시 강조했습니다. 그들은 그리스도인이 되는 것을 세상에서 하나님을 섬기도록 부름받는 것으로 이해했습니다.

하나님이 세상에 교회를 세우시고 하나님의 백성을 이 땅에 남겨 놓으신 것은 타락하고 냄새나는 이 세상을 하나님과 화목하게 하여 하나님이 다스리시는 나라로 만드시기 위해서입니다. 그러므로 예수 믿는 사람은 세상으로부터 도피해서도 안 되고 세상에 등을 돌려서도 안 됩니다. 세상이 아무리 더러워도 우리는 세상 속에서 살며, 세상에 대한 책임을 감당해야 합니다. 왜냐하면 기독교는 개인의 구원을 위한 종교이면서 동시에 이 세상을 위한 종교이기 때문입니다.

오늘날 한국 교회는 이러한 위대한 종교 개혁자들의 사상을 이어받았다고 자랑합니다. 그러나 한국 교회의 현실을 보십시오. 기독교가 개인의 전유물처럼 되었습니다. 예수가 '만유의' 주요, '온 세상의' 구주가 아니라 '나의' 구주로 소인화되었습니다. 그 결과 교회는 더욱더 무기력해졌고 이 사회에 아무런 영향력도 미치지 못하는 비참한 존재가 되었습니다.

교회의 숫자가 계속 늘어나는데도 세상은 더 악해지고 있습니다. 예수 믿는 사람이 그만큼 많이 들어가서 일하는 회사라면 뭐가 달라도 다를 것 같은데 피장파장입니다. 왜 이런 일들이 일어났습니까? 그것은 우리가 그동안 공적인 책임을 너무나 등한히 했기 때문입니다.

빛의 자녀들처럼 행하라!

우리는 '세상의 빛'입니다. 우리는 세상의 빛으로서 세상에 대한 공적인 책임을 감당하기에 힘써야 합니다. 그러기 위해서는 우리가 해야 할 일이 몇 가지 있습니다.

"너희가 전에는 어둠이더니 이제는 주 안에서 빛이라 빛의 자녀들처럼 행하라"(엡 5:8).

우리가 먼저 해야 할 것은 빛의 자녀답게 행하는 것입니다.

여기서 '행(行)하다'는 말은 '걸어다닌다', 혹은 '산다', '실천한다'는 뜻을 가지고 있습니다. 우리가 빛의 자녀답게 사는 것을 최우선으로 삼아야 한다는 것입니다.

그렇다면 어떻게 사는 것이 빛의 자녀다운 삶입니까?

"빛의 열매는 모든 착함과 의로움과 진실함에 있느니라" (엡 5:9).

예수 믿고 하나님의 자녀가 된 사람은 새로운 피조물이 되었기 때문에 착하고 의로우며, 진실합니다.

'착하다'는 말은 우리의 마음가짐을 말합니다. 예수님의 마음을 본받아 살기 때문에 우리의 거듭난 마음은 착해집니다.

'의롭다'는 말은 하나님과 나와의 관계를 이야기하는 것입니다. 하나님 앞에서 우리는 항상 하나님이 원하시는 삶을 살려고 하는 자세를 가지고 있습니다. 하나님이 의롭다고 인정하시는 삶을 살려는 것입니다.

'진실하다'는 말은 이웃을 향한 나의 자세를 말합니다. 우리는 모든 사람에게 정직합니다. 하나님을 두려워하는 양심을 가지고 사람들을 대하기 때문입니다. 이것이 바로 빛의 자녀로서 우리가 가져야 할 인격이자 삶입니다.

그러므로 우리는 착한 사람답게 살고 하나님이 인정하시는 의로운 사람답게 행동하고 진실한 사람답게 말하고 실천해야 합니다. 그럴 때에 우리가 이 세상을 환하게 밝힐 수 있는 빛이 될 것입니다. 그러나 만일 우리가 이러한 빛의 자녀다운 모습을 잃어 버린다면 그리스도인의 수가 아무리 많다 해도 이 세상의 어두움을 쫓아내는 빛은 되지 못할 것입니다.

'교회 갱신을 위한 목회자 협의회' 수련회가 모 기도원에서 2박 3일 동안 있었습니다. 수련회 기간 내내 참석한 400명의 목회자들이 하나님 앞에 한국 교회의 죄를 놓고, 특히 교회 지도자들의 잘못을 놓고 가슴을 치며 탄식하고 밤낮으로 하나님 앞에 참회했습니다.

그때 참석했던 목회자들에게 설문 조사를 했는데, 설문의 요지는 "오늘날 한국 교회가 힘을 잃고 성장이 둔화된 근본 원인이 무엇이냐?" 하는 것이었습니다. 그런데 놀랍게도 참석한 목회자들 91.7퍼센트가 이 질문에 예수 믿는 사람들의 신앙과 삶이 불일치가 가장 근본적인 원이이라 대답했습니다. 예수 믿는 사람들이 사회에 나가서 세상 사람들과 똑같이 부정직하게 살고 비인간적인 행동을 하는 데에 그 근본 원인이 있다고 본 것입니다.

이것을 보아도 우리 한국 교회가 지금 얼마나 심각한 상황에 빠져 있는지 알 수 있습니다. 이제까지 한국 교회는 기독교를 나만 위한 종교로 사유화시킴으로써 교회가 공적으로 이 사회와 국가를 위하여 담당해야 할 책임을 등한히 해왔습니다. 그러다 보니 신앙과 삶 사이에 심각한 괴리가 생긴 것입니다. 정직해야 될 사람이 직장에서 거짓말을 함부로 합니다. 선해야 할 사람이 세상 사람과 똑같이 더러운 생각을 품으며 행동합니다. 하나님 앞에 의롭게 행동해야 할 사람이 세상 사람들과 다를 바 없는 삶을 살고 있으니 이 사회가 달라지지 않는 것입니다.

물론 세상 사람들에게 귀감이 되는 분들이 없는 것은 아닙니다. 예수를 믿기 때문에 어디를 가든 빛처럼 환하게 드러나는 사람들이 분명 있습니다. 그러나 그런 사람들은 소수에 불과합니다. 그러다 보니 크리스마스 새벽에 들고 다니는 등불처럼, 가까이서 보면 빨갛게 등불이 있는 것처럼 보이지만 그렇지 않으면 짙은 어둠 속에 삼키우다시피 하는 것입니다. 오늘날 한국 교회가 그 꼴입니다. 불이 켜진 등불처럼 뭔가 있어 보이기는 하는데 어두움을 몰아내지 못하고 어두움에 둘러싸여 맥을 못추는 것입니다.

그러므로 우리가 좀 더 기도해야 되겠습니다. 하나님의 말씀을 듣고 좀 더 힘을 얻어야 하겠습니다. 진리로 무장해야 하겠습니다. 성령의 기름으로 채움을 입어야 되겠습니다. 그래서 우리가 작은 등불이 아니라 활활 타오르는 횃불처럼, 활활 타오르는 태양처럼 이 세상을 밝게 비추어서 어두움을 몰아내는 일에 제 역할을 감당해야 하겠습니다. 그래야만 우리와 우리 후손들이 살 것입니다. 하나님의 영광이 이 땅 위에 높이 드러날 수가 있을 것입니다.

도리어 책망하라!

또 하나 우리가 해야 할 일이 있습니다. 좀 더 적극적인 방법입니다.

"너희는 열매 없는 어둠의 일에 참여하지 말고"(엡 5:11상).

우리는 악한 사람과 같이 손잡고 그들의 일에 참여해서는 안 됩니다. 누구나 이 정도쯤은 다 알고 있을 것입니다. 그러나 그 정도에 그쳐서는 안 됩니다.

"도리어 책망하라"(엡 5:11하).

하나님은 우리에게 어둠의 일을 책망하라고 하셨습니다.

"책망을 받는 모든 것은 빛으로 말미암아 드러나나니 드러나는 것마다 빛이니라"(엡 5:13).

'책망한다'는 말은 곧 들추어내고 폭로한다는 말입니다. 캄캄한 방에 들어갈 때 스위치를 올리면 형광등이 켜지면서 어두운 방 안 구석구석에 있는 게 전부 드러나는 것과 마찬가지입니다. 예수 믿는 사람이 좀 더 적극적으로 역할을 다 하려면 그 사람이 거기 있음으로 인해 주변의 어둠의 일들이 다 폭로되게 해야 합니다. 예수 잘 믿는 사람은 존재 자체만으로도 이런 역할을 합니다.

예를 들어, 호주머니에 돈이 많이 들어올 수 있는 어떤 공직자리나 부서가 있다고 합시다. 많은 사람들은 돈방석에 앉을 것을 기대하고 그 부서에 발령받기를 원합니다. 그런데 이런 부서에 그리스도인이 발령을 받았다고 해봅시다. 만일 그가 '나는 여기서 쫓겨나는 한이 있어도 뇌물을 받거나 상납하는 일은 절대 하지 않겠다.'고 결심하고 의롭고 정직하게 일한다면 그는 거기에서 빛이 되는 것입니다. 그리고 그 사람 때문에 주변에 있는 거짓된 사람들의 정체가 환하게 노출됩니다. 어둠의 일을 책망한다는 것은 바로 이런 것을 의미합니다. 그러나 이렇게 하다 보면 사람들로부터 미움을 받거나 따돌림을 당할 수도 있습니다. 어떤 경우에는 억울하게 모함을 받아 어려움을 겪기도 합니다. 하지만 이것은 당연한 것입니다. 요한복음 3장 20절에는 "악을 행하는 자마다 빛을 미워하여." 라고 말씀하십니다.

악을 행하는 자들은 빛을 미워하게 되어 있습니다. 왜냐하면 빛으로 인해서 자기들의 악한 행위가 밝히 드러나기 때문입니다. 우리가 빛으로 살고, 빛으로 행하면 주변에 있는 모든 어두운 것들이 드러나는 것입니다.

빛 된 행실을 사람들이 보게 하라

그러나 가만히 앉아서 어두움이 드러나는 것 정도로 만족해서는 안 됩니다. 좀 더 적극적인 행동이 필요합니다. 다시 말해서 우리가 어떤 존재이며, 우리가 무엇을 하며, 어떠한 삶을 살고 있는지를 세상 사람들이 좀 더 정확하게 볼 수 있도록 우리 자신을 알릴 필요가 있다는 말입니다.

우리는 이제까지 "오른손이 하는 것을 왼손이 모르게 하라."는 마태복음 5장 3절 말씀을 너무 지나치게 적용해 온 경향이 있습니다. 그러나 이것은 선한 일을 하고는 무슨 공로라도 세운 것처럼 떠벌리지 말라는 말이지 감추고 숨기라는 말이 아닙니다.

마태복음 5장 16절에 주님은 이렇게도 말씀하셨습니다.

"이같이 너희 빛이 사람 앞에 비치게 하여 그들로 너희 착한 행실을 보고 하늘에 계신 너희 아버지께 영광을 돌리게 하라."

예수님은 세상 사람들에게 우리의 착한 행실을 볼 수 있게 하라고 말씀하셨습니다. 그러기 위해서는 우리의 삶과 빛 된 행실들을 알려야 합니다. 세상 사람들은 교회가 무엇을 하고 있는지에 대해서 너무나 무지합니다. 그러나 가톨릭만 해도 다릅니다. 가톨릭 교회는 그 조직 자체가 항상 하나의 이미지를 가지고 있습니다. 그래서 설사 개인이 무슨 일을 해도 가톨릭이 하는 것으로 부각됩니다. 테레사 수녀 한 사람 때문에 가톨릭의 이미지가 얼마나 좋아졌습니까? 오웅진 신부가 꽃동네를 시작한 것으로 인해 웬만한 사람은 참종교는 가톨릭밖에 없다고 말할 정도가 되었습니다. 가톨릭의 모든 것이 세상 사람들 앞에 그대로 부각되니까 가톨릭이 오늘날 여러 가지 면에서 이득을 보는 것입니다.

그러나 우리 개신교는 그 수가 훨씬 많음에도 불구하고 무엇을 하고 있는지 너무나 알려져 있지 않습니다. 교회 다닌다고 하면 매일 성경 찬송이나 들고 다니면서 소리지르며 울고 불고 난리를 떠는 정도로만 알고 있습니다. 심한 경우에는 목사가 신도들에게서 헌금을 짜내서 돈을 자기 호주머니에 다 넣는 것처럼 생각합니다. 재벌 목사라는 이상한 말들이 돌아다니는 것은 이와 같은 오해에서 비롯된 것이 아닌가 합니다.

대각성 전도집회 때 결신한 어느 형제는 지금까지 목사를 이런 식으로 생각했다고 실토했습니다. 교회의 모든 헌금을 가지고 목사가 주식 투자도 하고 자기 나름대로 축재하는 걸로 알았다는 것입니다. 대부분의 세상 사람들이 기독교에 대해서 이런 식으로 잘못 알고 있습니다.

사랑의교회 신문 《우리》지에서 '하하네' 이야기를 읽은 적이 있습니다. '하하네'는 사랑의교회 어느 집사님이 경영하는 도매상 이름입니다. 그 집사님은 "하나님께서 함께하셔서 모든 일을 할 수 있다."는 뜻으로 이름을 그렇게 지었다고 합니다. 그분은 가게를 하면서 한 가지 철칙을 세워 두고 있었습니다. 자기 집에서 물건을 사 갔다가 별로 만족스럽지 못해서 다시 가져오는 반품이 있으면 몇 달 전에 사 간 것이라도 두말 하지 않고 100퍼센트 다 받아 주자는 것입니다. 내가 손해를 보더라도 예수 믿는 사람은 역시 다르구나 하는 걸 보여 주기 위해서입니다. 얼마나 멋집니까? 그렇게 해서 주변 사람들에게 그 가게는 예수 믿는 사람이기 때문에 자기가 손해를 보더라도 반품하면 받아 주는 가게로 소문이 나 있습니다. 저는 그 가게를 드나드는 사람들 가운데 많은 이들이 우리가 믿는 예수님에 대해 마음의 빗장을 풀어 놓고 있을 것이라 생각합니다.

비근한 예를 하나 들어 봅시다. 요즘 학교에서 체벌하는 것을 금지하기 위한 법안을 만든다고 일부에서 난리들이지 않습니까? 누가 그런 아이디어를 냈는지 모르지만 정신나간 사람이 아닐 수 없습니다. 다른 선진국에서는 벌써 몇십 년 전에 매를 안 대기로 가결했다가 하도 안 되니까 이제 다시 매를 들어야 한다는 여론이 비등하고 있는데 느닷없이 때리지 말자고 하니 기가 막힐 노릇이 아닙니까?

하나님은 분명히 말씀하십니다.

"매를 아끼는 자는 그의 자식을 미워함이라"(잠 13:24).

진정 자녀를 사랑하고 자녀를 위한다면 매를 아끼지 말아야 한다는 것입니다. 매를 아끼는 것이 사랑 같지만 그것은 오히려 자녀를 망하게 하는 길입니다. 하나님이 우리를 사랑하시지만 징계하시는 것도 바로 그 때문입니다.

이럴 때 우리는 예수 믿는 사람들이 뭔가 다르다는 것을 보여 주어야 합니다. 예수 믿는 학부형들이 함께 모여 초등학교에 찾아가십시오. 가서 교장 선생님이나 담임 선생님을 붙들고 이렇게 말씀하십시오.

"선생님, 우리 아이 좀 때려 주세요. 매를 들어서라도 우리 아이를 사람 되게 해주세요. 꼭 부탁드립니다."

세상 사람들이 우리를 바라보는 눈이 달라질 것입니다.

물론 선생님들 중에는 감정 때문에 아이들을 때리는 사람들이 없지 않습니다. 저는 초등학교 다닐 때 하도 많이 당해 보았기 때문에 잘 알고 있습니다. 지금도 저를 무섭게 때리던 그 선생님 얼굴이 눈앞에서 아른거릴 때가 있습니다. 아이들에게 그런 식으로 감정을 푸는 선생은 가르칠 자격이 없다고 해야 할 것입니다.

그러나 지금 저는 그런 경우를 말하는 것이 아닙니다. 아이를 사람 만들기 위해서 부득불 매로 때리는 선생님이 있다면 우리가 오히려 그를 존경해 드려야 합니다. 예수 믿는다는 사람이 자녀가 학교에서 맞고 왔다고 해서 학교로 쫓아가서 "어느 선생이 때렸어?" 하고 핏대를 올리며 따진다면 어떻게 이 사회에서 빛이 되겠습니까? 우리는 그런 사람들과는 뭔가 다른 존재들이라는 것을 보여 주어야 합니다.

교회와 대중매체

오늘날은 대중매체가 지배하는 시대입니다. 대중매체가 사람들을 제 맘대로 끌고 다닙니다. 신문이 "아" 하면 우리도 같이 "아" 하고, "어" 하면 같이 "어" 합니다. 텔레비전에서 "요"라고 하면 "요"라고 말하는 것입니다. 아이고 어른이고 할 것 없이 대중매체가 하는 대로 아무런 분별없이 따라갑니다. 우리가 얼마나 무서운 세상을 살고 있는지 모릅니다.

그래서 어떤 사람들은 기독교가 이 대중매체를 장악하지 못하면 이 땅 위에 살아남지 못할 것이라고 말합니다. 그러므로 우리는 기독교 정신으로 운영하는 방송이나 언론 매체들을 힘써 도와야 할 것입니다. 왜냐하면 그러한 대중매체를 중심으로 힘을 모으고 그것을 통해서 우리의 정체를 세상에 좀 더 적극적으로 알릴 필요가 있기 때문입니다. 그래야만 이 사회의 어두움을 드러내고 하나님이 살아 계심을 그들에게 보여 줄 수 있습니다.

저는 《국민일보》 8주년 기념 심포지엄에 연사로 참석했다가 조용기 목사님이 어떻게 신문을 시작하게 되었는지에 대해 말씀하는 것을 듣고 무척 감명을 받았습니다.

그가 뉴욕을 방문했을 때의 일입니다. 그때 믿음 좋은 어느 장로님이 그를 찾아와서는 너무나 다급한 심정으로 이런 이야기를 했다고 합니다. 그 당시에 우리가 이름을 들으면 금방 알 수 있는 이단 종파에서 일간 신문을 계획하고 있었는데, 그들이 일간 신문을 만들려는 이유는 다른 게 아니라 기독교를 공격하기 위해서라는 것입니다.

그래서 그 장로님은 기독교가 가만히 앉아서 당하지 않으려면 빨리 뭔가 대책을 세워야겠다 싶어 신문을 해보자고 백방으로 노력해 보았지만 기독교계의 힘이 모아지지 않아 너무나 안타깝다는 것이었습니다. 이 말을 들으면서 조 목사님이 상당한 충격을 받았나 봅니다. 한국에 돌아와서도 그 말을 도무지 뿌리치지 못한 채, 마치 하나님께서 계속 말씀하시는 것 같은 마음의 부담을 느꼈다고 합니다. 어느 날 신문에 대해서 잘 아는 전문가에게 알아보았더니 당장 일간 신문을 하나 시작하려면 120억 원이 필요하다고 했습니다.

그래서 당회를 소집해서 "오늘 한국 기독교가 이 사회에서 영향을 미치고 살아 남으려면 대중매체가 있어야 합니다. 우리 교회에서 이 일을 감당해야 되겠습니다."라고 제안했더니 모든 당회원들이 교회가 공중 분해될지도 모른다며 만류했습니다.

너무나 고민이 되어 기도원에 가서 그 문제를 놓고 계속 기도를 하고 있었는데, 하나님께서 마음속에 "그래도 해야 된다."는 강한 확신을 주셨다고 합니다. 그래서 반대를 무릅쓰고 일단 신문을 시작했습니다. 지난 8년 동안 약 2천억 원을 투자했고, 지금도 매월 2, 30억 원을 투자하고 있는데, 앞으로 이 신문이 소위 일류 신문으로 발돋움하기까지는 2천억 원을 더 투자해야 한다고 합니다.

왜 이렇게 무리한 투자를 하고 있다고 생각합니까? 그가 말한 것처럼 어느 신문사든지 한 2억만 갖다 주면 싣고 싶은 기사나 글을 얼마든지 실어 줄 텐데 말입니다. 그러나 그에게는 분명한 이유가 있었습니다. 한국 교회가 가만히 있으면 살아남지 못한다는 위기 의식 때문입니다. 대중매체를 통해 기독교가 힘을 모으고 세상에 우리의 모습을 알려야 한다는 소명 때문인 것입니다. 그는 한국 교회가 이 신문을 중심으로 힘을 모으고 우리가 어떤 존재인가를 세상에 보여 주자고 호소했습니다.

그 말을 듣고 굉장한 충격을 받았습니다. 우리나라의 예수 믿는 가정이 200만 가구 정도 된다고 할 때, 한 집에서 한 부씩 읽기만 해도 이 신문을 우리나라에서 최고의 신문으로 만들 수 있습니다. 그런데 기독교인들이 힘을 뭉치지 않습니다. 전부 개인 플레이 하는 것입니다. 그래서 결과적으로 한국 교회가 이 사회에 아무런 영향을 끼치지 못하는 졸부와 같은 존재가 되어 버린 것입니다.

우리는 소명을 가져야 합니다. 이 사회의 빛으로서 우리가 어떻게 해야 할 것인지 좀 더 신중히 생각해야 합니다. 그래서 협조할 일은 협조하고, 선전해야 될 일은 좀 더 적극적으로 선전해서 온 세상 앞에 우리가 어떤 존재라는 것을 분명하게 알려야 합니다. 바로 이것이 이 세상에서 악을 폭로하고 어두움을 몰아내는 적극적인 방법인 것입니다.

앞으로 세상은 점점 더 악해질 것입니다. GNP가 올라갈수록 이 세상은 점점 더 어두워질 것입니다. 많은 사람들이 정욕의 종이 되고 돈의 노예가 되어서 정말 눈 뜨고 볼 수 없는 일들이 수도 없이 벌어질 것입니다. 이럴 때일수록 우리는 빛이 되어야 합니다. 더 강한 빛을 비추어야 합니다. 이사야 60장 1절 말씀처럼 '일어나서' 빛을 비추어야 합니다. 절대 그냥 앉아 있어서는 안 됩니다.

빛을 비추려고 하다 보면 여러 가지 고통을 당할 수밖에 없습니다. 빛의 자녀답게 살려고 하다 보면 부끄러운 일을 당할 수도 있습니다. 그러나 영원한 빛이시요, 온 우주를 밝게 비추는 의의 빛 되신 하나님이 우리의 아버지가 되신다는 사실을 기억합시다. 그 하나님이 우리 편이 되어 주시는 것입니다.

그러므로 두려워하거나 부끄러워할 필요가 없습니다. 소심하게 도망가지 맙시다. 우리 모두 힘을 합해서 우리의 존재를 세상 앞에 좀 더 적극적으로 드러내어 이 세상을 환하게 밝히는 역사가 일어날 수 있어야 합니다. 이것만이 우리가 하나님께 영광 돌리고 이 사회를 치료할 수 있는 유일한 길입니다.

우리 다같이 일어납시다! 그리고 이 세상을 향하여 빛을 발합시다! 이것은 하나님의 명령입니다. 우리가 이 명령대로 살아서 이 사회의 병폐를 치유하는 데 능력 있게 쓰임받기를 바랍니다.

Chapter 2

시민이 사라진 사회

"의인이 형통하면 성읍이 즐거워하고 악인이 패망하면 기뻐 외치느니라 성읍은 정직한 자의 축복으로 인하여 진흥하고 악한 자의 입으로 말미암아 무너지느니라"(잠언 11:10-11).

예수를 믿고 의롭다 함을 받는 자는 많아도 세상 속에서 정직하게 살아가는 의인은 찾아보기가 쉽지 않습니다. 거짓으로 죽어 가는 우리의 영이 새로워지기 전에는 우리가 결코 정직한 의인이 될 수 없습니다.

대통령을 위한 조찬 기도회가 있었습니다. 지난 20년 동안 매년 한 차례씩 연례 행사처럼 해온 것이라서 이번에도 큰 관심을 두지 않았습니다. 그러나 이번에는 한 가지 충격적인 사건이 있었다고 합니다.

설교 후에 대통령이 나와서 낭독한 답사가 그것입니다. 더욱 정확하게 말한다면 답사라기보다 일종의 탄식이요, 질책이었다고 해야 옳을 것입니다. 그 요지는 이것입니다. 기독교가 사회의 어둠을 몰아내고 부패를 막는 빛과 소금이 되기는커녕 스스로부터 썩어 있다는 것입니다. 그는 공무원들에 대해 내사해 본 결과 부정 부패에 연루된 것으로 드러난 사람들 가운데 기독교인들이 적지 않다고 말했습니다. 그는 더 나아가 스스로를 사회의 빛과 소금으로 자처하는 기독교인이 천만 명을 넘는다는 이 나라가 왜 이토록 타락하게 되었느냐고 뼈아픈 질문을 던졌습니다. 기독교에 그 책임이 있지 않느냐는 것입니다.

한 나라를 대표하는 최고 지도자가 이토록 직선적이고 원색적인 표현을 써 가며 특정 종교를 몰아붙인 사례를 한번도 들어 본 적이 없습니다. 그 기도회에는 개신교와 천주교의 대표들뿐만 아니라 주한 외교 사절들도 꽤 많이 참석해 있었다고 합니다. 그런 자리에서 기독교가 모욕적인 질책을 받은 것은 땅을 치고 통탄해야 할 사건이 아닐 수 없습니다. 그가 장로였기에 망정이지 만일 불교 신자로서 그런 말을 했더라면 기독교의 존립 기반 자체를 흔드는 엄청난 파장을 몰고 왔을지도 모릅니다.

한심한 것은 교회 지도자들과 평신도들이 이런 충격적이고 모욕적인 사건 앞에서도 별로 위기감을 느끼지 못하고 있다는 사실입니다. 이 일이 영적으로 무엇을 의미하는지 꿰뚫어 보지 못하기 때문에 덤덤하게 넘어가는 것입니다. 그러나 영적인 눈이 뜨인 사람이라면 절대 그럴 수 없습니다. 왜냐하면 대통령의 답사는 이 사회에서 기독교의 존재 가치에 대한 회의요, 도전이었기 때문입니다. 우리는 이 나라의 기독교 인구가 천이백만 명이라고 자랑하기를 좋아합니다.

그러나 요즈음 그 자랑이 오히려 우리의 수치가 되었습니다. 도대체 이 나라의 기독교가 왜 이 지경이 되었습니까? 나라가 온통 썩어 가고 있는데 부패를 막아야 할 이 땅의 빛과 소금들은 다 어디로 갔습니까? 무기력하다 못해 스스로 부패의 독소에 오염되어 있는 것입니다.

도덕불감증에 걸린 교회

수년에 걸쳐 우리는 이 사회에 암덩어리처럼 퍼져 있는 부정부패의 추악한 모습들을 지겹도록 지켜보았습니다. 처음에는 돈과 권력의 비호를 받으며 온갖 부조리를 일삼던 사람들의 죄악이 속시원하게 밝혀지는 것을 보며 통쾌감을 느끼기도 했지만, 이제는 너무 많이 본 탓인지 더 이상 역겨워서 견딜 수가 없을 정도가 되었습니다.

그래도 지금까지 밝혀진 부정부패는 참을 만한 것인지도 모릅니다. 세상의 그 어떤 부패도 종교계의 부패보다 추악하지는 않을 것이기 때문입니다. 아마 우리가 가장 견디기 힘든 것이 있다면 비록 일부이기는 하지만 교회 지도자들의 부패일 것입니다. 아직 사정 대상이 아니어서 드러나지 않았을 뿐이지 정신적으로나 도덕적으로 교회 지도자들의 부패는 상상을 초월할 만큼 심각하다고 봅니다.

그동안 한국 교회는 지나치게 개인 구원에만 집착해 왔습니다. 그 결과 많은 기독교인들이 현실은 도외시한 채 내세만 동경하는 별종의 사람들처럼 살아온 것이 사실입니다. 정교 분리 원칙을 고수한다는 명목으로 정치나 사회 문제에 대해 가능한 한 침묵을 지키며 제3자적인 위치에 서려고 했습니다. 그 결과 기독교가 부도덕한 정권을 동조하는 입장에 서게 되었다는 것을 부인할 수 없습니다. 그러는 가운데 교회 지도자들은 자신도 모르는 사이에 도덕불감증에 걸려들기 시작했습니다. 목회자들의 설교를 들어 보십시오. 하나님께서 오늘의 현실에 대해 외치시고자 하는 메시지가 그 안에 담겨 있습니까? 사람들이 별로 듣기 좋아하지 않는다는 이유로 현실에 대해서 입을 굳게 다물고 있는 목사님들이 얼마나 많습니까? 도덕적으로 그만큼 무디어져 있다는 것입니다.

어느 목사가 유명한 강사 한 분을 초빙해서 집회를 열었습니다. 그 강사는 지난 10년 동안 교회가 엄청나게 부흥하는 바람에 유명해진 목사입니다. 그는 설교 가운데 자기 교회에 다니는 모 교수의 전도 사례를 자랑스럽게 소개했다고 합니다. 그 교수는 자기 제자들을 전도 집회에 인도하기 위해 이런 제안까지 했답니다. "여러분 중에 우리 교회의 전도 집회에 참석하는 사람에게는 보너스 학점을 주겠습니다."

얼마나 기가 막힌 일입니까? 전도 대상자를 교회로 끌어들이겠다고 그렇게 무책임한 말을 하는 교수도 문제지만, 어떻게 목사가 그런 행동을 자랑이라고 들고 나올 수 있는지 모르겠습니다. 기독교의 도덕성이 그만큼 땅에 떨어져 버렸다는 단적인 증거입니다.

또 한 가지 예를 들겠습니다. 모 교회가 한 성도로부터 산지를 기증받아 그곳에 수양관을 건립하려고 했습니다. 그런데 문제는 건축 허가를 받으려고 관공서에 확인을 해보니 그 땅은 개발되지 못하도록 법으로 묶여 있는 땅이었습니다. 그 교회는 건축 허가를 받아 내려고 백방으로 노력해 보았지만 소용이 없었습니다. 그러던 차에 무슨 일인지 몰라도 갑작스럽게 건축 허가가 떨어졌고 모든 성도들이 기뻐하며 수양관을 거창하게 지었다고 합니다.

그러나 나중에 그 교회가 담당 공무원들과 뒷거래를 한 사실이 탄로나서 그 일에 관련된 공무원들이 모두 쇠고랑을 차게 되었다고 합니다. 도대체 양심을 어디에 팔아먹었는지 모르겠습니다. 어떤 사람은 그래도 이렇게 변명을 늘어놓을지 모릅니다. "기도 처소를 만드는 일은 주님이 기뻐하시는 일이

다. 그러므로 하나님을 기쁘게 하기 위해 세상 법을 어겨야 된다면 그렇게 할 수밖에 없지 않은가?' 목적이 좋으면 무슨 수단을 쓰든 상관없지 않느냐는 것입니다. 그러나 이와 같은 사고 방식은 노동자의 인권과 평등을 내세우며 폭력 혁명을 추구하는 공산주의자들의 작태와 다를 바 없습니다. 오늘날 한국 기독교계가 이만큼 양심이 병들어 있습니다.

지난 수십 년 동안 도덕성이 약한 정권과 '잘살아 보세'라는 장밋빛 구호 아래서 살아온 우리 국민들은 절대로 포기해서는 안 될 중요한 가치들을 포기하는 데 길들여졌습니다. 좀 더 편안하게 살 수 있다면, 돈만 많이 벌 수 있다면 도덕과 양심 따위는 너무 쉽게 포기하는 것입니다.

슬프게도 이 점에 대해서는 기독교인들조차 떳떳할 수 없습니다. 오늘날 이 나라 기독교의 문제는 다른 데 있지 않습니다. 기독교인들 스스로가 자기 정체성을 잃어 버리고 세상 사람들과 다를 바 없이 도덕과 양심을 버리고 산다는 데 있는 것입니다. 이러고도 나라 꼴이 엉망이 되지 않는다면 그것이야말로 기적이라 할 것입니다.

창세기 18장 32절을 보십시오. 하나님은 의인 열 명만 있으면 소돔과 고모라를 멸망시키지 않겠다고 약속하셨습니다. 당시의 소돔과 고모라 인구를 만 명 정도라고 가정한다면 '열 명'은 천분의 일에 해당됩니다. 다시 말해서 천 명 중에 한 명만 바로 살아도 그 도시가 망하지 않을 것이라는 말입니다. 그러면 우리는 어떻습니까? 기독교 인구를 천이백만 명이라고까지 말하지 않습니까? 그 수치가 사실이라면 네 명 중 한 명이 기독교인인 셈입니다.

그러나 이 사회를 돌아보십시오. 정치, 경제, 사회, 문화 안 썩은 영역이 있습니까? 심지어 교회까지도 도덕성을 잃어 버린 것 같습니다. 소돔과 고모라처럼 천 명당 의인 하나를 발견할 수 없는 사회라면 하나님께서는 의인에게 부패를 막지 못한 책임을 묻지 않으실 것입니다. 그러나 네 명 중 한 명이 기독교인이라고 한다면 기독교는 절대 이 사회의 부패에 대한 책임을 면할 도리가 없습니다.

정직한 의인

이와 같은 현실을 안타까워하는 사람이라면 다음 말씀에 주목해야 할 것입니다.

"의인이 형통하면 성읍이 즐거워하고 악인이 패망하면 기뻐 외치느니라 성읍은 정직한 자의 축복으로 인하여 진흥하고 악한 자의 입으로 말미암아 무너지느니라"(잠 11:10-11).

우리는 흔히 '의인'이라고 하면 믿음으로 의롭다 함을 받은 사람을 가리킨다고 생각합니다. 그런 의미대로라면 의롭다 함을 받은 모든 사람이 여기에 포함된다고 할 것입니다. 그러나 본문의 '의인'은 그런 의미가 아닙니다. 여기 본문 10절의 '의인'이 그 다음 절에서는 '정직한 자'로 표현되고 있다는 사실을 주목할 필요가 있습니다. 본문이 말하는 의인은 다름아닌 '정직한 의인'인 것입니다. '정직한 의인'이란 하나님의 법을 양심적으로 지키는 사람을 말합니다.

사실 성경대로라면 믿음으로 의롭다 함을 받는 자는 마땅히 정직한 삶을 통해서도 의인으로 인정받아야 정상일 것입니다. 다시 말해 믿음으로 의롭다 함을 받은 의인은 정직한 의인이어야 한다는 말입니다. 그럼에도 불구하고 우리의 현실은 그렇지 못합니다. 예수를 믿고 의롭다 함을 받은 자는 참 많아도 세상 속에서 정직하게 살아가는 의인을 찾아보기란 쉽지 않습니다.

그러나 자기가 천국 가는 것으로 만족하는 의인은 아무리 많다 해도 사회와 국가에 유익을 끼치지 못합니다. 한국 교회가 이 사회에 바람직한 영향을 끼치지 못하고 있는 것은 바로 이 때문입니다. 그러므로 우리가 그동안 정직한 의인으로 살지 못했던 죄를 회개하고 돌이켜야 합니다. 한국 기독교계에 일대 회개 운동이 일어나야 합니다. 다윗은 나단 선지자가 자신의 죄를 지적하자 통회하는 마음으로 하나님 앞에 이렇게 부르짖었습니다.

"하나님이여 내 속에 정한 마음을 창조하시고 내 안에 정직한 영을 새롭게 하소서"(시 51:10).

거짓으로 죽어 가는 우리의 영이 새로워지기 전에는 우리가 결코 정직한 의인이 될 수 없습니다. 하나님 앞에 겸손히 엎드려 회개하며 정직한 영을 새롭게 해달라고 간구합시다. 하나님께서는 상하고 통회하는 심령을 멸시치 않으실 것입니다(시 51:17). 우리의 영을 정직하게 회복시켜 주실 것입니다. 그럴 때 우리가 자원하는 심령으로 정직한 삶을 사는 '정직한 의인'이 될 것입니다.

우리가 정직한 의인으로 나타나면 이 사회는 살맛나는 사회로 바뀔 것입니다. 10절에 정직한 의인이 많아지면 성읍이 즐거워한다고 했습니다. 그뿐만이 아닙니다. 11절에는 정직한 의인이 이웃과 나라를 위해서 복을 빌면 그 나라가 흥하고 형통한다고 했습니다. 또 잠언 14장 34절에서는 정직한 의인으로 인해 나라가 영화를 입게 된다고 했습니다.

1950년대 무렵의 우리나라도 그러했지만, 방글라데시나 파키스탄을 비롯한 동남아 국가들이나 아프리카 국가들에 가 보면 요즘도 여행객을 노리는 좀도둑이 얼마나 많은지 모릅니다. 잠시 한눈 팔았다가는 여지없이 날치기당하고 맙니다. 한두 번 그런 일을 당하다 보면 그 나라에 대해 좋게 말할 사람은 아무도 없습니다. "정말 형편없는 나라더라구. 거기 갈 때는 꼭 좀도둑을 조심하라구." 의인이 활개를 치는 나라가 아니라 악인이 활개를 치는 나라가 되었기 때문입니다. 그러나 의인이 형통하게 되어 사회가 의롭게 되면 세계 어떤 나라도 이 나라를 우습게 보지 못합니다. 이것이 바로 의인이 나라를 영화롭게 한다는 의미입니다.

그동안 우리 한국 기독교는 국가의 경제 성장에 비견될 만큼 놀라운 부흥을 이루었습니다. 이 절호의 기회에 우리가 정직한 의인으로서 제 역할을 잘 감당했더라면 이 사회는 분명 살맛나는 사회가 되었을 것입니다. 여러 가지 면에서 형통하여 세계가 감히 얕잡아 볼 수 없는 영화로운 나라가 되었을 것입니다.

그러나 최근 꼬리를 물고 터지는 각종 비리 사건들로 인해 우리나라의 명예는 여지없이 실추되었습니다. 세계가 깜짝 놀라는 수치스러운 국가가 된 것입니다. 예수 믿는 우리가 정직하게 살았더라면 이러한 수치스러운 일이 일어나지 않았을 것입니다. 그러나 지금이라도 우리가 정직한 의인이 되어 사회 곳곳에서 형통하게 된다면 이 나라가 살맛나는 나라로 바뀐다는 사실을 꼭 믿으시기 바랍니다.

비근한 예로, 전(前) 대통령이 그동안 쉬쉬하며 감추었던 비리들을 후련하게 들추어내고 수술하니까 국민들이 얼마나 좋아했습니까? 당시 그 대통령의 지지율이 90퍼센트에 육박했었다는 놀라운 사실이 그 증거입니다. 대통령 선거 때 그를 찍지 않았던 사람들조차 그를 무척 좋아하게 된 것입니다. 흔히 '의인'으로 인해 나라가 즐거워한다고 하면 거창한 것만 생각하는 경향이 있습니다. 그러나 그 예는 우리 가까운 곳에서도 충분히 발견할 수 있습니다.

저는 얼마 전에 수박을 사려고 어떤 구멍가게에 들른 적이 있습니다. 수박이 그리 많지는 않았지만 꽤 잘 익은 것처럼 보였습니다. 그래서 그 중에 하나를 사려고 했습니다. 그런데 가게 주인이 제게 이렇게 말하는 것이었습니다. "선생님, 겉보기에는 잘 익은 것처럼 보여도 사실은 조금 덜 익었어요. 나도 잘 익은 줄 알고 도매상에서 받아 왔는데 가지고 와 보니까 속은 것 같아요. 내가 속았다고 다른 사람까지 속일 수는 없지 않아요? 그래도 사시겠다면 몇백 원 싸게 해드릴게요."

그의 마음 씀씀이가 하도 정직하길래 혹시나 싶어 살펴보았더니 아니나다를까, 그가 쪼그리고 앉아 있던 의자 밑에 성경책이 살짝 보였습니다. '그러면 그렇지.' 수박을 사 들고 집으로 가면서 마음이 얼마나 흐뭇했는지 모릅니다. 집에 가서 갈라 보니 그의 말대로 조금 덜 익은 것이었습니다. 그러나 그 수박은 이제껏 먹었던 그 어느 수박보다 달고 맛있었습니다. 그 이후로 서는 수박을 살 때면 꼭 그 가게로 갑니다. 구멍가게를 하더라도 정직하게 운영하면 사람들을 즐겁게 만들 수 있는 것입니다.

학교에서 학생들을 가르치는 교사라면 정직하게 가르치십시오. 기업을 운영하는 경영자라면 정직하게 운영하십시오. 건축업에 종사하고 있다면 정직하게 지으십시오. 뒷거래를 하지 마십시오. 약속을 했으면 그대로 지키십시오. 한국 사람들은 돈봉투를 가지고 사람을 우롱하는 데 천재적인 소질을 가지고 있는 것 같습니다. 세계 어느 곳으로 가든지 뭐든 돈으로 해결하려 합니다.

그러나 우리는 절대 돈봉투로 사람을 우롱하는 부정직한 일은 하지 맙시다. 우리 예수 믿는 사람들이 이와 같이 사회 곳곳에서 정직한 의인으로 바르게 산다면 온 나라가 즐거운 나라가 될 것입니다. 뿐만 아니라 이 나라의 경제 구조와 사회 제도들도 민주적으로 개선되어 가난한 사람들도 대접받으며 인간답게 살 수 있는 의로운 나라가 될 것입니다.

최선의 시민이 되라

지금 우리 사회는 개혁의 몸부림을 하고 있습니다. 그러나 우리가 반드시 짚고 넘어가야 할 것이 있습니다. 법과 제도를 개선하는 것만으로는 이 사회를 개선시킬 수 없다는 사실입니다. 아무리 대통령이 나서서 법과 제도를 바꾸고, 사정의 칼날을 휘두른다 해도 이 사회의 근본적인 개선은 기대할 수 없습니다. 왜냐하면 사람이 바뀌지 않는 한 아무리 제도를 바꾸고 뛰어난 정치력을 발휘한다 해도 그 개혁은 성공할 수 없기 때문입니다.

세계 역사를 보십시오. 정치 개혁이나 제도 개선을 통해 개혁에 성공한 사례가 한 번이라도 있었습니까? 없었습니다. 그러므로 정부가 여러 가지 개혁을 단행하고 있는 것은 다행스러운 일이지만 그것 때문에 너무 들뜰 필요가 없다는 것입니다. 사람이 바뀌지 않는 한 원점으로 돌아갈 확률이 크기 때문입니다. 어떤 면에서는 더 악해질 가능성마저 없지 않습니다. 그러므로 이 사회를 근본적으로 개선시키기 위해서는 사람이 달라져야 합니다. 이것은 하나님이 교훈하시는 원칙입니다.

물론 그렇다고 해서 이 사회에서 일어나는 일들을 먼 산의 불 보듯 해도 좋다는 말은 아닙니다. 세상의 국가나 법, 사회 제도는 하나님께서 주신 은총입니다. 정치인들과 지도자를 세워서 이 나라를 질서로 다스리도록 하신 분도 하나님이십니다. 그렇게 함으로써 인간의 죄성을 최대한 억제하고 인간이 인간답게 살도록 만드신 것입니다. 뿐만 아니라 교회가 이 땅 위에 하나님의 뜻을 온전히 이룰 수 있게 하셨습니다.

하나님께서 정부와 지도자, 법, 사회 제도 이 모든 것을 우리를 위해서 주셨다는 사실을 아는 자들이라면 세상 사람들과 다른 관점을 가질 수밖에 없습니다. 우리는 정직한 의인이 되어 최선의 시민이 되어야 합니다. 할 것은 하고, 하지 말아야 할 것은 안 한다는 분명한 가치관을 갖고 사소하다고 생각되는 질서라도 지켜야 합니다. 자기 유익을 위해서 이웃을 이용하거나 착취하기보다는 이웃을 위해 기꺼이 자기 몸을 바쳐 봉사해야 합니다.

이와 같이 정직한 의인으로서 이 사회에 선량한 시민이 될 때 우리는 한 가지 놀라운 일을 해낼 수 있습니다. 이 나라를 망하지 않도록 보존하는 것입니다. 본문 10-11절 말씀처럼 우리가 정직한 의인이 되어 이 땅 위에서 형통하게 되면 이 사회가 의롭게 될 뿐 아니라 형통하게 됩니다. 그럴 때 이 나라는 망하지 않습니다. 우리 후손들에게 아름다운 나라를 물려줄 수 있는 것입니다.

예수 안 믿는 사람들에게는 절대적인 도덕 기준이 없습니다. 그들의 기준은 지극히 상대적입니다. 남들이 어떻게 하느냐가 그들의 행동 기준이 됩니다. 하나님이 없기 때문입니다.

그러나 우리는 다릅니다. 우리는 하나님을 믿습니다. 그리고 하나님이 우리의 절대적인 법이라고 믿습니다. 동시에 세상 나라의 법과 질서 역시 그분께 속하는 이차적인 법이라는 것도 알고 있습니다. 그러므로 우리가 세상에서 법을 순종하고 질서를 지키려고 노력하는 것은 어쩔 수 없어서가 아니라 하나님께 순종하는 일이라고 믿기 때문인 것입니다.

어느 목사가 쓴 글을 읽은 적이 있습니다. 어느날 그가 새벽 기도회를 인도하기 위해서 집을 나섰습니다. 그날은 조금 늦게 일어나는 바람에 20분 정도밖에 여유가 없었습니다. 역촌동에서 동부이촌동까지 가려면 택시를 타고 가도 20분 만에 도착하기가 어렵습니다.

그런데 설상가상으로 그가 애써 잡은 택시의 기사는 신호등을 철저히 지키는 사람이었습니다. 그러니 그가 얼마나 속이 탔겠습니까? 횡단 보도를 건너는 사람이 아무도 없는데도 파란 불만 보면 마냥 서서 기다리니까 그는 자기도 모르게 택시 기사에게 이렇게 말했다고 합니다. "선생님, 길 건너는 사람도 없는데 그냥 지나갑시다. 제가 너무 급해서요." 그러자 택시 기사는 이렇게 대답했다고 합니다. "손님, 사람은 보지 않지만 하나님께서 보고 계십니다."

이 한마디에 그는 몽둥이로 한 대 얻어맞은 것 같은 충격을 받았다고 합니다. 하나님의 말씀대로 살자고 큰소리치려고 달려가는 목사가 택시를 운전하는 평신도보다 도덕성이 형편없었으니 얼마나 부끄러웠겠습니까?

그 택시 기사는 범칙금을 물지 않으려고 법을 지키는 것이 아닙니다. 하나님을 두려워하기 때문에 이른 새벽길에도 신호를 철저히 지켰던 것입니다. 이것이야말로 예수 믿는 사람이 법을 지키는 자세입니다. 사람을 바라보고 법을 지키는 것이 아니라 하나님께 순종하는 자세로 법을 지키는 것입니다.

오늘날 이 사회는 절대적인 가치를 찾아보기 어려운 세상이 되었습니다. 선악을 결정하는 유일한 동기는 오로지 그때그때의 상황뿐입니다. 여러분 가정에서 자라나는 십대 후반의 자녀들에게 한번 이렇게 말해 보십시오. "너, 그거 하면 안 돼." 그러면 열 명 중의 아홉은 틀림없이 이렇게 대답할 것입니다. "아빠, 왜 안 돼요? 제 친구들은 다 그렇게 하는데요." 절대가치가 없다는 말입니다. 세상이 다 그런데 내가 그렇게 한다고 뭐가 잘못이냐는 것입니다. 예수 안 믿는 사람들은 전부 이와 같은 가치관을 가지고 살아갑니다.

그러기에 우리는 이 사회를 그 사람들에게 맡겨 놓을 수가 없습니다. 소련의 대문호 솔제니친은 "세상 돌아가는 대로 이것도 선이요 저것도 선이라고 받아들이는 사람들을 그대로 내버려두었다가는 상상할 수 없는 무서운 재앙이 닥쳐올 것"이라고 경고했습니다. 사람들이 편안함만 추구하게 될 것이며 자유를 남용할 뿐 아니라 악에 융화되어 그야말로 법과 질서가 없는 세상으로 변하고 말 것이라는 말입니다. 그러다가 결국은 소돔과 고모라처럼 멸망을 자초하게 될 것이라는 말입니다.

이 세상과 세상 사람들을 보면 절망할 수밖에 없는 것이 사실입니다. 그러나 우리가 정직한 의인으로서 제 구실을 감당한다면 이 사회가 아무리 부패하고 소망이 없어 보여도 다시 일으켜 세울 수 있습니다.

그러기 위해서는 우리가 먼저 바로 서야 합니다. 거짓으로 물들었던 우리 영이 정직한 영으로 거듭나야 합니다. 그럴 때 우리가 이 사회를 치료하여 살맛 나는 사회로 만들 능력을 입게 될 것입니다. 이 나라를 의롭게 만드는 것은 절대 대통령에게만 맡긴다고 될 일이 아닙니다. 법과 제도를 바꾼다고 될 일도 아닙니다. 어떤 정치인을 의지해서도 안 됩니다.

예수 믿는 우리가 최선의 시민이 되어 하나님께 순종하는 마음으로 법과 질서를 지킨다면, 이 사회를 의롭게 만들고 형통케 하여 세계가 부러워하는 나라를 만들 수 있습니다. 우리 모두 이 꿈을 가지고 다시 한 번 뛰어 봅시다. 이 나라의 미래가 우리 손에 달려 있다는 사실을 잊지 맙시다.

Chapter 3

하나님의 비상수단

"때에 벧엘의 제사장 아마샤가 이스라엘의 왕 여로보암에게 보내어 이르되 이스라엘 족속 중에 아모스가 왕을 모반하나니 그 모든 말을 이 땅이 견딜 수 없나이다 아모스가 말하기를 여로보암은 칼에 죽겠고 이스라엘은 반드시 사로잡혀 그 땅에서 떠나겠다 하나이다 아마샤가 또 아모스에게 이르되 선견자야 너는 유다 땅으로 도망하여 가서 거기에서나 떡을 먹으며 거기에서나 예언하고 다시는 벧엘에서 예언하지 말라 이는 왕의 성소요 나라의 궁궐임이니라 아모스가 아마샤에게 대답하여 이르되 나는 선지자가 아니며 선지자의 아들도 아니라 나는 목자요 뽕나무를 재배하는 자로서 양 떼를 따를 때에 여호와께서 나를 데려다가 여호와께서 내게 이르시기를 가서 내 백성 이스라엘에게 예언하라 하셨나니 이제 너는 여호와의 말씀을 들을지니라 네가 이르기를 이스라엘에 대하여 예언하지 말며 이삭의 집을 향하여 경고하지 말라 하므로 여호와께서 이와 같이 말씀하시기를 네 아내는 성읍 가운데서 창녀가 될 것이요 네 자녀들은 칼에 엎드러지며 네 땅은 측량하여 나누어질 것이며 너는 더러운 땅에서 죽을 것이요 이스라엘은 반드시 사로잡혀 그의 땅에서 떠나리라 하셨느니라"(아모스 7:10-17).

이 나라의 소망은 우리 예수 믿는 사람들에게 달려 있습니다. 우리가 침묵하면 아모스 시대의 이스라엘처럼 우리 사회도 무서운 적막 속에 빠지게 될 것입니다.

아모스가 살던 시대의 이스라엘은, 사회적으로는 부정부패와 사치풍조가 극에 달해 있었으며 종교적으로는 거짓 예배와 우상 숭배가 백성들의 눈을 어둡게 만들어 생명력 잃은 화려한 종교 의식만 남아 있었습니다. 어디를 보아도 소망의 불빛이 보이지 않는 참으로 어두운 시대였습니다. 우리가 생각해 볼 것은 이와 같은 암담한 현실에 대해 하나님께서 어떻게 말씀하고 계신가 하는 것입니다.

부르짖으시는 하나님

"여호와께서 시온에서부터 부르짖으시며 예루살렘에서부터 소리를 내시리니 목자의 초장이 마르고 갈멜 산 꼭대기가 마르리로다"(암 1:2).

여기에 특별히 주목해야 할 표현이 하나 있습니다. '여호와께서 부르짖으신다.'는 표현입니다. 이 말의 의미를 분명히 알기 위해서는 아모스 3장 4절과 8절을 살펴볼 필요가 있습니다.

"자가 움킨 것이 없는데 어찌 수풀에서 부르짖겠으며…사자가 부르짖은즉 누가 두려워하지 아니하겠느냐 주 여호와께서 말씀하신즉 누가 예언하지 아니하겠느냐."

'부르짖다'는 원래 사자가 가슴이 서늘하도록 울부짖을 때의 소리를 가리키는 용어입니다. 그렇기 때문에 1장 2절의 '여호와께서 부르짖으신다.'라는 표현은 절대 평범한 것이 아닙니다. 이스라엘의 죄악에 대하여 진노를 발하시는 하나님의 음성을 사자의 부르짖음에 빗대어 말하고 있기 때문입니다.

사자가 부르짖는 포효 소리가 얼마나 공포감을 불러일으키는지 잘 모릅니다. 동물원이나 영화 속에서 들어 보았을 뿐 실제로 야산이나 숲 속에서 사자가 우는 소리를 들어 본 적이 한 번도 없기 때문입니다.

그러나 아모스 당시만 해도 팔레스타인 야산에는 사자가 많이 살고 있었습니다. 아모스는 드고아라는 산골 벽촌에서 양을 치던 목자였기 때문에 산골짜기에서 들려 오는 사자의 포효 소리를 들을 기회가 많았습니다. 사자가 부르짖는 소리를 듣고 양들이 겁에 질려 안절부절하지 못하는 모습도 많이 보았을 것입니다. 더군다나 그 당시는 변변한 무기마저 없던 시대였기 때문에 아모스 자신도 공포감으로 인해 등골이 오싹해지는 것을 느낀 적이 한두 번이 아니었을 것입니다.

'하나님께서 부르짖으신다.' 라는 짧은 표현 속에 그가 목자로서 겪었던 바로 이 모든 경험들이 무르녹아 있다고 봅니다. 그는 패역한 이스라엘 백성들과 지도자들을 향해 진노를 발하시는 하나님의 음성을 들으며 사자의 부르짖는 소리를 들을 때와 같은 심정을 느꼈던 것입니다.

하나님은 이스라엘의 죄악들에 대해 맹렬한 진노를 발하시며 부르짖으셨습니다. 그런데 이상한 것은 백성들이 하나님의 부르짖음을 전혀 듣지 못하고 있었다는 사실입니다. 그 나라에 종교 지도자가 없기 때문이 아닙니다. 종교 지도자들은 그 수를 헤아리기 힘들 정도로 많이 있었습니다.

그러나 그들은 한결같이 사람을 기쁘게 하는 자들이었습니다. 본문의 아마샤라는 사람은(12절) 이스라엘 나라 최고의 종교 지도자였지만 정치적인 세력과 결탁해서 자기의 지위와 기득권을 보존하기에 급급했습니다. 이권을 얻는 일이라면 수단 방법을 가리지 않는 위선적인 지도자였습니다. 다른 지도자들 역시 마찬가지였습니다. 하나님의 음성을 듣는 귀라고 할 수 있는 양심이 병 들어 있었기에 하나님의 부르짖는 음성이 천지를 울리고 있었음에도 듣지 못했던 것입니다.

종교 지도자들이 이 정도였다면 일반 백성들은 말할 필요도 없습니다. 이스라엘 나라에는 하나님의 음성을 들을 수 있는 자가 아무도 없었던 것입니다. 이스라엘 나라에는 죽음의 적막 같은 고요함만 감돌았습니다.

하나님의 비상수단

하나님은 종교 지도자들의 타락이 극에 달하고 영적으로 어두워진 백성들이 멸망의 길로 치닫는 것을 보다못해 한 가지 비상수단을 동원하셨습니다.

"또 너희 아들 중에서 선지자를, 너희 청년 중에서 나실인을 일으켰나니 이스라엘 자손들아 과연 그렇지 아니하냐 이는 여호와의 말씀이니라"(암 2:11).

하나님은 구세대 지도자들과 기성 세대들에게 가망이 없음을 보시고 정의감에 불타는 경건한 젊은이들을 선지자와 나실인으로 세우셨습니다.

성경에는 두 종류의 나실인이 나옵니다. 삼손처럼 태어나면서부터 나실인으로 구별된 사람이 있는가 하면(삿 13:5), 장성한 이후에 하나님께 서원함으로써 나실인이 되는 사람도 있었습니다(민 6:2).

그 어떤 경우든 나실인이 된 사람은 머리에 삭도를 대거나 포도주와 독주를 마시면 안 됩니다. 또 시체를 만져 스스로를 부정하게 만들어서도 안 됩니다(민 6:4-6). 스스로를 거룩하게 지킬 의무가 있는 것입니다. 하나님은 죄 가운데 빠져 멸망 길로 달려가는 이스라엘을 구하시고자 거룩하게 살기 위해 스스로를 구별하는 수많은 젊은이들을 불러일으키신 것입니다.

그들 중에는 이스라엘의 권력을 잡고 있는 가문의 출신도 있었을 것입니다. 종교 지도자들 집안의 젊은이들도 있었을 것입니다. 가령 아마샤의 가문에서 이런 나실인이 나와서 하나님의 말씀을 전했다고 가정해 봅시다. 아무래도 귀를 기울여 하나님의 음성을 들을 수 있는 확률이 더 크지 않겠습니까? 그러나 그들은 참으로 어처구니없는 반응을 보였습니다.

"그러나 너희가 나실 사람으로 포도주를 마시게 하며 또 선지자에게 명령하여 예언하지 말라 하였느니라"(암 2:12).

평생 포도주를 마시지 않으며 자기를 경건하게 지키겠다고 서원하고 나실인이 된 자기 자식에게 강제로 포도주를 마시게 했다는 것입니다. 단 한 방울이라 할지라도 포도주는 나실인의 용기를 꺾어 버리고 양심을 병 들게 만들기에 충분했습니다. 그 결과 그렇게 큰소리로 하나님의 말씀을 외치던 젊은이가 이제 아무 말도 못하게 되고 만 것입니다.

더 나아가 그들은 포도주를 마시라는 회유와 압력을 이겨낸 젊은이를 끌어다가 생명을 위협하며 협박하기까지 했습니다. "예언하지 말라 다시 예언하는 날에는 네 생명을 부지하지 못할 것이다"(암 2:12 참조). 많은 젊은이들이 이 협박에 굴복해서 예언하던 입술을 굳게 다물어 버렸습니다. 협박에도 아랑곳없이 예언을 계속한 젊은이들이 있었다 해도 그들은 모두 사악한 종교 지도자들에 의해 순교당하고 말았을 것입니다. 참으로 기가 막힌 사회가 아닐 수 없습니다.

"무리가 성문에서 책망하는 자를 미워하며 정직히 말하는 자를 싫어하는도다"(암 5:10).

악을 행하는 자는 악을 책망하는 자를 미워하게 되어 있습니다. 거짓을 일삼는 자는 정직하게 말하는 자를 싫어하게 되어 있습니다. 이것은 예나 지금이나 다를 바 없습니다. 사람들이 악에 빠지면 선한 것을 미워하게 됩니다.

그러다 보니 아모스 5장 13절 말씀대로 화를 당하지 않기 위해 지혜자는 입을 다물어 버렸습니다. 그 결과 이스라엘 사회는 사자처럼 부르짖고 계시는 하나님의 음성을 전혀 들을 수 없는 죽음의 침묵 속에 잠기고 만 것입니다.

우리의 현실

오늘 우리 사회는 어떻습니까? 우리 사회가 이스라엘 사회만큼 절망적이라고 말하고 싶지는 않습니다. 하나님께서 선교 100년의 짧은 역사에도 불구하고 우리에게 얼마나 엄청난 복을 주셨습니까? 주일이면 하나님의 말씀을 듣고자 전국의 크고 작은 교회들로 나오는 성도들의 수가 천만에 이른다고 합니다.

주님의 몸 된 교회를 위해 몸바쳐 헌신하는 주의 종들도 수만 명에 이릅니다. 이 나라와 민족을 위해 밤낮으로 부르짖으며 기도하는 성도들도 수를 헤아릴 수 없을 정도입니다. 이런 점에서 볼 때 우리 사회는 이스라엘 사회보다 훨씬 희망적이라고 말할 수 있을 것입니다.

그럼에도 우리는 이스라엘 사회에 만연해 있던 악이 우리 사회에서도 그대로 재현되고 있다는 사실을 부인하지 못합니다. 이 나라 사람들 가운데 프로타고라스의 망령에 사로잡힌 자들이 얼마나 많습니까?

고대 철학자 프로타고라스는 "인간이 만물의 척도다."라고 주장했습니다. 선악의 기준이 자기 자신에게 달려 있다는 것입니다. 내가 좋아하면 선이 되고, 싫어하면 악이 됩니다. 내가 옳다고 판단하는 것만이 진리라고 생각하는 것입니다. 하나님이 계셔야 할 자리에 자기 자신을 앉혀 놓는 이같은 사고방식은 자신을 신격화하려는 시도와 다를 바 없습니다. 사실 세상에 존재하는 모든 악들이 바로 이러한 사고에 뿌리를 두고 있지 않습니까?

바알의 망령에 사로잡힌 자들은 또 얼마나 많습니까? 바알은 물질적인 번영이 최고라고 가르치는 신입니다. 여러분 주변을 돌아보십시오. 부동산을 늘리는 데 혈안이 되어 뇌물이나 사기, 공갈, 위장 전입 등 어떠한 부정한 방법이라도 서슴지 않는 사람들이 얼마나 많습니까? 이웃이나 국가가 어떻게 되든 자기 혼자만 움켜쥐면 그만이라고 생각하는 것입니다. 그러다 보니 집 값은 걷잡을 수 없이 치솟고 집 없는 서민의 눈물과 한숨은 늘어가는 것입니다.

교회 주변에 들어서는 수많은 유흥업소들을 볼 때마다 분통이 터져서 견딜 수가 없습니다. 왜 한창 열심히 미래를 설계하고 준비해야 할 젊은이들을 쾌락의 늪에 빠지게 만드느냐는 말입니다. 쾌락에 빠진 자는 사랑과 쾌락말고는 다른 아무것에도 관심이 없습니다. 미래에 대한 꿈도 희망도 없습니다. 오직 현재의 쾌락만 있을 뿐입니다. 이 나라 젊은이들에게서 미래에 대한 진취적인 꿈과 희망이 사라져 버린다고 생각해 보십시오. 이것은 비단 그들만의 문제가 아닙니다. 그들이 쾌락에 빠져 헤매는 동안 그들은 물론이거니와 이 나라의 미래도 그만큼 어두워지는 것입니다. 이 나라 정치인들에게 이렇게 따지고 싶습니다. 왜 건전한 사업장은 허가해 주지 않으면서 젊은이들을 타락시켜 범죄하게 만드는 퇴폐 영업소들은 그렇게 쉽게 허가해 주고 왜 이 사회를 소돔과 고모라로 만들 계획을 세우고 있느냐고 말입니다.

지금 우리 사회 곳곳에서는 눈 뜨고는 못 볼 끔찍한 범죄와 패륜 행위들이 비일비재하게 벌어지고 있습니다. 인간으로서 가져야 할 최소한의 양심마저 포기한 자들이 얼마나 많습니까? '동방예의지국'이라는 별명을 자랑하던 우리 사회가 왜 이 모양이 되었습니까?

범죄자들이 더 악해진 탓도 있지만 부와 권력을 가진 자들이 양심을 저버린 채 자기 욕심을 채우기에만 급급한 결과라는 사실도 부인할 수 없습니다. 가진 자들의 사치와 향락주의는 날로 더 심해지고 있습니다. 이 안타까운 현실이 하나님이 질타하셨던 이스라엘 나라의 부패상과 다르다고 누가 부인할 수 있습니까?

우리가 정말 심각하게 생각해야 할 것은 교회가 없어서 사회가 이 모양이 된 것이 아니라는 사실입니다. 우리나라는 세계가 부러워할 정도로 교회가 많은 나라입니다. 서울을 방문하는 외국인들은 김포 공항에 내리면서 서울의 밤을 수놓은 수많은 네온 십자가를 보고 입을 다물지 못한다고 합니다. 세계 어느 도시를 가도 서울만큼 교회가 많은 데가 없다는 것입니다. 동시에 그들은 우리 사회 전반에 만연해 있는 부패상을 보고 또한번 놀랍니다. "그리스도인이 전체 인구의 5분의 1이나 된다는 나라가 어떻게 이토록 암담할 수 있는가?" 하고 의아해 하는 것입니다.

이 사회에는 적어도 3만 명의 목사들이 있습니다. 전도사와 신학생들까지 합하면 6만 명 이상이 될지도 모릅니다. 만약 우리 사회에 공산주 핵심 분자들이 6만 명 있다면 이 나라가 벌써 공산화되었을지도 모릅니다.

그러나 우리는 어떻습니까? 기독교 지도자가 6만 명이나 되는데도 이 사회는 달라지기는커녕 마치 우리를 비웃기라도 하듯 날로 더 악해지고 있지 않습니까? 저는 그 이유가 다른 데 있다고 보지 않습니다. 우리가 이 나라의 죄에 대해 부르짖으시는 하나님의 음성에 귀기울이지 않고, 그 음성을 세상 사람들로 하여금 듣게 하지 않았기 때문입니다.

교회여, 예언자가 되라

이스라엘 나라에 하나님의 부르짖는 음성을 듣는 자가 없어지고 하나님의 심정을 대변할 자가 없어지자 하나님은 드디어 마지막 수단을 사용하셨습니다.

이스라엘 나라 밖에서 대변자 한 사람을 세우신 것입니다. 그가 바로 아모스입니다. 아모스는 이스라엘 사람이 아니라 유대 나라 사람이었습니다(암 1:1). 더군다나 그는, 본문 14절에서 고백하고 있는 것처럼 선지자도 아니요 선지자의 자손도 아니었습니다. 그는 뽕나무를 재배하는 농사꾼이요 양을 치는 목자였습니다.

요즈음 말로 하면 평범한 직업에 종사하고 있는 평신도였다는 것입니다. 그럼에도 하나님은 그를 마지막 비상수단으로 선택하시고 선지자로 부르사 이스라엘 백성에게 예언하게 하셨습니다. 그는 하나님의 부름을 듣자마자 지체하지 않고 타국인 이스라엘로 가서 하나님의 부르짖으시는 음성을 대언했습니다.

우리 사회가 새로워지기 위해서는 아모스처럼 하나님의 부르짖으시는 음성을 대언할 예언자가 필요합니다. 그러나 지금은 신약 시대이기 때문에 어느 개인이 선지자나 예언자로 소명을 받는 일은 없습니다.

"그때에 내가 내 영을 내 남종과 여종들에게 부어 주리니 그들이 예언할 것이요"(행 2:18).

하나님께서 자기의 모든 남종과 여종들에게 성령을 부어 주셔서 예언하게 하십니다. 여기서 성령을 받은 남종과 여종들은 신자들의 모임 곧 교회를 말합니다. 오늘날에는 교회가 예언자로 세움을 입었습니다. 하나님은 교회를 통해서 이 세상을 책망하고 경고하시는 음성을 들려주기를 원하시는 것입니다.

어떤 사람은 "교회가 예언자로 세움을 입었다."라는 말을 교역자 중심으로 제한시켜 이해합니다. 교역자가 강단에 서서 하나님의 말씀을 선포하는 것이 곧 교회의 예언 사역이라는 것입니다. 옳은 말이라고 봅니다. 하나님이 기름 부어 세우신 종의 입을 통해 하나님의 말씀이 선포된다는 것은 틀림없는 사실입니다.

그러나 교회를 그렇게 제한된 의미로 이해해서는 안 됩니다. 우리가 분명히 알아야 할 것은 교회의 주체는 교역자가 아니라 평신도라는 사실입니다. 사랑의교회의 주체는 0.1퍼센트도 안 되는 교역자들이 아닙니다. 99.9퍼센트 이상을 차지하는 평신도들이 교회의 주체입니다. 따라서 목사만 하나님의 말씀을 대언하는 예언자라고 볼 수 없는 것입니다. 우리는 하나님께서 마지막 비상수단으로 부르신 아모스가 일반 생업을 가진 평신도였다는 사실을 주목할 필요가 있습니다. 지금은 하나님께서 특별히 예수 그리스도를 마음으로 믿고 입으로 시인하는 모든 성도들을 복음의 증인으로, 세상을 쳐서 예언하는 선지자로 부르고 계십니다. 이 사실을 우리는 한시라도 잊으면 안 됩니다.

선지자는 히브리어로 '나비(nabi)' 입니다. '거품이 부글부글 끓어오르다.', '샘에서 물이 솟아오른다.' 라는 뜻을 가지고 있습니다. 선지자는 마치 샘에서 물이 쉴새없이 솟아오르듯이 마음속에 가득한 하나님의 말씀을 토해 내는 사람이라 할 수 있습니다.

"그리스도의 말씀이 너희 속에 풍성히 거하여 모든 지혜로 피차 가르치며 권면하고"(골 3:16).

하나님은 오늘날에는 성경을 통해서 말씀하십니다. 따라서 성경을 읽을 때 하나님의 부르짖으시는 음성을 듣게 되는 것입니다. 하나님의 음성을 듣는 자는 결코 그 말씀을 혼자 간직하고 있지 못합니다. 샘에서 물이 솟구쳐 오르는 것을 막을 수 없듯이 말씀을 전하고 싶은 충동에 견딜 수 없게 되는 것입니다. 선지자란 바로 이러한 사람을 가리킵니다.

　선지자를 뜻하는 또 하나의 단어가 있습니다. '메사'라는 말인데, '무거운 짐'이라는 뜻을 가지고 있습니다. 선지자는 말을 하지 않으면 무거운 짐에 짓눌린 것처럼 못 견뎌 하는 사람입니다. 아모스 선지자의 이름 뜻을 살펴보면 재미있는 사실을 하나 발견할 수 있습니다. '아모스'는 '무거운 짐을 진 자'라는 뜻이기 때문입니다. 하나님께서 마지막 비상수단으로 그를 택하신 이유를 이름 뜻에서도 엿볼 수 있습니다.

　이것은 신약 시대에 와서도 마찬가지였습니다. 사도나 평신도를 가릴 것 없이 성령을 받고 예언자가 된 사람들은 한결같이 말씀을 전하지 않고는 견딜 수 없는 자들입니다. 사도행전 4장 20절을 보십시오. 베드로와 요한은 공회원들이 "예수의 이름으로 말하지 말라."고 엄포를 놓자 이렇게 대답하지 않았습니까? "우리는 보고 들은 것을 말하지 아니할 수 없다." 이것은 바울 역시 마찬가지였습니다.

　"내가 복음을 전할지라도 자랑할 것이 없음은 내가 부득불 할 일임이라 만일 복음을 전하지 아니하면 내게 화가 있을 것이로다"(고전 9:16).

　그가 가는 곳마다 복음을 전한 것은 전하지 않고는 견디지 못할 무거운 부담 때문이었다는 것입니다. 선지자란 이와 같이 부득불 전할 수밖에 없는 자입니다.

　오늘날 교회가 바로 이러한 선지자의 끓어오르는 심정을 가지고 있어야 합니다.

"주 여호와께서는 자기의 비밀을 그 종 선지자들에게 보이지 아니하시고는 결코 행하심이 없으시리라 사자가 부르짖은즉 누가 두려워하지 아니하겠느냐 주 여호와께서 말씀하신즉 누가 예언하지 아니하겠느냐"(암 3:7-8).

구약 시대에 하나님께서는 당신의 계획을 선지자들에게 먼저 보이시고 실천하셨습니다. 이것은 오늘날도 마찬가지입니다. 이 우주와 세상 역사에 대한 계획과 뜻을 하나님은 우리에게 밝히 보여 주셨습니다. 성경에 그 모든 것이 다 기록되어 있습니다.

그러므로 우리는 성경에서 하나님의 뜻과 계획을 깨닫고 그의 음성을 들을 수 있습니다. 그리고 생활 현장에서 어깨를 맞대고 함께 일하는 세상 사람들에게 하나님의 부르짖으시는 음성을 들려줄 수 있습니다. 그럴 때 굳어진 그들의 양심의 감각이 새로 살아나서 하나님을 두려워하게 될 것입니다. 마음속으로부터 회개의 역사가 일어나게 될 것입니다. 이와 같은 내적인 혁명은 더 나아가 삶의 변화로 이어지게 될 것입니다.

복음으로 예언하라

그러면 우리가 무엇으로 예언해야 할까요? 첫째, 복음으로 예언해야 합니다. 우리는 흔히 복음 전하는 것을 너무 소극적으로만 생각하는 경향이 있습니다. "예수를 믿어야 구원받습니다."라고 말하면 복음을 전했다고 생각합니다. 물론 우리는 당연히 세상 사람들을 믿음과 구원으로 초대해야 합니다. 그러나 여기서 그쳐서는 안 됩니다. 그들의 삶의 변화도 촉구해야 합니다. "하나님께서는 이제 당신이 악한 생각과 허황된 인생의 목표를 버리고 새로운 삶을 살기 원하십니다."라고도 말해야 하는 것입니다.

저는 셋방살이라면 이골이 난 사람입니다. 이십여 년 동안 셋방살이를 해보았습니다. 그래서 이제는 주인의 얼굴만 보고도 그가 좋은 사람인지 나쁜 사람인지 알아볼 수 있을 정도가 되었습니다. 제가 겪었던 주인들 가운데는 선하고 친절한 사람도 여럿 있었지만 성격이 매우 까다로워 잔소리를 많이 하는 사람도 있었습니다.

세 든 사람의 입장에서 까다로운 주인을 만나는 것만큼 괴로운 일은 없습니다. 살다 보면 어쩌다가 밤늦게 들어올 수 있지 않습니까? 그러나 까다롭게 구는 주인은 당장 이렇게 잔소리를 합니다. "밤늦게 벨을 누르지 말라." "대문 닫는 소리가 시끄럽다." 그러면 세 든 사람은 주인의 비위를 맞추고자 밤에 일찍 들어오려고 애를 씁니다. 어쩌다 늦게 들어오게 되면 잔소리 안 들으려고 담을 뛰어넘기도 합니다. 정도의 차이는 있겠지만 셋방살이를 하는 사람은 주인의 비위를 맞추려고 신경을 많이 쓰는 것입니다.

우리는 이 세상에서 셋방살이 하는 사람처럼 살고 있습니다. 이 세상에는 내 것이라고 할 만한 것이 아무것도 없습니다. 우리가 예금해 놓은 돈도, 우리가 등기해 놓은 부동산도 사실은 내 것이 아닙니다. 하나님으로부터 빌려 쓰고 있을 뿐입니다. 세 들어 사는 사람은 마땅히 주인의 비위를 맞추어야 합니다. 주인 되신 하나님은 우리가 이 세상에서 거룩하게 살기를 원하십니다. 그러므로 우리는 그의 뜻에 일치하는 삶을 살아야 합니다. 우리가 세상 사람들에게 복음을 전할 때 삶의 변화까지 요구해야 하는 이유가 바로 여기에 있습니다.

여러분 가운데 정치계에 투신하고 있는 분이 계시다면 여러분의 동료들에게 이렇게 말하십시오. "하나님이 두렵지 않습니까? 우리 양심적으로 정치합시다." 기업하시는 분들은 이렇게 말하십시오. "왜 외국에서는 4만 원밖에 안 되는 옷을 12만 원이나 받고 팝니까? 우리 정직하게 사업합시다." 세상 사람들에게 부정직하고 죄악된 삶에서 돌이켜 생명길로 나오라고 부르짖는 하나님의 간절한 음성을 들려주는 것, 이것이 바로 복음으로 예언하는 것입니다.

선한 생활로 예언하라

둘째로는, 선한 생활로 예언해야 합니다. 하나님의 음성을 들려주기만 해서는 안 됩니다. 세상 사람들에게 우리가 하나님의 뜻대로 사는 모습을 보여 주어야 합니다. 정직하게 살려고 하다 보면 핍박과 멸시 천대, 가난을 감수해야 할지도 모릅니다. 그럼에도 우리가 그 길을 택하는 용기를 보여 준다면 우리의 예언이 얼마나 강력한 웅변이 되겠습니까? 그러므로 우리가 행동으로 악을 미워하고 선에 속하기를 즐거워하는 모습을 보여 주어야 합니다.

남편이 부정한 방법으로 돈을 벌어 오는 줄 알거든 그에게 이렇게 말하십시오. "여보, 우리 가난하게 살아도 돼요. 양심껏 삽시다. 셋방에 살아도 괜찮아요. 우리가 하나님 뜻대로 살려고 하다 보면 지금은 가난할지 모르지만 하나님께서 반드시 우리와 우리 자손들에게 복을 주실 거예요."

그리고 행동으로 보여 주십시오. 가계부를 알뜰하게 기록하여 쓸데없는 지출을 줄이십시오. 남편에게 생활비가 넉넉치 않더라도 항상 기뻐하고 범사에 감사하는 모습을 보여 줌으로써 진정한 행복을 알게 해보십시오. 그럴 때 남편의 생각과 삶이 놀랍게 바뀔 것입니다. 변화된 남편을 통해 그가 활동하고 있는 일터가 새로워지게 될 것입니다.

중보 기도로 예언하라

셋째로, 중보 기도로 예언해야 합니다. 우리가 아무리 성공해서 높은 지위에 오르고 재물을 많이 모은다 해도 이 나라가 하나님의 심판을 받아 멸망하면 아무 소용이 없습니다. 그런 의미에서 우리는 이웃과 나라를 위해 기도해야 합니다. 심판의 때가 오기 전에 하나님 앞에 무릎 꿇고 중보 기도해야 합니다.

하나님께서 이스라엘을 불로 심판하시겠다는 무서운 이상을 보여 주시자 아모스는 이스라엘을 위해 이렇게 중보 기도했습니다. "주 여호와여 청하건대 그치소서 야곱이 미약하오니 어떻게 서리이까"(암 7:5). 그러자 하나님은 그의 중보 기도를 들으시고 뜻을 돌이키시고 불로 심판하실 계획을 당분간 철회해 주셨습니다.

이 시대의 예언자로 부름받은 우리 역시 이 나라를 위해 중보 기도를 해야 합니다. 국가의 지도자가 정치를 만족스럽게 못할 수도 있습니다. 내가 별로 지지하지 않는 인물이 당선되었을 수도 있습니다. 그러나 그는 분명 하나님께서 세우신 사람입니다. 따라서 우리는 하나님께서 허락하신 그의 권위를 인정해야 합니다.

다른 모든 권위 역시 마찬가지입니다. 내 마음에 들든 들지 않든 간에 부모나 교사, 사회 지도자의 권위를 인정하고 그들을 위해서 기도해 주어야 합니다. 이것이 바로 중보 기도로 예언하는 것입니다.

요즈음 청소년들은 부모나 교사의 권위를 인정하기 싫어합니다. 어쩌다 중·고등 학생으로 보이는 아이들이 저들끼리 신나게 떠들어대는 이야기를 들어 보면 기막힐 때가 많습니다. 선생을 '이 새끼', '그 새끼'라고 부르며 욕하는 것은 예삿일처럼 되어 버렸습니다. 부모에 대해서도 욕을 합니다. 사회의 모든 권위를 부정해 버리는 것이 자유인 줄 착각하고 있습니다.

이러한 때 자녀들에게 중보 기도를 드리는 습관을 가르쳐 보십시오. 어른들을 욕하기 전에 기도하게 해보십시오. 사랑하는 친구와 민족과 국가를 위해서 하나님 앞에 부르짖는 자세부터 갖추게 하자는 것입니다. 이것이 바로 예언하는 것입니다.

이 나라의 소망은 우리 예수 믿는 사람들에게 달려 있습니다. 우리가 침묵하면 이 나라도 이스라엘 사회처럼 무서운 적막 속에 빠지게 될 것입니다. 그러므로 우리는 하나님의 부르짖으시는 음성을 듣고 아모스처럼 각자의 생활 터전에서 열심히 일하면서 주변 사람들에게 복음을 전해야 합니다. 우리가 악을 미워하고 선을 사랑하는 삶을 보여 주어야 합니다. 이 나라가 죄악 가운데서 망하지 않도록 이웃과 나라를 위해 중보 기도를 해야 합니다. 그럴 때 이 나라가 놀랍게 달라질 것입니다.

하나님께서는 우리 각자에게 이렇게 말씀하고 계십니다. "너 목자여, 예언자가 되라!" 우리 모두 하나님이 주신 복된 사명을 충실히 감당하여 썩어서 악취나는 이 사회를 생명이 넘치는 살맛나는 사회로 만듭시다.

Chapter 4

버려야 삽니다

"여호와께서 이와 같이 말씀하시되 모압의 서너 가지 죄로 말미암아 내가 그 벌을 돌이키지 아니하리니 이는 그가 에돔 왕의 뼈를 불살라 재를 만들었음이라 내가 모압에 불을 보내리니 그리욧 궁궐들을 사르리라 모압이 요란함과 외침과 나팔 소리 중에서 죽을 것이라 내가 그 중에서 재판장을 멸하며 지도자들을 그와 함께 죽이리라 여호와께서 말씀하시니라 여호와께서 이와 같이 말씀하시되 유다의 서너 가지 죄로 말미암아 내가 그 벌을 돌이키지 아니하리니 이는 그들이 여호와의 율법을 멸시하며 그 율례를 지키지 아니하고 그의 조상들이 따라가던 거짓 것에 미혹되었음이라 내가 유다에 불을 보내리니 예루살렘의 궁궐들을 사르리라 여호와께서 이와 같이 말씀하시되 이스라엘의 서너 가지 죄로 말미암아 내가 그 벌을 돌이키지 아니하리니 이는 그들이 은을 받고 의인을 팔며 신 한 켤레를 받고 가난한 자를 팔며 힘 없는 자의 머리를 티끌 먼지 속에 발로 밟고 연약한 자의 길을 굽게 하며 아버지와 아들이 한 젊은 여인에게 다녀서 내 거룩한 이름을 더럽히며 모든 제단 옆에서 전당 잡은 옷 위에 누우며 그들의 신전에서 벌금으로 얻은 포도주를 마심이니라"(아모스 2:1-8).

구약에 언급되고 있는 모든 나라들은 죄 때문에 역사의 뒤안길로 사라져 버렸습니다. 우리가 올곧은 삶을 살아갈 때 우리나라 곳곳에 독버섯처럼 퍼져 있는 죄악을 막을 수 있습니다. 이것이야말로 진정한 애국이요, 이 나라를 살리고 우리 모두를 살리는 길입니다.

우리 민족 역사상 가장 슬펐던 해를 들라고 한다면 1910년을 들 수 있을 것입니다. 일제에 의해 우리나라가 주권을 빼앗기는 치욕을 당한 해이기 때문입니다. 그 해 을사보호조약이 체결되기 몇 달 전인 4월 15일자 《대한매일신보》에 "두 종교계에 요구함"이라는 제목의 사설이 실린 적이 있습니다.

그 사설에서 주필은 기독교를 "오직 천당과 지옥의 화복만을 알 뿐, 자신들이 국가와 민족의 존립과는 무관하다고 생각하는 자들"이라고 몰아붙였습니다. 국가가 위기를 당해 존립마저 위태로운 때에 기독교가 나라의 운명에 책임질 생각을 하지 않는다는 지적이었습니다.

그러나 과연 기독교가 천당만 알고 국가야 어떻게 되든지 자기만 구원받으면 그만이라는 사고방식을 가진 집단입니까? 저는 그렇게 생각하지 않습니다. 그 사설을 쓴 주필이 기독교에 대해서 뭔가 크게 오해한 것이 분명합니다. 그 당시 교회 지도자들은 독립운동에 앞장설 것이냐 아니면 정치와 무관하게 사람들의 영적 문제만 다룰 것이냐를 두고 한동안 딜레마에 빠져 있었습니다. 그러다가 결국 많은 지도자들이 정치보다 교인들을 영적으로 지도하는 일에 전념하는 방향으로 결단을 내렸습니다.

추측건대 아마 이것 때문에 당시 기독교가 국가의 흥망에 무관심하다는 비판을 듣게 되지 않았나 생각합니다. 교인들을 영적으로 지도하는 일의 중요성은 아무리 강조해도 지나치지 않지만 그들이 국가를 위해서 좀 더 적극적으로 행동하지 못한 것은 유감스러운 일이 아닐 수 없습니다.

개인적으로 종교 개혁자 칼뱅의 국가관이 가장 성경적인 관점이라고 봅니다. 칼뱅은 국가를 하나님이 주신 제도로 보았습니다. 국가의 권력 역시 하나님으로부터 온 것입니다(롬 13:1). 국가는 하나님께서 이 세상에서 당신의 뜻을 성취하시는 데 보조적인 역할을 하게 하고자 우리에게 주신 일반 은총의 나라고 할 수 있습니다. 만약 국가가 없다면 교회가 이 세상에 존립하기 어려울 뿐 아니라 복음이 온 세상에 전파될 수도 없을 것이며, 성도들이 편안한 생활을 할 수도 없을 것입니다. 이런 의미에서 하나님이 교회를 위해서 국가를 주셨다고 해도 과언이 아닐 것입니다. 따라서 우리는 바울이 말하는 것처럼 우리의 양심을 인하여 국가 권력에 복종하고 정치 지도자들을 위해서 기도하며 법이 정한 각종 세금을 바치는 등 국가를 위해서 해야 할 의무를 잘 감당해야 합니다(롬 13:1-7; 딤전 2:2).

그뿐만 아니라 나라와 민족을 사랑해야 합니다. 마태복음 22장 39절에서 예수님은 이웃을 내 몸처럼 사랑하는 것을 크고 둘째 되는 계명이라고 말씀하셨습니다. 우리의 이웃이 누구입니까? 우선적으로는 우리가 속한 지역 사회와 민족과 국가를 이웃이라고 할 수 있을 것입니다. 그러므로 우리 그리스도인은 나라와 민족을 사랑할 수밖에 없습니다.

죄, 망국의 지름길

그렇다면 어떻게 하는 것이 나라를 사랑하는 것입니까? 때로는 독립을 위해서 무저항주의로 항거한 유관순처럼 나라를 위해 희생을 각오해야 할 수도 있습니다. 그러나 우리가 그보다 앞세워야 할 일이 있습니다. 나라를 망하게 하는 내부의 적을 막는 일입니다. 흔히 나라가 망하게 되는 것은 외부의 적 때문이라고 생각합니다.

그러나 보다 근본적인 원인은 내부의 적에게 있습니다. 국가는 내부의 적 때문에 망하는 것입니다. 내부의 적이 무엇입니까? 죄입니다. 국가가 망하게 되는 근본 원인은 바로 죄에 있는 것입니다!

하지만 아놀드 토인비는 그의 책 『역사의 연구』에서 국가의 흥망 성쇠의 원인이 죄에 있다고 말하지 않습니다. 이것은 다른 세상 역사가들 역시 마찬가지입니다. 그들은 한 나라가 정치적인 이유나 사회적, 경제적, 군사적 이유 등으로 망하게 되었다고 말할 뿐 죄가 근본 원인이라고 말하지는 못합니다. 눈에 보이는 이유밖에 보지 못하기 때문입니다.

그러나 아모스 1, 2장을 보십시오. 하나님께서 이스라엘을 포함한 열국의 죄를 지적하고 심판을 경고하고 계시지 않습니까?

"서너 가지 죄로 말미암아 내가 그 벌을 돌이키지 아니하리니."

이것은 그 나라들을 심판대 앞에 세워 놓고 선고를 내리시는 하나님의 판결문이라 할 수 있습니다. 그 죄를 회개하지 않으면 경고한 대로 심판하시겠다는 것입니다.

죄가 하나님의 심판을 부르는 망국의 원인이라는 진리는 오늘날에도 달라지지 않았습니다. 민족을 불안 가운데 몰아넣고 전쟁 준비에 미쳐 날뛰고 있는 북한 정권은 그 죄 때문에 하나님의 심판을 받게 될 것입니다. 세계 만방에 끼치고 있는 윤리적인 해악을 바로잡지 않는다면 미국 역시 하나님의 심판을 받게 될 것입니다. 우리나라라고 예외일 수 없습니다. 죄가 도를 넘으면 하나님의 심판을 받아 망할 수밖에 없습니다.

참 안타까운 것은, 예수 믿는 사람들 가운데서도 죄와 국가의 흥망 성쇠 간의 함수 관계에 대해 확신하지 못하는 사람들이 많다는 사실입니다. 그러나 죄가 많아지면 그 국가는 반드시 하나님의 심판을 받아 망하게 되어 있습니다. 이것은 역사가 입증하는 사실입니다. 구약 성경을 보십시오. 구약에 언급되고 있는 그 모든 나라들이 왜 멸망해서 역사의 뒤안길로 사라져 버렸다고 생각하십니까? 전부 죄 때문이었습니다. 죄로 인해 하나님의 심판을 받은 것입니다.

그러므로 우리가 이 나라를 사랑한다면 죄로 인해서 망하지 않도록 죄를 막아야 합니다. 권력을 가진 자들이 죄에서 떠날 수 있도록 바른말을 해야 합니다. 그들을 하나님 앞으로 인도하여 결과적으로 모든 정치가들이 선한 양심을 가지고 국정에 임하게 만들어야 합니다. 이것이 오늘날 교회가 감당해야 할 책임입니다.

그런 의미에서 우리는 아모스가 지적한 이스라엘의 죄를 구체적으로 검토해 볼 필요가 있습니다. 왜냐하면 그들의 죄악상이 오늘날 우리의 현실과 흡사한 데가 너무나 많기 때문입니다. 그러므로 우리가 그들처럼 망하지 않으려면 그들의 죄를 살펴보면서 경각심을 얻고 이 나라에 대한 우리의 사명을 새롭게 해야 할 것입니다.

이스라엘의 죄

당시 이스라엘은 여로보암 2세의 치하에서 정치적으로나 경제적으로 제2의 전성기를 구가하고 있었습니다. 과거에 빼앗겼던 땅들을 되찾을 만큼 군사력도 막강했습니다. 더욱이 이스라엘을 위협하는 강대국도 그리 많지 않아 전쟁이 거의 없었습니다. 그야말로 모든 사람들이 자유와 평화를 누리면서 걱정 없이 살던 시대였습니다.

이러한 태평성대의 때에 아모스라고 하는 선지자가 나타나서 하나님의 심판을 외쳤습니다. 이스라엘 나라가 정의를 회복하지 않으면 머지않아 하나님이 심판하신다는 것이었습니다. 평화와 번영의 때에 심판과 멸망을 예언하는 그의 말은 미친 소리로 들렸을 것입니다.

그래서 종교 지도자들은 그에게 이스라엘 땅에서 예언하면 가만두지 않겠다고 협박을 했습니다(암 7:12-13). 그리고 왕에게 투서를 넣어 그가 왕을 모반하려 한다며 정치적인 음모를 꾸미기까지 했습니다(암 7:10). 그들은 너무나 죄 가운데 깊숙이 빠져 있었기에 귀가 멀어서 심판의 경고를 들을 수 없었고 자신들의 잘못을 볼 수 있는 눈이 없었던 것입니다.

그러면 아모스가 지적한 이스라엘의 사회악은 무엇이었습니까? 크게 두 가지로 말할 수 있습니다. 첫째는 부정부패요, 둘째는 사치와 향락이었습니다.

뇌물

먼저 부정부패에 대해서 살펴봅시다. 부정부패 중에서 으뜸은 뇌물이었습니다.

"이스라엘의 서너 가지 죄로 말미암아 내가 그 벌을 돌이키지 아니하리니 이는 그들이 은을 받고 의인을 팔며 신 한 켤레를 받고 가난한 자를 팔며"(암 2:6).

그들은 은을 받고 의인을 팔고 신 한 켤레를 위해서 궁핍한 자를 팔았다고 합니다. 여기에서 '의인'과 '궁핍한 자'는 표현만 달리했을 뿐 같은 뜻입니다. 당시 지배 계층에 있던 사람들은 뇌물에 눈이 어두워져 있었습니다. 그들은 은을 받고 의인을 팔았습니다. 여기에서 은은 거액의 돈을 뜻합니다. 그들은 거액의 뇌물을 받고 재판을 번복했습니다. 그 결과 가난하고 힘 없는 자들은 잘못이 없음에도 유죄가 되어 패소하고, 돈 있는 사람들은 명백한 죄가 있음에도 무죄가 되어 승소하는 일이 비일비재하게 일어난 것입니다.

인간은 한번 돈맛을 알게 되면 양심의 감각이 점점 둔해지게 마련입니다. 그들 역시 마찬가지였습니다. 처음에는 은을 받고 일을 해주었지만 나중에는 신발 한 켤레 값만 받고도 뭐든지 원하는 대로 처리해 주는 쓰레기 같은 인생이 되어 버렸습니다. 이것만 보아도 당시 이스라엘 사회가 어느 정도로 부패하고 더러워졌는지 능히 짐작할 수 있지 않습니까?

그래서 하나님께서는 그들에 대해 이렇게 규탄하셨습니다.

"정의를 쓴 쑥으로 바꾸며 공의를 땅에 던지는 자들아"(암 5:7).

공법과 정의는 같은 말입니다. 그러니까 그들이 정의를 인진, 곧 써서 도저히 먹을 수 없는 쑥으로 만들어 놓았다는 것입니다. 높이 떠받들어야 할 정의를 땅에 집어던졌다는 말입니다. 누가 그렇게 만들었습니까? 법을 집행하는 사람들이 그렇게 한 것입니다. 뇌물을 받고 옳은 것을 그르다고 번복하고, 악한 자를 옳다고 규정하여 면죄부를 주는 그런 세상으로 만들어 버렸으니 법이나 정의가 아무짝에도 쓸모없게 된 것입니다.

이와 같이 뇌물이 판을 치는 세상에서는 돈없고 힘없는 사람이 희생당하게 마련입니다. 아무리 내가 옳아도 돈이 없으면 옳다는 소리를 들을 수 없는 것입니다. 이런 세상에서는 자연히 돈만 있으면 최고라는 사고방식이 사람들을 지배하게 됩니다. 무슨 짓을 해서라도 일단 돈을 벌고 보자는 생각을 하게 됩니다. 돈을 벌 수 있다면 법 따위를 어기는 것은 겁을 내지 않게 됩니다. 나중에 돈을 쥐어 주면 아무 문제가 안 된다는 것을 알기 때문입니다. 이와 같은 생각을 가진 지도자들이 수두룩한 나라가 형통하기를 바란다면 정신이상자와 무엇이 다릅니까?

대한민국이 건국된 이래 오늘까지 정치 지도자들과 공무원들이 범한 가장 무서운 악은 뇌물이었다고 생각합니다. 요즈음은 주고받는 방법들이 교묘해서 겉으로는 잘 드러나지 않습니다. 그러나 그들의 세계에 얼마나 뇌물이 판을 치고 있는가를 증명하기란 그리 어렵지 않습니다. 그들이 어떤 위치에 있든 간에 그렇게 큰 저택을 짓고 여기저기에 땅을 사 둘 만큼 월급을 많이 받는다고 생각하지 않습니다. 그렇다면 그 돈이 다 어디서 생겼을까요? 뒷거래를 통해 생긴 더러운 돈이 아니고 무엇이겠습니까?

우리 교회에는 제가 무척 존경하는 분들이 여러 분 계십니다. 명절 때나 특별한 날이 되면 비중이 큰 자리에 앉아 있는 분들에게는 선물이 많이 들어오지 않습니까? 그 가운데는 벌써 냄새가 나는 것들이 분명 있습니다. 돈을 가지고 오거나 지나치게 사치스러운 것을 선물로 가져올 때는 뭔가 흑심이 있는 것입니다.

우리 교회 집사님 중 사회적으로도 상당한 지위에 있는 어떤 분은 그런 선물이 들어오면 누가 가져왔든지 두말 않고 다시 돌려보낸다고 합니다. 세상 사람들의 눈에는 그가 속이 좁고 타협할 줄 모르는 사람같이 보일지 모릅니다. 하지만 모든 그리스도인들이 뇌물에 대해서 이와 같은 단호한 자세를 취한다면 우리나라에서 뇌물은 그 뿌리가 뽑히고 말 것입니다. 뇌물은 망국으로 가는 지름길입니다. 그러므로 더 늦기 전에 교회가 나서서 이것을 막아야 합니다.

착취

두 번째 부정부패는 착취였습니다.

"모든 제단 옆에서 전당 잡은 옷 위에 누우며 그들의 신전에서 벌금으로 얻은 포도주를 마심이니라"(암 2:8).

여기에서 '단'이나 '신의 전'이라는 표현이 언급되는 것은 당시 권력자들이 대부분 종교 지도자들이었기 때문입니다. 이스라엘에서는 국가 권력과 종교 지도자들이 불가분의 관계를 가지고 있었습니다. 그들은 가난한 자들에게서 착취한 것들을 자기들이 예배하는 자리에 쌓아 놓고 부를 누렸습니다.

여기서 '전당 잡은 옷 위에 누우며'라는 말을 주목해 볼 필요가 있습니다. 요즈음처럼 옷이 흔한 시대에는 이 말씀의 의미가 피부에 와 닿지 않습니다. 그러나 2700년 전에는 상황이 오늘날과는 완전히 달랐습니다. 그 당시는 한 벌로 평생을 입어야 할 만큼 외투가 귀했습니다. 사람들은 빚에 쪼들리거나 가족들이 굶게 될 때 모든 방법을 다 써 보다가 안 되면 결국에는 자기 외투를 저당 잡힙니다. 그런 의미에서 외투를 내주는 것은 자기에게 있는 것을 몽땅 내주는 것과 다름이 없습니다.

하나님은 이와 같은 궁핍한 처지에 빠진 자들을 외면하지 않으셨습니다. 그래서 율법을 통해 누군가의 옷을 저당 잡는 자는 해가 지기 전에는 반드시 그것을 돌려주라고 단호하게 명하셨던 것입니다(출 22:26). 그가 추운 밤을 떨며 지새지 않도록 자비를 베풀라는 것입니다. 진정으로 국민을 위하는 지도자라면 마땅히 옷을 돌려주는 자비를 베풀었어야 할 것입니다. 그러나 당시 권력층에 있던 자들은 그렇게 하지 않았습니다. 그들은 가난한 자들에게서 저당 잡은 옷을 돌려주기는커녕 쌓아 놓고 그 위에 누워 잤다고 했습니다.

그뿐만이 아닙니다.

"은으로 힘없는 자를 사며 신 한 켤레로 가난한 자를 사며 찌꺼기 밀을 팔자 하는도다"(암 8:6).

가난한 사람들이 옷까지 저당 잡히고 나면 이제 벗은 몸밖에 남지 않습니다. 그들에게 마지막으로 남은 방법이 있다면 자기 몸을 파는 것입니다. 권력층에 있는 사람들은 가난한 사람들의 이러한 사정을 악용해서 그들을 헐값에 노예로 삼았습니다.

그리고 더 나아가서 그들에게 잿밀까지 돈을 받고 팔았습니다. 잿밀이란 등겨 곧 쌀껍질을 말합니다. 그들은 등겨를 몇 가마니씩 쌓아 놓고 있었습니다. 먹을 수는 없고, 그렇다고 버리거나 공짜로 주기엔 너무나 아까웠습니다. 그래서 어떻게 돈이 되게 할 수는 없을까 하고 궁리를 하던 중 묘안이 떠올랐습니다. '제대로 못 먹어서 쩔쩔매는 저것들에게 아주 싼 값에 팔자. 분명 좋다고 사 먹을 거야.'

그들은 이렇게 못 먹는 등겨조차도 양식인 양 내다 팔아서 가난한 자들을 착취했습니다. 하나님께서는 가난한 자를 학대하는 것이 곧 자신을 멸시하는 것이라고 말씀하셨지만(잠 14:31), 성경을 누구보다 잘 알고 있었을 그들은 이 말씀을 완전히 무시해 버렸던 것입니다.

우리의 현실이 이보다 별로 더 나을 것이 없다고 생각합니다. 공단 지역에 가 보십시오. 나이 어리고 배우지 못했다는 약점을 이용해 터무니없이 낮은 임금을 주면서 많은 일로 혹사시키는 고용주들이 얼마나 많습니까? 전국에 있는 크고 작은 사업장들을 뒤져 보면 이와 같은 착취가 자행되는 곳이 수도 없이 많을 것입니다. 돈 있는 사람들이 부동산 투기를 해서 집값을 올려 놓는 일이나 물건을 사재기해서 힘들고 가난한 서민들이 제 값보다 몇 갑절을 주어야 살 수 있게 만드는 매점매석 역시 착취입니다.

요즈음 대기업들이 상품을 내놓고 가격을 몇 퍼센트 인하한다고 요란 떠는 것을 보며 그 이중적인 모습에 치를 떨 때가 많습니다. 그렇게 가격을 내려도 남는다면 도대체 전에는 얼마나 값을 터무니없이 올려 놓고 폭리를 취했다는 말입니까? 물론 이제라도 가격을 내린 것은 박수를 칠 일이지만 과연 그들이 그렇게 호들갑을 떨 자격이나 있는지 모르겠습니다.

이 나라가 망하지 않으려면 교회가 나서서 이와 같은 사회악을 막아야 합니다. 유감스럽게도 우리 그리스도인들은 이제껏 지나치게 침묵을 지켜 온 것이 사실입니다. 심지어는 부정직한 기업인들과 정치가들이 교회의 울타리 밑으로 숨어 들어와 활개를 쳐도 방관하는 꼴이 되어 버렸다는 사실도 부인할 수가 없습니다.

그러나 이러한 모순을 절대 용납해서는 안 됩니다. 우리부터 이와 같은 악을 버려야 합니다. 교회 안에 경건의 가면을 쓰고 착취를 일삼는 악덕 기업주가 발을 붙이지 못하게 만들어야 합니다. 그리고 세상에서 자행되고 있는 온갖 착취에 대해서 적극적으로 저항해야 합니다. 그들에게 선지자의 외침을 들려주어야 합니다. 그럴 때 이 나라는 분명 달라질 것입니다.

상도덕의 문란

세 번째 부정부패는 상도덕의 문란이었습니다.

"에바를 작게 하고 세겔을 크게 하여 거짓 저울로 속이며"(암 8:5).

그들은 에바 곧 되를 작게 만들었습니다. 되가 표준치보다 작으면 물건을 팔 때 그만큼 많이 남길 수 있기 때문입니다. 또 그들은 세겔 곧 추를 크게 만들었습니다. 그 이유 역시 다른 데 있지 않습니다. 물건을 팔러 온 사람이 그 추가 달린 저울로 물건을 달면 표준치보다 더 많이 얹어야 하기 때문입니다. 상인 입장에서는 그만큼 부당한 이득을 보는 것입니다.

우리는 어떻습니까? 상거래가 얼마나 정직하게 이루어지고 있습니까? 어떤 상품에 KS마크가 붙어 있다고 해서 백 퍼센트 신용할 수 있습니까? 상점 주인이 어느 교회 장로나 집사라고 해서 그의 말을 곧이곧대로 신뢰할 수 있습니까? 이 점에 대해서 저는 매우 회의적입니다. 여러분 가운데 상거래와 관련된 일에 종사하고 있는 분들이 계시다면 제발 부탁드립니다. 양심적으로 거래하시기 바랍니다.

어떤 사람은 저에게 이렇게 말할지도 모릅니다. "목사님, 교회 안에만 계셔서 세상 돌아가는 것을 잘 모르시는 모양인데요, 남대문 시장에 나가서 이틀만 장사해 보십시오. 아마 이틀이 다 가기도 전에 거짓말을 안 하고는 못 배길 겁니다." 그럴지도 모릅니다. 그렇기 때문에 하나님이 저를 교회 안에 있게 하셨는지도 모릅니다.

그러나 여러분은 다릅니다. 하나님이 여러분을 교회 안에만 있게 하지 않으시고 상업에 종사하게 하신 것은 거짓말 안 하고도 충분히 해낼 수 있다고 보시기 때문이 아닐까요? 세상 물정이 거짓 저울을 만드는 핑계가 될 수는 없습니다.

세상에 거짓이 더 성행할수록 그것을 막아야 할 우리의 책임은 더 막중한 것입니다. 예수 믿는 우리가 먼저 정직하게 상거래를 합시다. 그러면 우리나라 상거래 질서가 놀랍게 깨끗해질 것이라 믿습니다.

사치와 향락

부정부패와 맞먹는 또 한 가지 죄는 사치와 향락을 일삼는 것이었습니다.

"사마리아의 산에 있는 바산의 암소들아 이 말을 들으라 너희는 힘 없는 자를 학대하며 가난한 자를 압제하며 가장에게 이르기를 술을 가져다가 우리로 마시게 하라 하는도다"(암 4:1).

아모스는 이스라엘의 사치주의, 향락주의를 책망하면서 그들을 '사마리아 산에 거하는 바산 암소들'이라고 말했습니다. 그가 특별히 바산을 언급한 것은 그만한 이유가 있었습니다. 바산은 이스라엘에서 목축이 가장 잘된 지역으로서 그곳의 소들은 다른 지역의 소들보다 훨씬 살찌고 맛도 좋았기 때문입니다. '암소들'이라는 표현 역시 상당한 의미가 있습니다.

고대로부터 지금까지 여자들이 사치의 주범이었다는 것은 부인할 수 없는 사실입니다. 아모스가 굳이 '암소'라고 지칭한 것은 그런 이유 때문이라고 봅니다. 『리빙 바이블』은 이러한 의미를 분명히 하기 위해서 이 구절을 이렇게 번역했습니다. "남편에게 가난한 자와 약한 자들을 착취하게 해서 자기 향락에 필요한 것을 채우게 하는 여인들아!" 온몸에 보석을 치렁치렁 달고 있는 살찐 여인을 뒤뚱거리는 살찐 암소에 비유하고 있는 것입니다.

"상아 상에 누우며 침상에서 기지개 켜며 양 떼에서 어린 양과 우리에서 송아지를 잡아서 먹고"(암 6:4).

그들은 상아로 만든 침대에 누워 잤습니다. 그리고 하루 종일 그 호화로운 침상에 누워 기지개를 켜고 있었습니다. 먹고 즐기는 일 외에는 할 일이 없었습니다. 그들은 짐승들 가운데서 어린 양과 송아지만 골라 먹었습니다. 가난한 자들이야 굶어 죽든지 말든지 맛있고 연한 고기만을 찾은 것입니다. 그뿐만이 아닙니다.

"비파 소리에 맞추어 노래를 지절거리며 다윗처럼 자기를 위하여 악기를 제조하며"(암 6:5).

그들은 비파에 맞추어 헛된 노래를 지절거렸습니다. 자기를 위하여 악기를 제조하기도 했습니다. 이것은 그들이 즐기기 위해 갖은 수단과 방법을 다 동원했다는 말입니다.

"대접으로 포도주를 마시며 귀한 기름을 몸에 바르면서 요셉의 환난에 대하여는 근심하지 아니하는 자로다"(암 6:6).

그들은 대접으로 포도주를 마셨습니다. 잔으로 만족하지 못할 만큼 술에 완전히 사로잡힌 것입니다. 그리고 귀한 기름을 몸에 발랐습니다. 즉 값비싼 화장품으로 몸을 치장한 것입니다. 그들은 요셉의 환난에 대해서는 관심도 없었습니다. 요셉이란 바로 그들의 동족 곧 이웃의 가난한 사람들을 말합니다. 그들이 죽든지 말든지 거들떠보지도 않고 마음껏 먹고 마시고 즐기는 일에만 전념했다는 것입니다. 이 모든 것이 무엇을 말합니까? 사치 향락주의 풍조를 말하는 것입니다.

우리나라가 이들과 다르다고 어느 누가 장담할 수 있습니까? 1981년도에 여행자들이 외국에 나가서 사들고 온 외제품의 총액은 7천억 원이라고 합니다. 여행자 1인당 100만 원씩 지출한 셈입니다. 이것은 대단히 심각한 문제가 아닐 수 없습니다.

왜냐하면 우리나라 무역상들이 일 년 동안 피땀 흘려 수출하여 벌어들인 순수익의 총액을 초과하는 금액이기 때문입니다. 같은 해 수출을 통해 벌어들인 순수익이 6,390억 원이었던 것을 감안하면 우리나라는 그동안 밑 빠진 독에 물을 붓고 있었던 것입니다. 7천억 원이면 울산공단 하나를 짓고도 남는 어마어마한 돈입니다.

일 년 동안 여행자들이 사치품을 사는 데 쓴 돈이 울산공단 하나 짓는 돈보다 많다고 하니 장차 이 나라가 어떻게 되겠습니까? 하나라도 더 수출하려고 세계를 돌아다니는 사람들이 무슨 재미로 영업을 하겠습니까? 무슨 재미로 공장에서 좋은 상품을 만들어 내겠습니까? 무슨 재미로 뼈빠지게 농사를 짓겠습니까? 무슨 힘이 나서 밤새 눈을 부릅뜨고 나라를 지키겠습니까? 사치 풍조가 만연하면 국가를 위해서 고생하는 사람들이 의욕을 잃어 버리게 되어 있습니다. 그렇게 되면 의욕을 가지고 나라를 위해 일하려는 사람이 점점 없어지고 말 것입니다. 어디 그뿐입니까?

사치 풍조는 죄를 조성할 뿐 아니라 정신적인 타락을 가져오게 마련입니다. 그래서 결국 자라나는 세대까지 썩고 병 들게 만들어 버리는 것입니다. 이런 나라가 잘될 리 있겠습니까? 더 늦기 전에 이 악을 막지 않는다면 이 나라는 현재의 소망뿐 아니라 미래의 소망마저 모두 잃게 될 것입니다.

악을 미워하고 선을 사랑하라

그러므로 우리는 정신을 차려야 합니다.

"보라 주 여호와의 눈이 범죄한 나라를 주목하노니 내가 그것을 지면에서 멸하리라"(암 9:8).

아모스가 그렇게 목이 터져라 예언을 했는데도 불구하고 듣지 않더니 이스라엘 나라는 50년도 못 되어 앗수르에게 멸망 당하고 말았습니다. 부정부패로 축재하고 가난한 자들을 착취하던 자들이 다 어디로 갔습니까? 사치와 향락을 일삼던 바산의 암소들이 다 어디로 갔습니까? 아모스 7장 17절 말씀대로 앗수르에 포로로 잡혀 가고 창녀로 팔려 가지 않았습니까? 우리가 이스라엘처럼 망하지 않으려면 정신을 차려야 합니다.

빌리 그레이엄 목사는 『들리는 말발굽 소리』라는 책에서 계시록이 예언하고 있는 거짓 선생의 말과 전쟁의 말, 기근의 말, 죽음의 말이 지금 전 세계를 향해서 점점 더 가까이 달려오고 있다고 경고했습니다. 그만큼 세계 종말이 가까이 왔다는 말입니다. 그는 이렇게 결론을 내렸습니다. "우리는 지상의 운명에 대해서, 우리 자신의 운명에 대해서 너무 늦기 전에 무엇인가 할 수 있다고 믿는다."

그렇습니다. 지금이라도 늦지 않습니다. 우리는 이 나라와 우리 자신을 위해서 무엇인가 할 수 있습니다.

"너희는 악을 미워하고 선을 사랑하며 성문에서 정의를 세울지어다 만군의 하나님 여호와께서 혹시 요셉의 남은 자를 불쌍히 여기시리라"(암 5:15).

악을 미워하고 선을 사랑하라! 바로 이것입니다. 우리가 하나님 앞에 긍휼히 여김을 받기 원한다면 악을 미워하고 선을 사랑해야 합니다. 막연히 탄식만 하고 있어서는 안 됩니다. 국가의 죄를 정죄하고만 있어서도 안 됩니다. 보다 적극적인 자세를 취해야 합니다. 악을 미워하고 선을 사랑해야 하는 것입니다. 우리가 이와 같은 자세를 가지고 생활한다면 오늘날 이 나라에서 판을 치고 있는 악은 분명 그 세력을 잃게 될 것입니다.

그러나 여기에서 만족해서는 안 됩니다. 더 나아가 무너진 공의를 바로 세워야 합니다. 이 일을 위해서 우리는 예수를 모르는 우리 이웃들을 그리스도 앞으로 인도해서 그들이 신을 사랑하고 악을 버리는 생활을 배우게 해야 합니다. 그럴 때에야 이 땅에 공의가 설 수 있을 것입니다. 애국이란 다른 것이 아닙니다. 65년 전에는 일제의 착취 아래서 민족을 해방시키는 것이 애국이었다면, 지금은 부정부패와 사치 향락주의에서 이 민족을 해방시키는 것이 바로 애국인 것입니다.

주변을 돌아보십시오. 여러분이 할 수 있는 일이 무엇인지 찾아보십시오. 남에게 욕을 먹더라도 이 나라가 망하지 않도록 하기 위해서, 후손들이 안심하고 살 수 있는 나라를 물려주기 위해서 우리는 부정부패와 사치 향락주의라는 악을 미워해야 합니다. 우리 스스로가 이러한 악들은 그 모양이라도 버려야 합니다. 그리고 더 나아가 선을 행하기를 힘써야 합니다.

선을 행하는 일이라면 생명을 바쳐서라도 앞장서야 합니다.

우리가 그러한 올곧은 삶을 살아갈 때 우리나라 곳곳에 독버섯처럼 번져 있는 악을 막을 수 있습니다. 그 뿌리를 근절시켜 버릴 수 있습니다. 이것이야말로 진정한 애국이요, 이 나라를 살리고 우리 모두를 살리는 길입니다.

Chapter 5

내일을 위한 헌신

"내가 또 이르노니 야곱의 우두머리들과 이스라엘 족속의 통치자들아 들으라 정의를 아는 것이 너희의 본분이 아니냐 너희가 선을 미워하고 악을 기뻐하여 내 백성의 가죽을 벗기고 그 뼈에서 살을 뜯어 그들의 살을 먹으며 그 가죽을 벗기며 그 뼈를 꺾어 다지기를 냄비와 솥 가운데에 담을 고기처럼 하는도다 그때에 그들이 여호와께 부르짖을지라도 응답하지 아니하시고 그들의 행위가 악했던 만큼 그들 앞에 얼굴을 가리시리라 내 백성을 유혹하는 선지자들은 이에 물 것이 있으면 평강을 외치나 그 입에 무엇을 채워 주지 아니하는 자에게는 전쟁을 준비하는도다 이런 선지자에 대하여 여호와께서 이르시되 그러므로 너희가 밤을 만나리니 이상을 보지 못할 것이요 어둠을 만나리니 점 치지 못하리라 하셨나니 이 선지자 위에는 해가 져서 낮이 캄캄할 것이라"(미가 3:1-6).

우리는 차세대에게 빚진 자들입니다. 현재의 행복과 장래의 소망은 우리가 내일의 지도자를 준비시키는 이 귀중한 일에 얼마나 최선을 다하느냐에 달려 있습니다.

미가 선지자가 활동한 시대는 나라 안팎으로 긴장이 매우 고조되어 있던 때였습니다. 안으로는 왕이 바뀔 때마다 종교가 바뀌고 정책이 바뀌는 대혼란을 겪고 있었습니다.

요담이라고 하는 믿음 좋은 왕이 다스릴 때는 온 나라가 하나님을 섬겼습니다. 그러나 그의 아들 아하스는 정권을 잡자마자 우상을 숭배하는 나라로 바꾸어 버렸습니다. 그러다가 히스기야가 왕이 되자 종교 개혁을 일으켜 온 나라가 하나님께로 돌아왔습니다. 그러나 그의 아들 므낫세가 정권을 잡자 또다시 우상을 섬기는 나라로 전락하는 악순환을 거듭했습니다.

요즘 우리나라 상황에 비추어 말한다면 정권이 바뀔 때마다 헌법이 바뀌고, 이전 정권의 정책이 하루 아침에 백지화되는 그런 악순환을 거듭하고 있었던 것입니다.

한편 나라 밖으로는 앗수르라고 하는 신흥 대국이 일어나 유다를 삼키려고 호시탐탐 위협을 가해 오고 있었습니다. 히스기야 왕 때에는 급기야 남유다와 동족인 북쪽 이스라엘이 앗수르에게 패망하여 다시는 일어설 수 없게 되고 말았습니다. 앗수르의 다음 표적이 남쪽 유다라는 것은 삼척동자라도 다 아는 상식이었습니다.

한반도를 노리고 있던 주변 강대국에 의해 북한이 패망하게 되었다고 가정해 보십시오. 그리고 그 나라가 우리나라마저 집어삼키려고 혈안이 되어 있다고 상상해 보십시오. 온 국민이 얼마나 불안과 공포에 떨겠습니까? 당시 유다가 바로 그런 상황에 있었습니다. 그들이 앗수르의 위협에 대해 얼마나 중

압감을 느끼고 있었을지 충분히 상상하고도 남습니다.

이스라엘의 부패상

정국이 혼란스럽고 외세의 위협 아래 나라가 풍전등화와 같은 위험한 상황에 처해 있다고 한다면 지도자들과 온 백성들이 정신을 바짝 차리고 절제하며 검소하게 살아야 하지 않겠습니까? 그러나 그들은 오히려 더 정신을 못 차리고 될 대로 되라는 식으로 방탕하게 생활하고 있었습니다. 이것은 참으로 역사의 아이러니가 아닐 수 없습니다.

성경에 기록되어 있는 역사나 세계 역사를 통해 우리가 공통적으로 발견하게 되는 것은 나라가 안팎으로 혼란스러워지면 지도자들이나 백성들까지 정신을 못 차리고 될 대로 되라는 식이 된다는 것입니다. 정치 지도자들이 부패하고 백성들의 정신이 해이해질수록 사회는 걷잡을 수 없는 혼란 속으로 빠져들게 마련입니다. 마치 강물이 폭포와 가까워질수록 그 속도가 빨라지듯이 나라의 멸망을 재촉하는 발걸음도 빨라지는 것입니다. 미가 시대가 바로 그런 시대였습니다.

당시의 정치 지도자들이나 종교 지도자들이 어느 정도로 타락했는지는 3장에 잘 나타나 있습니다.

"야곱의 우두머리들과 이스라엘 족속의 통치자들아 들으라 정의를 아는 것이 너희의 본분이 아니냐"(미 3:1).

두령과 치리자란 정치 지도자들을 가리킵니다. 그들은 잡신을 섬기는 이방 나라가 아니라 하나님이 선택하신 백성을 다스리는 지도자들이었습니다. 그렇다면 당연히 하나님의 법도대로, 다시 말해 공의대로 다스렸어야 할 것입니다. '공의'란 옳은 것과 그른 것을, 선과 악을 분명히 구별하는 것을 말합니다. 그러나 그들은 공의를 헌신짝같이 내버렸습니다.

"너희가 선을 미워하고 악을 좋아하여"(미 3:2).

그들은 선악을 뒤바꾸어 버렸습니다. 아무리 옳은 사람이라 해도 돈이 없으면 죄인이 되었고 아무리 악한 사람이라 해도 돈이 있으면 의인으로 둔갑하는 세상이 된 것입니다. 그러다 보니 뇌물은 일반 백성들 사이에서 하나의 보편적인 관행이 되었습니다.

뇌물은 마약과 같아서 한번 그 맛을 알게 되면 돌이킬 수가 없을 정도로 깊이 빠져 들게 마련입니다. 당시 지도자들 역시 그러했습니다. 그들이 백성들에게서 뇌물을 뜯어내는 데 얼마나 혈안이 되어 있었는지 미가는 이렇게 표현하기까지 했습니다.

"내 백성의 가죽을 벗기고 그 뼈에서 살을 뜯어 그들의 살을 먹으며 그 가죽을 벗기며 그 뼈를 꺾어 다지기를 냄비와 솥 가운데에 담을 고기처럼 하는도다"(미 3:2하-3).

소를 잡는 광경을 한번 상상해 보십시오. 먼저 껍질을 벗겨 내고 고기를 뜨지 않습니까? 그런 다음 뼈는 뼈대로 추리고 살점은 각 부위대로 가려 놓습니다. 그리고 크고 작은 뼈들을 적당한 크기로 토막내서 솥에다 넣고 푹 고아 국물까지 남김없이 먹습니다. 가죽부터 시작해서 뼈다귀까지 하나도 남기지 않고 전부 다 먹어 치우는 것입니다. 당시의 부패한 정치 지도자들이 얼마나 잔혹하고 무자비하게 백성들을 착취했는지 뼈다귀에 붙은 작은 살점 하나라도 버리지 않고 빼먹듯이 했다는 것입니다. 얼마나 무서운 사회입니까? 지도자가 타락하면 죽어 나는 것은 백성밖에 없습니다.

이러한 상황에서 종교 지도자들이라도 깨어서 권력자들의 부패상을 질타하며 경종을 울렸더라면 그나마 조금이라도 제동이 걸렸을지 모릅니다. 그러나 당시의 종교 지도자들은 그들보다 더 부패해 있었습니다.

"내 백성을 유혹하는 선지자들은 이에 물 것이 있으면 평강을 외치나 그 입에 무엇을 채워 주지 아니하는 자에게는 전쟁을 준비하는도다"(미 3:5).

암담한 현실 속에서 짓눌리며 고통하던 백성들은 너무나 답답한 나머지 선지자들이나 제사장들을 찾아갔습니다. 하나님의 뜻을 묻기도 하고 여러 가지 문제들을 상의하고자 했던 것입니다.

그런데 종교 지도자들은 악랄하게도 그들의 처지를 악용해 돈벌이의 기회로 삼았습니다. 돈봉투를 들고 와서 입에다 물려 주면 "아, 당신은 잘됩니다."라며 평화를 외치고 입에 물려 주는 것이 없으면 "당신, 저주받습니다. 복 받지 못합니다."라고 저주를 말했습니다. 권력자들의 착취와 횡포에 시달리다

지쳐서 위로받고자 찾아온 백성들을 또다시 기만한 것입니다.

마지막으로 한 가닥의 기대를 걸고 신뢰할 수 있는 지도자라고 생각했던 성직자들마저 믿을 수 없게 되자 사회 구석구석에는 무서운 불신 풍조가 만연하기 시작했습니다.

"너희는 이웃을 믿지 말며 친구를 의지하지 말며 네 품에 누운 여인에게라도 네 입의 문을 지킬지어다"(미 7:5).

그들은 종교 지도자들은 물론이거니와 이제 이웃이나 친구, 심지어 자기 아내까지도 믿지 못하게 되었습니다. 세상에서 가장 가까운 사이라고 할 부부마저 서로 신뢰하지 못하게 되어 버린 것입니다. 이런 사회가 어떻게 망하지 않을 수 있겠습니까? 오래 가지 못해 유다는 바벨론에게 멸망당하고 말았습니다.

미가 시대의 사회상을 보면서 우리가 얻을 수 있는 중요한 교훈이 있습니다. 지도자들이 공의를 내팽개친 채 선악을 뒤바꾸어 버리면, 백성들이 그들을 불신하게 되는 것은 물론이고 이웃이나 친구, 심지어 자기 아내조차 믿지 못하는 철저한 불신 사회가 되어 버린다는 것입니다.

우리 사회가 미가 시대처럼 부패와 불신 풍조가 극에 달해 있다고 보지는 않습니다. 그러나 미가 시대에 만연해 있던 뇌물 관행이 우리 사회에서도 광범위하게 발견되며, 불신 풍조도 나날이 심각해지고 있다는 점을 감안하면 우리 역시 결코 안심할 수 없는 상황에 있다는 것을 부인할 수 없습니다. 따라서 우리가 미가 시대의 유다가 겪었던 비극을 되풀이하지 않으려면 그들의 문제의 근원을 철저히 분석해 보고 이 시점에서 무엇을 어떻게 할 것인지 깊이 생각해 볼 필요가 있습니다.

교육 부재

먼저 생각해 볼 것은 미가 시대에 유다의 지도자들이나 일반 백성들이 총체적으로 부패하게 된 근본적인 이유가 무엇인가 하는 것입니다. 미가가 그 이유를 직접적으로 밝히고 있지는 않지만 몇 개의 구절들을 토대로 어느 정도 추리는 가능하다고 봅니다.

"사람아 주께서 선한 것이 무엇임을 네게 보이셨나니 여호와께서 네게 구하시는 것은 오직 정의를 행하며 인자를 사랑하며 겸손하게 네 하나님과 함께 행하는 것이 아니냐"(미 6:8).

하나님께서 이스라엘 백성들에게 원하신 것은 세 가지였습니다. 공의와 인자와 하나님과의 동행입니다. 그렇다면 지도자들은 지도자대로 이 뜻을 따라 백성을 가르치고 다스려야 하고, 백성들은 그 뜻대로 살아야 마땅할 것입니다. 6장 9절은 이 세 가지를 '지혜'라는 말로 요약했습니다. 지혜란 주의 이름을 경외하는 것을 말합니다. 지도자나 백성을 막론하고 지혜를 배워 주의 이름을 경외하는 자답게 살아야 마땅했습니다.

그러나 미가 시대의 사람들은 그러지를 못했습니다. 하나님의 말씀을 배우는 훈련이 전혀 안 되어 있었던 것입니다.

"곧 많은 이방 사람들이 가며 이르기를 오라 우리가 여호와의 산에 올라가서 야곱의 하나님의 전에 이르자 그가 그의 도를 가지고 우리에게 가르치실 것이니라 우리가 그의 길로 행하리라 하리니"(미 4:2).

미가는 장차 메시아가 나타나시면 하나님의 도를 가르치거나 배우는 일이 전무해진 이 사회가 달라질 것이라 예언했습니다. 예수님이 오시면 모든 사람들이 하나님께서 원하시는 뜻을 행하고자 말씀으로 돌아가는 회개 운동이 일어날 것이라는 말입니다. 이 말에는 한 가지 전제가 내포되어 있습니다. 그 당시 사람들이 하나님의 말씀을 배우거나 말씀대로 양육받지 못하고 있었다는 사실입니다.

더욱 심각한 문제는 정치 지도자나 종교 지도자가 된 자들 역시 일반 백성들과 다를 바 없었다는 사실입니다. 그 결과 그들은 나라가 기울어진 줄도 모르고 공의를 내팽개친 채 자기 배만 채우려 드는 악랄한 지도자가 되었습니다. 사실 그들은 자기 배조차 채우지 못했습니다.

"네가 먹어도 배부르지 못하고 항상 속이 빌 것이며 네가 감추어도 보존되지 못하겠고 보존된 것은 내가 칼에 붙일 것이며 네가 씨를 뿌려도 추수하지 못할 것이며 감람 열매를 밟아도 기름을 네 몸에 바르지 못할 것이며 포도를 밟아도 술을 마시지 못하리라"(미 6:14-15).

자기 배를 채우고자 백성들을 착취했지만 그 모든 것을 고스란히 바벨론 사람들에게 안겨 줄 수밖에 없었기 때문입니다. 이것은 하나님의 말씀을 가르치려는 사람도, 배우려는 사람도 없는 시대가 낳은 또 다른 비극일 것입니다.

하나님은 사람을 키우신다

오늘날 우리는 어떻습니까? 어릴 때부터 우리 자녀들이 하나님을 경외하는 자가 되도록 완전한 지혜를 가르치고 있습니까? 젊은이들이 말씀대로 살아가도록 훈련시키는 일을 얼마나 소중히 여기고 있습니까? 과연 이 일에 우리의 최선을 다하고 있다고 자신할 수 있습니까? 요즈음 시국이 얼마나 불안합니까? 이런 때 교회가 나서서 정치 지도자들에게는 그릇 행하지 못하게 제동을 걸고, 이 나라 국민들에게는 정신적으로 해이해지지 않도록 고삐를 죄야 할 것입니다.

그러나 과연 우리 한국 교회가 그런 선지자 역할을 제대로 감당하고 있다고 볼 수 있을까요? 저는 교육 부재 현상이 심각하다는 점에 있어서는 우리의 현실이 미가 시대보다 그리 나을 게 없다고 봅니다.

지금 세속 교육에 대해 말하는 것이 아닙니다. 세속 교육에 대한 열의는 오히려 극성스럽다 할 만큼 대단합니다. 그러나 문제는 세속 교육이 공부 잘하고 똑똑한 사람을 만들어 내는 것에만 혈안이 되어 있다는 점입니다. 하나님이 기뻐하시는 선한 사람을 만드는 일은 일찌감치 포기해 버렸습니다. 기독교가 세운 미션 스쿨이라고 해도 상황이 더 낫지는 않은 것 같습니다.

세속 교육이 우리 자녀들을 똑똑하고 공부 잘하는 사람으로 키워낸 결과가 무엇입니까? 민주화를 부르짖는 수많은 젊은이들이 세계에서 가장 독재라고 할 수 있는 북한 공산주의 정권을 찬양하고 추종하는 이 기막힌 현실을 보십시오. 자기 모순의 정도를 넘어 정신이 병들어 버렸습니다. 이런 젊은이들을 치료할 수 있는 길이 과연 무엇이겠습니까? 석가모니입니까? 칸트입니까? 어느 시대에나 병든 사고를 치료할 수 있는 길은 예수 그리스도와 그의 십자가밖에 없었습니다. 이것은 역사가 증명하는 일입니다.

만일 우리가 젊은이들을 치료자 되신 예수 그리스도께로 인도하여 하나님을 경외하는 훌륭한 내일의 지도자로 키우는 일을 등한히 한다면 우리의 내일이 미가 시대의 비극으로 끝나게 되지 않으리라고 누가 장담할 수 있겠습니까?

우리가 미가 시대의 비극을 되풀이하지 않기 위해서는 대책을 세워야 합니다. 이 나라와 교회의 장래는 지금 우리가 10년 후 교회와 나라의 일꾼이 될 젊은이들을 얼마나 희생적으로 가르치고 바로잡아 주느냐에 달려 있습니다. 우리가 지금 자기 배 채우는 것으로만 만족한다면 오늘의 행복은 물론이거니와 내일의 소망마저 잃어 버리게 될 것입니다.

우리의 현실을 미가 시대에 비추어 볼 때마다 마음이 무거워져 견딜 수가 없습니다. 젊은이들과 우리 모두가 추구하는 민주주의가 좋은 것이긴 하지만 하나님의 말씀을 떠난 민주주의는 방종에 불과합니다.

자유와 평등 역시 하나님을 떠난 것이라면 도리어 도덕적인 타락을 불러와 사회를 병들게 만들 수 있습니다. 오늘날 소위 선진국이라는 나라들이 그것을 잘 보여 주고 있지 않습니까? 그러므로 우리는 무엇보다 성장 세대들을 말씀으로 바로 가르치는 일을 중요하게 여겨야 합니다.

성경에서 하나님이 크게 쓰신 인물들을 연구하다 보면 놀라운 사실을 하나 발견하게 됩니다. 하나님께서는 우리가 보기에 너무나 시급한 문제들이 산적해 있다 해도 의중에 두고 있는 사람이 준비되기 전에는 절대 역사하지 않으신다는 것입니다. 이것을 보면 하나님께서 마치 이렇게 말씀하는 것 같습니다. "고생스러워도 참아라. 내가 쓰려고 하는 자가 준비되기 전까지는 아무것도 해줄 수 없다. 가만히 참고 기다려라."

예수님을 보십시오. 인류가 얼마나 오랫동안 고대해 온 메시아였습니까? 예수님이 오시면 당장 고침을 받고 죄 용서를 받아야 할 병자들과 죄인들이 얼마나 많았습니까? 그럼에도 불구하고 예수님은 이 땅에 오시자마자 그들의 문제를 곧바로 해결해 주시지 않았습니다. 공생애를 준비하는 30년 동안 시골의 한 평범한 젊은이로서 아무런 능력도 행하시지 않은 것입니다.

모세 역시 마찬가지였습니다. 이스라엘 백성들은 애굽에서 노예 생활을 하던 마지막 100년 동안 애굽인들로부터 온갖 핍박과 설움을 당하며 비참하게 살았습니다. 그들은 아들을 낳으면 강물에 던져야 하는 민족적인 굴욕을 당해 가면서 하루 종일 뙤약볕에서 벽돌을 구워야 했습니다. 그들의 고통과 원한이 얼마나 컸던지 하늘에까지 사무쳤다고 했습니다. 사정이 이 정도라면 지체하지 말고 자기 백성들을 구원해 주셔야 하지 않겠습니까? 그런데도 하나님은 자신이 의중에 두고 있는 모세를 준비시키시는 80년 동안 그들을 구원하시기 위해 아무 일도 하지 않으셨습니다.

이 두 경우로부터 우리가 분명히 알 수 있는 사실이 하나 있습니다. 하나님은 우리의 비참한 현실을 즉시 해결해 주시는 인스턴트 해결사가 되시기보다는 자기의 뜻을 이룰 사람을 키우는 일을 더 중요하게 여기신다는 것입니다. 우리 하나님은 그때나 지금이나 조금도 변함이 없으십니다. 오늘날에도 하나님은 사람 키우는 것을 최우선으로 여기십니다. 따라서 하나님의 자녀 된 우리 역시 하나님의 방법을 따라야 할 것입니다. 현재의 행복과 장래의 소망은 우리가 내일의 지도자들을 준비시키는 이 귀중한 일에 얼마나 최선을 다하느냐에 달려 있습니다.

어떤 사람은 "사람을 키우자."는 말을 세상적인 관점으로 받아들여 영재를 키우자는 말로 오해할지도 모릅니다. 그러나 우리가 키워야 할 인물은 세상이 말하는 그런 특출한 영재를 말하지 않습니다. 가정에서는 신앙과 삶이 자녀들에게 모범이 되는 부모요, 사회에서는 성실하고 정직한 사회인이며, 국가적으로는 나라를 사랑하는 충직한 국민인 그런 신앙적인 인재를 말하는 것입니다.

세상적인 잣대로 말하자면 우리가 키우고자 하는 인물은 오히려 '보통 사람'에 가깝습니다. 우리가 이와 같은 인물들을 많이 키워 놓으면 그중에서 하나님이 때를 따라 특별히 사용하시는 큰 인물들이 나올 수 있을 것입니다. 그러나 우리가 하나님을 경외하는 보통 사람들을 길러 내는 이 일에 힘과 정성을 쏟지 않는다면 하나님이 필요한 때 적절하게 쓰실 인물도 나올 수 없을 것입니다.

교육을 위해 치러야 할 대가

세상 모든 일이 그러하듯이 사람을 키우는 이 일을 충실히 감당하기 위해서는 대가를 지불해야 합니다. 특히 자본주의 사회에서는 돈이 없으면 아무것도 할 수 없습니다. 따라서 진정 사람을 키우기를 원한다면 이 일을 위해 투자하는 것을 아까워해서는 안 됩니다. 사람을 키우기 위해 더 나은 시설이나 환경이 필요하다면 얼마든지 투자해야 합니다.

좋은 지도자나 선생님을 모시거나 더 좋은 교육 자료를 만들기 위해서 필요하다면 투자를 아끼지 말아야 합니다. 사람을 키우는 것이 바로 하나님의 방법이기 때문입니다. 선교도 중요하고 가난한 사람을 돕는 일도 중요하지만 사람을 키우는 일보다 앞설 수는 없습니다. 흔히 많은 교회들이 사람은 키우지 않고 일만 벌려 놓기를 좋아합니다. 그러나 이것은 허황된 선전을 추구하는 것일 뿐 하나님의 일에 충성하는 것이라 볼 수 없습니다.

피버더라는 사람은 교육에 대해 이렇게 말했습니다. "교육이란 현 세대가 차세대를 위해 마땅히 지불해야 할 부채이다." 그렇습니다. 후대를 이끌고 갈 어린 자녀들이나 젊은이들을 교육시키는 것은 우리가 그들에게 베푸는 은혜가 아닙니다. 우리가 그들에게 마땅히 지불해야 할 부채인 것입니다. 우리 기성세대는 차세대에게 빚진 자들입니다. 이것이 어찌 일반 교육에만 해당되는 것이겠습니까? 교회에서의 교육 역시 마찬가지입니다. 우리는 빚진 자의 심정으로 성장 세대들을 하나님을 경외하는 건실한 내일의 지도자와 일꾼으로 키우는 일에 우리의 물질과 정성을 쏟아야 합니다.

조금만 눈을 크게 떠 보면 이 사회에는 교회가 아니면 손도 못 댈 일들이 수도 없이 많습니다. 사람을 키우는 일이 그중의 하나가 아닌가 합니다. 이 일은 제아무리 마음이 간절하고 돈이 많다 해도 혼자서는 감당할 수 없습니다. 그러나 교회는 다릅니다. 예수를 믿는 믿음으로 똘똘 뭉친 성도들의 공동체이기에 충분히 이 일을 감당해 낼 수 있습니다. 조금만 마음을 모으면 얼마든지 큰 일을 할 잠재력을 가지고 있는 것입니다. 그런 의미에서 5만에 가까운 한국 교회 중에서 5퍼센트에 해당하는 2,500 교회가 내일의 인재들을 양성하는 일에 좀 더 적극적인 투자를 할 수 있다면 우리나라가 미가 시대의 비극을 되풀이하는 일은 없으리라 믿습니다.

우리가 수년 동안 신앙생활을 하고 있지만 본의 아니게 쉽게 놓치는 진리가 하나 있습니다. 직접적으로 받아 누리는 복만 중요하게 여길 뿐 간접적으로 받는 복은 무시한다는 것입니다. 무엇이 간접적인 복입니까? 무엇을 받음으로써 누리게 되는 복이라기보다 줌으로써 누리게 되는 복을 가리킵니다. "주는 것이 받는 것보다 복이 있다."(행 20:35)는 말씀 그대로의 복인 것입니다.

가령 어떤 돈 있는 사람이 "차세대를 위해서 이 돈을 사용하자. 이것이 하나님께서 기뻐하시는 일이다."라며 자기가 가진 돈을 내놓았다고 합시다. 겉으로 보기에 그는 내놓은 만큼 손해를 보았다고 할 수 있습니다. 돈을 내놓았다고 해서 당장 무슨 이득이 돌아오는 것이 아닙니다.

그러나 멀리 내다보면 이 일은 그에게 엄청난 복으로 돌아오게 되어 있습니다. 왜냐하면 10년 뒤 그의 희생을 통해서 바르게 성장한 많은 사람들이 이 사회를 이끌게 되면 이 나라의 미래가 밝아져 미가 시대의 비극을 되풀이하지 않을 수 있기 때문입니다.

그럼에도 사람들은 이러한 복을 잘 모르는 것 같습니다. 무엇이나 자기 손에 들어와야 복인 줄 압니다. 자기 중심적이고 이기적인 어린아이의 수준을 못 벗고 있는 것입니다. 어떤 경우에는 예수 믿는다는 사람들이 불신자들보다 더 이기적으로 생각하고 행동하기도 합니다. 하나님이 주신 복을 움켜쥐고 혼자서만 누리려는 것입니다. 그러나 이것은 모든 것을 하나님의 것이라고 고백하는 자녀들에게 너무나 어울리지 않는 태도입니다. 자기가 가진 물질이 하나님이 주신 것이라는 사실을 인정한다면 주님의 일을 위해 선뜻 내놓음으로써 다른 사람을 유익하게 하고 그들과 더불어 기뻐해야 마땅할 것입니다.

사랑의교회를 개척한 이래 지금까지 '평신도 훈련'과 '선교'와 '구제'라는 세 가지 비전을 잊은 적이 없습니다. 이 세 가지 비전 중에 제가 가장 중요하게 여기는 것은 훈련입니다. 캠퍼스의 젊은이들을 보십시오. 밤늦도록 길거리를 헤매며 향락을 일삼는 젊은이들을 보십시오. 일터에서 밤늦게까지 구슬땀을 흘리며 일하는 젊은이들을 보십시오. 교회가 지금 이들을 붙잡아 말씀으로 바로 세우지 못하면 10년 후 이 나라가 미가 시대의 이스라엘처럼 법과 정의가 무너지고 불신 풍조가 팽배한 사회가 되지 않으리라는 보장이 어디 있습니까? 미가 시대와 같은 비극을 맞지 않도록 우리 자녀들을, 젊은이들을 하나님의 말씀으로 바르게 교육합시다. 젊은이들을 바로 가르쳐 이 사회로 내보냅시다. 그들이 후대를 책임질 훌륭한 지도자들이 될 것입니다.

내일의 훌륭한 지도자를 위해 지금 당장 필요한 것은 우리의 헌신입니다. 우리의 후세들을 하나님이 기뻐하시는 사람으로 만들기 위해 물질이든, 땀이든, 정성이든 아끼지 말아야 합니다. 우리가 하나님의 나라를 위해 바로 투자한다면 내일의 놀라운 기적을 가져올 수 있다고 분명히 믿습니다. 저는 가능하면 이 교회가 여러분의 마지막 교회가 되기를 바랍니다. 이 교회를 통해서 여러분의 꿈을 이루시기 바랍니다. 이 교회를 통해서 여러분 삶의 의미와 목적을 찾으시기 바랍니다.

그래서 훗날 여러분의 자녀들이 여러분에게 엄마 아빠는 무엇을 했느냐고 물을 때 이 교회를 가리키며 "와 보라!"고 말할 수 있기를 바랍니다. 자녀들을 정성을 다해 키운 보람이 이 교회를 통해서 꽃 피기를 바랍니다. 그럴 때 우리가 하나님 앞에서 '착하고 충성된 종'이라는 칭찬을 듣게 될 것입니다.

주는 것이 받는 것보다 복이 있습니다. 줌으로써 멀리서 돌아오는 간접적인 복이야말로 우리가 누려야 할 참된 복이라는 사실을 다시 한 번 명심합시다.

사회가 왜 이 모양이냐고 한탄하지 말고 누가 젊은이들의 정신을 이렇게 병들게 했냐고 따지지 맙시다. 이 사회에 민주화가 온전히 이루어지지 않은 것을 가지고 정치인들을 탓하지 맙시다. 우리 한국 사람들에게는 유난히 남 탓하기를 좋아하는 근성이 있는 것 같습니다.

그러나 남을 탓하기 이전에 우리 자신부터 돌아봅시다. 미가 시대와 같은 교육 부재의 상황이 되도록 방치해 둔 우리 자신의 책임을 솔직히 시인하자는 것입니다. 지금부터라도 우리 천만 성도들이 하나님의 방법대로 사람을 키우는 일에 힘쓴다면 이 나라 젊은이들의 병든 정신이 치료될 날이 속히 올 것입니다. 이 불신 사회가 사랑이 넘치는 신뢰 사회로 바뀔 것입니다. 그리고 이 나라에서 미가 시대의 재연이란 비극을 염려하지 않아도 될 것입니다.

Chapter 6

종교에 빠진 사람들

"내가 무엇을 가지고 여호와 앞에 나아가며 높으신 하나님께 경배할까 내가 번제물로 일 년 된 송아지를 가지고 그 앞에 나아갈까 여호와께서 천천의 숫양이나 만만의 강물 같은 기름을 기뻐하실까 내 허물을 위하여 내 맏아들을, 내 영혼의 죄로 말미암아 내 몸의 열매를 드릴까 사람아 주께서 선한 것이 무엇임을 네게 보이셨나니 여호와께서 네게 구하시는 것은 오직 정의를 행하며 인자를 사랑하며 겸손하게 네 하나님과 함께 행하는 것이 아니냐"(미가 6:6-8).

하나님께서 기뻐하시는 예배가 무엇입니까? 삶의 열매를 맺는 예배입니다. 진정한 예배는 교회를 나서는 바로 그 순간부터 시작됩니다.

본문은 매우 짧지만 많은 의미를 던져 주고 있는 말씀입니다. 미가 선지자가 활약한 시대는 악하기로 악명 높은 왕 아하스가 통치하고 있던 때였습니다. 그 당시 부와 권력을 가진 소수의 사람들은 자신의 지위를 이용하여 사리사욕을 채우는 데 혈안이 되어 있었습니다. 정치계나 종교계를 가릴 것 없이 부패하여 무엇이 선이고, 무엇이 악인지 분간조차 힘들 정도였습니다. 가히 부정부패 시대의 샘플이라 할 만큼 어두운 시대였습니다.

놀라운 것은 세상이 그렇게 철저히 부패했음에도 불구하고 성전에는 아침 저녁으로 제물을 바치러 나오는 자들의 발길이 끊이지 않았다는 사실입니다. 그 어두운 때에 성전을 찾는 사람이 많다는 것은 매우 고무적인 일이 아니겠냐고 생각할지도 모르지만, 그러한 열심은 결코 그리 좋은 의미로 볼 수 있는 현상이 아니었습니다. 생활은 엉망진창으로 하면서 종교 행사에 유달리 집착하고 있는 모습은 정상이기보다 병적인 것이기 때문입니다.

미가의 질문

사회에 만연해 있는 이러한 기현상을 바라보며 미가는 스스로에게 이런 질문을 던져 보았습니다.

"내가 무엇을 가지고 여호와 앞에 나아가며 높으신 하나님께 경배할까 내가 번제물로 일 년 된 송아지를 가지고 그 앞에 나아갈까 여호와께서 천천의 숫양이나 만만의 강물 같은 기름을 기뻐하실까 내 허물을 위하여 내 맏아들을, 내 영혼의 죄로 말미암아 내 몸의 열매를 드릴까"(미 6:6-7).

질문의 골자는 이것입니다. 사람들이 제사에 대해서 보이는 그러한 열심이 과연 하나님께서 원하시고 기뻐하시는 것이냐 하는 것입니다. 그는 하나님의 입장에서 이것을 진단해 보기를 원했습니다.

그는 먼저 스스로에게 이 질문들을 던져 보았습니다. "내가 일 년 된 수송아지를 가지고 나가면 하나님께서 기뻐하실까?" 그 당시 사람들은 적어도 일 년 된 수송아지 정도는 드려야 한다고 생각했습니다. 송아지는 생후 칠 일이면 제사 제물로 사용될 수 있습니다. 그러므로 일 년 정도를 키운 것이라면 꽤 값비싼 제물이라 할 것입니다. 그들은 하나님께서 이와 같은 값비싼 제물을 좋아하실 거라고 생각했던 것입니다.

또 그는 이렇게 질문했습니다. "아니, 수를 좀 더 늘려서 백만 마리 숫양을 드린다면 어떨까? 그 기름이 강을 이룰 만큼 많은 제물을 드리면 좋아하실까?" 그 당시 사람들은 자기가 얼마나 많은 제물을 바쳤느냐에 대해 큰 자부심을 가지고 있었습니다. 보다 많은 제물을 드려야 하나님께서 기뻐하실 것이라고 생각했던 것입니다.

미가는 여기서 한걸음 더 나아갑니다. "아하스 왕이 자기 아들을 몰렉이라는 신에게 제물로 드린 것같이(왕하 16:3) 내가 맏아들을 제물로 드린다면 하나님이 좋아하실까?" 미가는 일 년 된 수송아지 한 마리에서 시작해서 수를 늘려 백만 마리의 숫양으로, 그 다음에는 광적인 열심으로 맏아들을 드리는 제사에 이르기까지 사람들의 종교적인 열심을 하나하나 짚어 보면서 '하나님께서 과연 이러한 제물들을 기뻐하실까?' 하고 질문을 던지고 있는 것입니다.

그리고 나서 그가 내린 결론은 이것입니다. 하나님이 결코 이러한 제물들을 기뻐하시지 않는다는 것입니다. 이것은 미가 자신뿐만 아니라 그 당시의 모든 예배자들에게 해당되는 사실입니다. 하나님은 질 좋고 값비싼 제물을 드린다고 해서 좋아하시는 분이 아닙니다. 그렇다고 많은 제물을 드린다고 기뻐하시는 것도 아닙니다. 자기 아들을 제물로 바치는 탁월한 종교적 열심을 보인다고 해서 그 제사를 기뻐하시는 것도 아닙니다. 이 모든 것들은 하나님이 진정으로 원하시고 기뻐하시는 것이 아니기 때문입니다.

그럼에도 불구하고 그들은 하나님께서 원하시지도, 기뻐하시지도 않는 제물을 바치는 데 열심을 내고 있었습니다. 그 이유가 무엇일까요? 몰랐기 때문일까요? 절대 그렇지 않습니다.

"사람아 주께서 선한 것이 무엇임을 네게 보이셨나니"(미 6:8상).

미가 선지자는 하나님께서 무엇을 기뻐하시는지를 이미 다 보여 주셨다고 말합니다. 성경을 통해서 하나님 자신이 무엇을 원하시는지 분명히 말씀해 주셨다는 것입니다. 그러므로 그들은 몰라서 하나님이 기뻐하시는 일을 못했노라고 핑계할 수 없습니다. 분명히 알고 있었지만 의도적으로 그것을 무시했던 것이기 때문입니다. 그들은 자신이 무슨 제물을 얼마나 많이 드리느냐에 대해서만 관심을 쏟았습니다. 그들은 종교적인 자기 만족감에 흠뻑 취해 있었던 것입니다.

하나님이 원하시는 것

그렇다면 하나님께서 진정으로 원하시는 것은 무엇입니까?

"여호와께서 네게 구하시는 것은 오직 정의를 행하며 인자를 사랑하며 겸손하게 네 하나님과 함께 행하는 것이 아니냐"(미 6:8하).

하나님이 원하시는 것은 공의와 인자와 하나님과의 동행, 이 세 가지입니다. 탈무드를 보면 이것과 관련된 재미있는 글이 하나 실려 있습니다. "모세 오경에는 적어도 613가지의 '하라', '하지 말라'의 계율이 있는데, 다윗은 시편에서 이것을 열한 가지로 압축시켰고, 미가 선지자는 세 가지로, 예수님은 두 가지로 압축시켰다." 옳은 말이라고 봅니다. 공의를 행하고, 인자를 사랑하고, 겸손히 하나님과 함께 행하는 것은 구약의 모든 말씀을 요약해 놓은 진리라고 할 수 있습니다.

먼저 공의를 행하는 것에 대해서 생각해 봅시다. 공의는 하나님의 속성 중 하나입니다.

"그는 반석이시니 그가 하신 일이 완전하고 그의 모든 길이 정의롭고 진실하고 거짓이 없으신 하나님이시니 공의로우시고 바르시도다"(신 32:4).

하나님께서는 절대로 선과 악을 혼돈하시는 분이 아닙니다. 그분은 선을 행하는 자는 천대까지 복을 주시고 악을 행하는 자는 삼사대까지 징계하십니다(출 20:5-6).

이와 같이 공의로운 성품을 가지고 계시기에 공의를 행하는 자를 기뻐하십니다. 인간 사회에서 공의는 도덕률의 기본, 곧 선악을 판단하는 기준이라고 말할 수 있습니다. 따라서 만일 공의가 무너져 버리면 사회의 법은 공정하게 시행될 수 없을 뿐 아니라 정의가 살아 남을 수 없는 끔찍한 박토가 되어 버립니다.

이와 같이 법과 정의가 무너진 사회에서는 사람들이 절대 평등한 존재로, 인간답게 대우받지 못합니다. 이러한 상황에서는 서로간의 신뢰도 무너질 수밖에 없습니다. 누가 무슨 말을 해도 믿지 않는 사람들로 가득해질 것입니다. 미가 시대의 유다가 바로 이러한 상황에 놓여 있었습니다.

"너희는 이웃을 믿지 말며 친구를 의지하지 말며 네 품에 누운 여인에게라도 네 입의 문을 지킬지어다"(미 7:5).

누구보다 믿고 흉금을 터놓을 수 있을 법한 자기 아내에게도 함부로 솔직한 말을 하지 말라는 것입니다. 그 정도로 신뢰할 수 없는 세상이 되어 버렸습니다. 하나님께서는 호화로운 제물을 가져오기보다 공의를 행하기를 바라셨지만 사람들은 거꾸로 호화로운 제물을 바침으로써 얻는 자기 만족에 취해서 공의를 행하는 일에 무관심했던 것입니다.

다음으로 인자를 사랑하는 것에 대해서 생각해 봅시다. 인자는 가난하고 힘없는 이웃을 불쌍히 여기는 태도를 말합니다. 이것은 공의보다 한 단계 더 높은 것입니다.

우리가 잘 아는 바와 같이 법을 올바로 시행하는 공의로운 사회가 되면 힘없고 가난한 자들이 가장 많은 이득을 보게 됩니다. 그들이 인간답게 평등하게 대우받는 좋은 세상이 되는 것입니다. 공의를 행하는 지도자치고 백성을 사랑하지 않는 사람은 없습니다. 의롭게 살려고 애쓰는 사람이라면 절대 힘없는 이웃을 괴롭히거나 해치지 않습니다.

그러므로 인자를 사랑하기 위해서는 반드시 공의를 세워야 합니다. 이런 의미에서 공의는 인자를 사랑하는 것의 필수 조건이라 할 것입니다.

마지막으로 겸손히 하나님과 동행하는 것에 대해서 생각해 봅시다. 사실 이것은 공의를 행하고 인자를 사랑하는 자가 하나님께로부터 받는 특권이라 할 것입니다. 하나님은 공의를 행하고 이웃을 아끼고 사랑하는 자를 사랑하시기 때문입니다. 그분은 자기 마음을 기쁘게 하는 자를 결코 혼자 있게 내버려 두지 않으십니다. 항상 그와 함께하시고 위로하시며 힘이 되어 주기를 기뻐하십니다. 우리는 이 진리의 가장 완벽한 증거를 예수님에게서 찾아볼 수 있습니다.

"나를 보내신 이가 나와 함께하시도다 나는 항상 그가 기뻐하시는 일을 행하므로 나를 혼자 두지 아니하셨느니라"(요 8:29).

예수님이 항상 하나님을 기쁘시게 하는 일을 행하셨기 때문에 하나님이 그를 혼자 두지 않으셨다는 것입니다.

때때로 우리는 "주님, 함께하옵소서. 내 길을 인도하시고 나를 떠나지 마옵소서."라며 애절하게 기도할 때가 있습니다. 그러나 사실 그런 기도는 할 필요가 없습니다. 하나님께서는 우리가 당신이 기뻐하시는 일을 행하면 멀리 계시라고 떠밀어도 멀리 계실 분이 아니시기 때문입니다. 귀찮다 싶을 정도로 우리 곁에 다가오셔서 동행해 주시는 분이 우리 하나님이십니다. 그러므로 자신의 삶은 돌아보지 않고 하나님께서 나와 함께 해주시기를 바라는 것은 잘못된 생각입니다.

뇌물

미가 시대의 사람들은 자기 욕심을 추구하느라 하나님께서 원하시는 것을 분명히 알면서도 그것을 완전히 무시하고 살았습니다. 우리는 그 단적인 증거를 뇌물에서 찾아볼 수 있습니다. 미가서는 전체가 7장으로 이루어진 대단히 짧은 책입니다. 주목할 것은 그럼에도 미가 선지자가 당시 사회 전반을 더럽히고 있던 뇌물의 요지경을 고발하는 데 3장 전체를 할애하고 있다는 사실입니다. 공의가 서지 못하고, 가난한 이웃을 짓밟고, 하나님과 동행하지 않는 사회는 자연히 뇌물이 판치는 무서운 세상이 되게 마련입니다.

"그들의 우두머리들은 뇌물을 위하여 재판하며 그들의 제사장은 삯을 위하여 교훈하며 그들의 선지자는 돈을 위하여 점을 치면서도 여호와를 의뢰하여 이르기를"(미 3:11).

두령은 정치 지도자들을 말합니다. 그들은 뇌물을 위하여 재판했습니다. 돈봉투를 안 가져오면 아무리 억울한 일이 있어 탄원을 해도 거들떠보지 않습니다. 반대로 아무리 명백한 잘못을 저질렀다 해도 돈봉투를 내밀면 적당히 무마시켜 주었습니다. 얼마나 무서운 세상입니까? 어디 그뿐입니까? 종교 지도자인 제사장들도 삯을 위하여 교훈을 했습니다. 제사장에게 무엇인가 배우고 싶어도 돈봉투를 들고 가야 했습니다.

또 하나님의 뜻을 선포하고 정의를 외치는 파수꾼이 되어야 할 선지자도 돈을 위하여 예언을 했습니다. 백성들이 당면한 문제를 어떻게 처리해야 할지 몰라 답답해서 찾아오면 먼저 돈봉투를 받아 놓고 대답해 주었다는 것입니다.

"내 백성을 유혹하는 선지자들은 이에 물 것이 있으면 평강을 외치나 그 입에 무엇을 채워 주지 아니하는 자에게는 전쟁을 준비하는도다"(미 3:5).

이것은 그 당시 선지자들이 축재를 위해 즐겨 사용하던 전형적인 수법이었습니다. 자기의 탐욕의 양을 채울 만큼 돈을 많이 주면 좋은 말을 해주고, 돈을 가져오지 않거나 만족스럽지 못한 적은 액수를 가져 오면 온갖 화를 예언했던 것입니다. 미가 시대는 정치계나 종교계를 비롯한 사회 전반이 뇌물이 없으면 아무것도 통하지 않는 세상이 되어 버렸던 것입니다.

그러다 보니 돈이면 무엇이든지 된다고 믿는 풍조가 만연해 있었습니다. 돈이 있느냐 없느냐라는 질문이 있을 뿐 무엇이 '의'이고 '불의'인가를 묻는 질문은 존재하지 않았습니다. 가진 자가 의로운 자가 되고, 가난하고 돈 없는 자는 악인으로 취급되고 사람 대우를 못 받는 무서운 세상이 되어 버렸습니다. 그리고 제물의 값을 가지고 하나님께서 그 제사를 받으시느냐 안 받으시느냐를 판단할 정도로까지 타락하게 되었습니다.

그들은 돈을 많이 들여서 화려한 제물을 드리거나, 제사를 더 자주 드리면 하나님이 그 제사를 받으시고 자기들의 소원을 성취해 주실 것이라는 망상에 빠져 있었던 것입니다. 그러나 우리가 분명히 알아야 할 것은 하나님께서는 뇌물이 절대 안 통한다는 사실입니다.

"여호와께서는 불의함도 없으시고 치우침도 없으시고 뇌물을 받는 일도 없으시니라 하니라"(대하 19:7).

하나님께는 뇌물이 통하지 않습니다. 아무리 큰 봉투를 가져 와도 하나님이 원하시는 삶을 살지 않는다면 절대로 그의 제사를 기뻐하시지 않습니다. 그러나 미가 시대 사람들은 너무도 명백한 이 사실을 무시하고 살았습니다.

뇌물의 가장 큰 특징은 눈을 어둡게 한다는 것입니다.

"뇌물을 받지 말라 뇌물은 지혜자의 눈을 어둡게 하고 의인의 말을 굽게 하느니라"(신 16:19).

미련한 자는 눈이 벌써 어두워진 자이기 때문에 돈을 주면 주는 대로 다 받습니다. 돈의 위력 앞에서는 스스로 지혜롭다 하는 사람도 별 수 없습니다. 끝까지 안 받으면 다행이지만, 어떤 이유에서든지 일단 돈을 받으면 그 역시 눈이 어두워져 옳고 그름을 판단하는 능력을 상실하게 되어 있습니다. 악인은 원래 악하기 때문에 뇌물을 받고 판정을 굽게 하거나 거짓말을 밥 먹듯 한다 해도 별로 이상할 것이 없습니다.

그러나 바로 살아 보겠다는 의인이라도 어쩌다 잘못하여 봉투를 받게 되면 말을 굽게 할 수 있습니다. 뇌물의 위력은 그만큼 대단한 것입니다. 그래서 어떤 사람은 이렇게 말했습니다. "뇌물로 인한 부정부패는 군대로부터는 힘을 앗아가고, 국회로부터는 양심을 앗아가고, 헌법으로부터는 권위와 신뢰를 앗아가고, 국가의 지도자로부터는 용기를 앗아가 버린다." 그뿐만이 아닙니다. 미가 시대에는 거룩한 예배마저 가증한 종교 행사로 전락시켜 버렸습니다.

우리의 현실

요즈음 우리 사회는 어떻습니까? 천만 신자가 사회 구석구석마다 들어 있다는 이 나라가 '뇌물 공화국'이라 불리울 만큼 뇌물이 판을 치는 사회가 되어 버렸습니다. 얼마나 뇌물이 심각한지 이런 말도 있습니다. "주지도 말고, 받지도 말자. 바로 찍자!" 이 나라 정치 풍토가 이렇게 악을 쓰고 소리를 질러야 공명 선거에 대한 실낱 같은 희망을 가질 수 있을 정도니 이 얼마나 기가 막힌 일입니까?

어느 유명인사가 우리나라에서 공권력 사회의 치부 일번지는 관청과 정치집단이라고 말했습니다. 창구 부패, 집권 부패, 관세 부패, 징수 부패 등 헤아릴 수도 없이 많은 부패를 박테리아처럼 번식시키는 것이 무엇입니까? 뇌물입니다. 최근에는 "'직권 남용'이란 권력을 돈으로 환산하는 기술을 말하고, '뇌물 제공'이란 돈으로 권력을 부려먹는 기술을 말한다."라는 희한한 말이 세인들의 입에 오르내리고 있다고 합니다. 참으로 어처구니없는 일이 아닐 수 없습니다.

어느 중학생에 관한 이야기를 듣고 얼마나 충격을 받았는지 모릅니다. 졸업 전날까지만 해도 이 학생의 성적은 분명히 전체 1등이었다고 합니다. 그것은 담임 선생님도 분명히 확인한 사실입니다. 그런데 어이없게도 졸업식 당일에 학교에 가 보니 2등으로 둔갑해 있더라는 것입니다. 이 얼마나 어처구니없는 일입니까? 나중에 알고 봤더니 몇 점 차로 경합을 벌이던 다른 학생 집에서 뇌물을 썼다는 것입니다. 이런 사회에 무슨 공의가 있을 수 있습니까? 무슨 참교육이 있을 수 있습니까? 이것은 국가적으로 매우 심각한 위기가 아닐 수 없습니다.

"왕은 정의로 나라를 견고하게 하나 뇌물을 억지로 내게 하는 자는 나라를 멸망시키느니라"(잠 29:4).

만일 여러분 가운데 어떠한 형태로든지 뇌물을 강요하는 자가 있다면 잘 들으십시오. 뇌물을 억지로 내게 하는 자는 나라를 망하게 하는 자입니다. 우리나라 법을 보며 통탄할 때가 한두 번이 아닙니다. 우리나라 법만큼 모호한 법이 없습니다. 귀에 걸면 귀걸이가 되고 코에 걸면 코걸이가 될 수도 있습니다. 그러다 보니 돈이면 안 되는 것이 없습니다. 어떤 면에서는 모호하게 만들어진 법조문 자체가 뇌물을 조장하고 있다고 해도 과언이 아닐 것입니다.

뇌물은 비단 법조계에만 해당되는 이야기가 아닙니다. 정치계나 교육계, 심지어는 종교계까지 돈봉투가 공공연히 오가고 있기 때문입니다. 관행이라는 명목으로 뇌물을 요구하는가 하면, 불이익을 당하지 않기 위해서라도 뇌물을 줄 수밖에 없다고 말할 정도로 뇌물이 우리 모두를 거미술저럼 얽고 매고 있습니다.

만일 이 나라가 지금이라도 돌이켜 뇌물을 버리지 않는다면 주님의 말씀대로 망하고 말 것입니다. 미가의 경고를 무시했던 유다의 결말을 보며 교훈을 얻어야 할 것입니다.

미국 의회 도서실에 들어가면 미가서 6장 8절 말씀이 걸려 있다고 합니다. 공의를 행하고, 인자를 사랑하고, 겸손히 하나님과 동행하는 것, 이 세 가지를 무시하면 나라가 망하게 될 것이기 때문입니다. 이것을 제대로 행하지 않으면 후손들이 살아 남을 수가 없기 때문입니다. 믿음 좋은 그 나라의 건국 조상들은 이 말씀이 얼마나 소중한지 잘 알고 있었기에 국회 의사당 도서관 벽에 걸어 놓아 국회의원들로 하여금 경각심을 가지게 했던 것입니다.

예수 믿는 사람들이 미가 시대 사람들처럼 타락했다고는 생각하지 않습니다. 그럼에도 솔직히 인정할 수밖에 없는 것은 우리가 사회의 악과 싸울 힘을 점점 잃고 있다는 사실입니다.

우리 사회에서 뇌물로 인하여 공의가 무너지고 돈 없는 자들이 피해를 입는 일들이 부지기수로 일어나고 있지만 우리는 이러한 악에 대해 너무나 무력한 것 같습니다. 그러므로 우리는 왜 이 사회를 치료할 만한 능력과 용기가 우리에게 없는지 물어야 합니다. 우리 자신도 모르는 사이에 돈이면 다 된다는 사고방식에 지배당하고 있지는 않은지 반성해야 합니다.

그런 의미에서 우리 역시 미가처럼 스스로에게 이렇게 질문해 보아야 할 필요가 있습니다.

'하나님이 내 예배를 기뻐하실까? 내가 부르는 아름다운 찬양과 낭랑하게 읊조리는 참회의 기도, 거액의 헌금, 경건한 분위기, 빈틈없는 예배 순서, 귀를 모으는 유창한 설교, 이 모든 것을 하나님이 기뻐하실까? 내가 하나님이 정말 원하시는 것을 손에 들고 나왔는가?'

왜냐하면 우리가 아무리 스스로도 감탄할 만큼 만족스러운 예배를 드렸다 해도 그것이 하나님께서 기뻐하시는 것이 아니라면 아무 소용 없는 것이기 때문입니다. 하나님께서는 삶이 따르지 않는 예배를 기뻐하지 않으십니다. 그러므로 우리가 자신에게 공의를 행하고 인자를 사랑하고 겸손히 하나님과 동행하는 삶을 사는지 돌아보아야 할 것입니다.

베들레헴으로 돌아가자!

지금까지 우리는 미가 선지자가 자기 시대의 부패상을 고발하고 심판하는 메시지를 생각해 보았습니다. 그러나 그는 절망만 외치지 않습니다. 그가 선포하는 보다 중요한 메시지가 있습니다. "베들레헴으로 돌아가자!"는 메시지입니다.

"베들레헴 에브라다야 너는 유다 족속 중에 작을지라도 이스라엘을 다스릴 자가 네게서 내게로 나올 것이라 그의 근본은 상고에, 영원에 있느니라"(미 5:2).

예수님이 탄생하시기 6백여 년 전에 미가는 이미 하나님의 아들이요, 인류의 구원자이신 예수 그리스도가 베들레헴에서 태어날 것을 예언했습니다. 그는 이 예언을 통해 부패한 사회, 이 악한 예배를 치료하는 유일한 길은 인간의 몸을 입고 베들레헴에 탄생하신 예수 그리스도에게로 돌아가는 것밖에 없다는 사실을 선포하고 있는 것입니다.

인간의 힘으로 도저히 개선할 수 없는 이 부패한 사회를 치료하고 개선할 수 있는 방법은 하나님께서 인간의 몸을 입고 세상에 오셔서 우리의 죄를 담당하심으로써 용서해 주시는 길밖에 없다는 것입니다.

베들레헴에 태어나실 하나님, 곧 예수 그리스도는 어떤 분이십니까?

"주와 같은 신이 어디 있으리이까 주께서는 죄악과 그 기업에 남은 자의 허물을 사유하시며 인애를 기뻐하시므로 진노를 오래 품지 아니하시나이다 다시 우리를 불쌍히 여기셔서 우리의 죄악을 발로 밟으시고 우리의 모든 죄를 깊은 바다에 던지시리이다"(미 7:18-19).

'미가'라는 이름의 뜻이 '주와 같은 이 누구인가?'라는 것을 생각하면 미가야말로 이 예언의 말씀을 전파할 적임자라 할 것입니다. 미가는 베들레헴에서 태어나실 하나님, 인간의 몸을 입고 오실 예수 그리스도를 바라보며 "세상에 이와 같으신 하나님이 어디 계시냐?"며 감탄했습니다. 그분은 공의롭게 살지도 못했을 뿐 아니라 이웃을 짓밟고, 하나님과 동행할 수 없을 만큼 더럽고 냄새 나는 우리의 죄를 깊은 바다에 던져 다시는 떠오르지 못하게 하시고자 십자가에 매달려 피 한 방울 남기지 않고 다 쏟아 주신 하나님이십니다.

그러므로 이 하나님을 찾으라는 것입니다. 그 앞에 나와 무릎 꿇고 죄를 회개함으로 깨끗함을 받고, 아무리 더러워진 세상이라도 능히 치유할 수 있는 능력을 얻으라는 것입니다. 이것이 미가가 들려주는 메시지인 것입니다.

이처럼 놀라우신 예수 그리스도를 만나면 공의를 무너뜨리고 악을 선이라고 말하는 비겁한 인간은 될 수 없습니다. 그분을 바로 아는 자라면 이웃을 짓밟으면서 나만 잘살면 된다고 하는 잔인한 인간은 되지 못합니다. 나의 죄를 십자가 보혈로 덮어 주신 주님을 만나고 그 사랑에 사로잡히면 아무리 흉악한 죄인일지라도 하나님 없이는 살 수 없는 사람이 됩니다. 예수님을 만난 사람은 그분이 싫어하시는 생활을 더 이상 계속

할 수 없게 되는 것입니다.

그러므로 우리는 하나님께 예배드리러 나올 때 예배의 한 면만 생각하면 안 됩니다. "내가 잘못한 것에 대해 오늘도 나가서 회개하고 하나님이 용서해 주시면 사죄함받은 기쁨을 가지고 돌아와야지." 그것도 옳은 말입니다.

그러나 예배에는 그것보다도 중요한 다른 면이 있습니다. "오 하나님, 제가 지난 한 주 동안, 저를 용서해 주시고 불쌍히 여기신 주님의 사랑에 감격하여 조금이나마 공의롭게 살려고 애를 썼으며, 이웃을 사랑해 보려고 노력했으며, 주님과 동행하며 경건하게 살아 보려고 애썼습니다. 그리고 지금 그런 나의 삶을 주님께 가지고 나왔습니다. 그러나 이것은 내 힘으로 한 것이 아니요 주님이 주신 은혜로 한 것이오니, 주여 이 삶을 주님께 드립니다."

이와 같이 삶의 열매를 주님께 드려 하나님을 기쁘시게 할 때 진정한 예배를 드리는 것이라 말할 수 있습니다.

하나님께서 기뻐하시는 삶

미가 시대 사람들에게는 이러한 삶의 열매가 없었습니다. 그러므로 아무리 좋은 번제물을 가져와도 하나님을 기쁘시게 할 수 없었습니다. 우리라고 그렇게 되지 않으리라는 보장이 없습니다. 그러므로 예수 그리스도의 십자가를 다시 바라봅시다. 의롭게 살고 싶은 마음이 생길 것입니다. 하나님께서 원하시는 경건한 삶의 열매를 드리고 싶은 충동이 일어날 것입니다. 우리 모두가 그와 같은 사람이 되어서 세상으로 흩어지면 아무리 세상이 썩어 냄새 나도 세상 구석구석에서 새로운 바람이 일어나고 새 생명의 싹이 돋아날 것입니다.

우리는 일 년 된 송아지나 천천의 숫양을 들고 나올 필요가 없습니다. 예수 그리스도께서 한 번 우리 죄를 위해 십자가에서 피 흘려 죽으심으로 영원하고도 완전한 속죄 제물이 되셨기 때문입니다(히 7:27, 9:14). 우리가 그의 피를 힘입어 하나님 앞에 나아갈 수 있게 된 것입니다(히 10:19).

그러나 이것만으로는 충분하지 않습니다. 하나님께서는 우리가 공의를 행하고, 이웃을 사랑하고, 겸손히 당신과 함께 동행하는 삶을 가지고 나오기를 원하시기 때문입니다. 예수님이 나의 구주라는 것을 고백합니까? 순종과 회개가 따라야 합니다. 참회의 기도를 드렸습니까? 그렇다면 바른 삶이 따라야 합니다. 그럴 때에야 우리는 살아 계신 주님의 임재를 느끼고 그의 생명과 능력을 체험하게 될 것입니다. 예배는 예배로 끝나지 않고 또 다른 순종의 열매를 맺게 하는 능력을 공급받는 은혜의 보좌가 될 것입니다.

어느 장로님 부인은 초등학교 선생님이신데 전근 가는 곳마다 돈봉투를 안 받아 문제가 일어난다고 합니다. 그는 학부모들이 가지고 오는 봉투를 일절 안 받습니다. 돈이 필요 없을 정도로 잘살아서가 아닙니다. 그는 아직 전셋집에서 살고 있습니다. 그런 상황에서 봉투를 안 받기란 결코 쉽지 않습니다. 더군다나 동료 교사들의 날카로운 시선도 견디기 어려웠을 것입니다. "너만 잘났느냐? 너 혼자 그런다고 무슨 소용이 있느냐? 괜히 다른 사람 기분 나쁘게 하지 말고 가만히 있어라."

그들로부터 이런 압박을 받을 때면 받아 버릴까 하는 충동이 수도 없이 일어났을 것이라 봅니다. 그럼에도 그는 이제껏 포기하지 않고 말씀대로 살려고 무던히 애를 쓰고 있다는 것입니다. 그가 맺는 삶의 열매가 얼마나 아름답습니까? 그가 드리는 예배를 하나님이 얼마나 기뻐하실까요? 우리가 이러한 삶의 열매를 맺으며 하나님 앞에 나아간다면 하나님께서는 너무나 기뻐 어쩔 줄 모르실 것입니다(습 3:17).

부패한 사회 앞에 우리의 모습이 골리앗 앞에 선 나윗처럼 보잘것없어 보일지도 모릅니다. 그러나 저는 우리가 예수 그리스도의 십자가의 은혜와 하나님의 사랑과 능력을 믿고, 그 놀라우신 사랑 앞에 가슴이 뜨거워지면 비록 세상 사람들에게는 별볼일 없는 존재로 보일지 몰라도 미가 시대와 같이 썩은 이 사회를 능히 치유할 수 있다고 확실히 믿습니다.

우리 모두가 예배를 통해서 이와 같은 믿음과 능력을 얻어야 할 것입니다. 단순히 교회에 나와 예배만 드리는 것으로 만족하면 안 됩니다. 하나님께서는 순종하는 삶은 살지 않으면서 교회의 문턱만 닳게 만드는 그러한 예배자들을 가장 싫어하십니다.

그러므로 우리는 예배를 드릴 때마다 하나님이 기뻐하시는 것이 무엇일까를 생각하고, 어떻게 그 열매를 맺을까 궁리하고 다짐하며 세상을 향해 나아가야 할 것입니다. 주의 성령이 우리 모두에게 임하셔서 십자가의 능력을 체험케 해주시고 의를 위해서 생명이라도 바칠 수 있는 용기와 꿈을 심어 주시기를 간절히 바랍니다. 진정한 예배는 예배당을 나서는 바로 그 순간부터 시작된다는 사실을 명심하십시오.

Chapter 7

나라를 구하는 기도

"그러므로 내가 첫째로 권하노니 모든 사람을 위하여 간구와 기도와 도고와 감사를 하되 임금들과 높은 지위에 있는 모든 사람을 위하여 하라 이는 우리가 모든 경건과 단정함으로 고요하고 평안한 생활을 하려 함이라 이것이 우리 구주 하나님 앞에 선하고 받으실 만한 것이니 하나님은 모든 사람이 구원을 받으며 진리를 아는 데에 이르기를 원하시느니라" (디모데전서 2:1-4).

어떤 사람이든지 하나님이 일단 권좌에 앉혀 놓은 이상 그의 권력이 하나님으로부터 온 것인 줄 알고 기도하고 존경해 주어야 하는 것이 교회의 위치요, 그리스도인의 입장입니다.

그동안 우리 한국 교회는 정교분리 원칙에 지나치게 집착한 나머지 국가야 어떻게 되든지 교회만 부흥하면 된다는 식의 태도를 취한 면이 없지 않았습니다. 그리스도인은 영원한 하나님 나라를 바라보며 전진하는 자이기 때문에 일시적으로 있다가 없어질 이 세상 나라에 대해서는 별로 관심을 두지 않아도 된다는 입장을 취하는 사람들이 많았기 때문입니다.

그러나 이러한 태도는 성경에 비추어 볼 때 결코 바람직한 자세가 아닙니다. 성경에서 국가나 위정자에 대해 무관심하거나 무책임한 자세를 취해도 좋다고 교훈하는 말씀은 한 군데도 없습니다. 성경은 오히려 그 반대의 입장을 지지하고 있습니다.

위정자를 위해 기도하라

바울은 에베소 교회를 지도하고 있던 디모데에게 이런 내용을 담은 편지를 보냈습니다.

"그러므로 내가 첫째로 권하노니 모든 사람을 위하여 간구와 기도와 도고와 감사를 하되 임금들과 높은 지위에 있는 모든 사람을 위하여 하라 이는 우리가 모든 경건과 단정함으로 고요하고 평안한 생활을 하려 함이라"(딤전 2:1-2).

대부분의 주석가들은 이 말씀을 공중 예배 때의 기도에 대한 권면으로 해석합니다. 저 역시 그들의 해석을 받아들입니다. 바울은 자신이 소아시아에 개척했던 교회들을 순방하면서 그들에게서 한 가지 문제를 발견했습니다. 공중 예배시 감독이나 장로들이 하는 기도가 교인들의 건강이나 안전, 가정의 행복, 교회의 부흥을 간구하는 테두리를 벗어나지 못하고 있다는 사실이었습니다. 그래서 순방을 마치고 돌아간 바울은 당시 에베소 교회에서 목회하고 있던 디모데에게 기도의 폭을 넓혀 특별히 나라와 위정자들을 위해서도 기도하라고 권면했던 것입니다.

우리는 기도의 영역이나 대상을 우리 마음대로 제한하는 잘못을 자주 범합니다. 물론 한꺼번에 모든 사람을 위해 기도할 수는 없습니다. 그러나 그 누구라도 기도 대상에서 제외시켜서는 안 될 것입니다.

아무리 멀리 떨어져 있는 사람도 우리의 기도 대상이 될 수 있습니다. 지극히 평범해서 사람들 눈에 잘 띄지 않는 가난한 사람도 우리의 기도 대상이 될 수 있습니다. 아무리 높은 자리에 앉아 있는 자라 할지라도 예외일 수 없습니다. 우리의 주변에서 시작해 땅 끝까지, 심지어 하나님의 보좌에 이르기까지 우리의 기도가 미치지 않는 영역이나 대상은 하나도 없습니다. 우리의 기도는 그만큼 강력한 위력을 가지고 있는 것입니다.

그럼에도 자기 신변의 일이나 주변의 몇 사람을 위한 기도에만 매달린다면 엄청난 무기를 가지고 있으면서도 녹이 슬게 방치해 두고 있는 어리석은 군인과 무엇이 다르겠습니까? 그런 의미에서 임금과 높은 지위에 있는 사람들도 기도의 대상에 포함시켜야 한다는 것입니다.

그 당시 성도들로서는 이 권면을 받아들이기가 그리 쉽지 않았을 것입니다. 왜냐하면 바울이 중보 기도를 하라고 말하는 임금은 다름 아닌 네로 황제였기 때문입니다. 2천 년 기독교 역사상 네로만큼 기독교를 잔인하게 박해한 왕은 없었습니다. 얼마나 많은 믿음의 선배들이 그의 손아귀에서 피 흘리며 죽어 갔습니까? 얼마나 많은 성도들이 그의 목전에서 짐승의 이빨에 갈기갈기 찢기어 순교를 당했습니까? 네로는 그야말로 악마의 화신과도 같은 사람이었습니다. 차라리 그에게 저주를 퍼부으면 퍼부었지 그를 위해 기도한다는 것은 상상조차 하기 싫은 일이었을 것입니다.

바울이 이러한 상황을 몰랐을 리 없습니다. 그럼에도 그는 네로를 위해 기도해야 한다는 뜻을 분명히 했습니다. 그가 이 권면을 얼마나 중요하게 여기고 있는지는 '첫째로 권한다'는 말 속에 여실히 드러납니다(1절).

'첫째로'라는 말은 여러 가지 권면 중에서 순서상 첫 번째 것이라는 의미가 아닙니다. 다른 어떤 일과도 비길 수 없을 만큼 중요한 권면이라는 말입니다. 이것은 그가 단순히 "기도하라."고 말하지 않고 "간구와 기도와 도고와 감사를 하라."고 말하고 있다는 점에서도 분명히 드러납니다.

우리는 교회에서나 소그룹에서 서로의 기도 제목을 나누면서 이렇게 말하지 않습니까? "저를 위해 이렇게 기도해 주십시오. 저도 생각날 때마다 당신을 위해 기도하겠습니다." 그러나 위정자들을 위해 기도하라는 바울의 권면은 단순히 생각이 나면 기도하라는 정도의 요구가 아닙니다. 그는 '기도하라'는 말을 '간구'와 '기도', '도고', '감사'라는 네 가지 다른 용어로 바꾸어 가며 반복했습니다. 기도를 이와 같이 사중으로 강조한 예는 그의 서신 가운데 다른 어느 곳에서도 찾아볼 수 없습니다.

종교 개혁자 칼뱅은 이 네 가지 기도 용어에 대해 이렇게 설명했습니다. 먼저 '간구'는 간절히 사모하는 마음으로 구하는 것을 말합니다. 반드시 하나님의 응답을 받고야 말겠다는 마음으로 밤낮으로 간절히 구하는 것입니다. 문이 열릴 때까지 두드리는 것입니다.

둘째로 '기도'는 의식을 갖추고 모든 성도들이 하나님의 이름에 합당하게 드리는 일반적인 기도를 말합니다. 예배 때 드리는 공중 기도가 여기에 해당한다고 볼 수 있습니다.

셋째로 '도고'는 어린아이같이 하는 기도를 말합니다. 아이들은 부모에게 조를 때 체면을 차린다거나 부담을 느끼는 법이 없습니다. 이것저것 계산하지 않고 단순히 자기가 원하는 대로 구하는 것입니다. '도고'란 바로 이러한 기도를 말합니다.

마지막으로 '감사'는 말 그대로 감사하고 감격하는 마음에서 드리는 기도를 의미합니다.

따라서 우리는 바울의 사중적인 강조를 이렇게 이해할 수 있을 것입니다. 임금과 높은 지위에 있는 자들을 위해 기도하되 하나님의 응답을 소원하는 간절한 마음으로 몸부림치면서 기도하라는 것입니다. 또 어떤 경우에는 어린아이같이 기도하라는 것입니다. 국가 지도자들로 인해 감격하며 감사 기도를 드리라는 것입니다. 우리가 드릴 수 있는 모든 형태의 기도를 통해 최선을 다해 진지하게 기도하라는 것입니다. 이것은 몇 마디 말로 잠시 읊조리고 곧 잊어버리는 그런 수박 겉핥기식 기도와는 차원이 다릅니다.

도대체 바울은 위정자들을 위한 기도를 왜 이처럼 강조했을까요? 우리는 3절에서 그 해답을 찾아볼 수 있습니다.

"이것이 우리 구주 하나님 앞에 선하고 받으실 만한 것이니."

한마디로 위정자들을 위해 간구와 기도와 도고와 감사를 드리는 것이 우리를 구원해 주신 하나님의 마음에 합한 기도라는 것입니다. 4절은 우리 구주 하나님에 대해서 이렇게 말합니다.

"하나님은 모든 사람이 구원을 받으며 진리를 아는 데에 이르기를 원하시느니라."

하나님의 관심은 이미 구원받은 우리에게만 제한되어 있지 않습니다. 하나님은 모든 사람이 구원에 이르기를 원하십니다. 심지어 세상이 손가락질하는 죄인이나 네로와 같은 천하의 폭군도 진리를 바로 깨닫고 구원받게 되기를 원하십니다. 그러므로 하나님의 은혜로 구원받은 우리가 하나님께서 관심을 가지고 계신 그들을 위해 기도하는 것은 당연한 일입니다.

디모데전서에 있는 이 말씀을 수없이 읽으면서도 나라 지도자와 위정자들을 위한 기도가 그렇게 중요한 것인지 잘 몰랐습니다. 솔직히 고백해서 저는 고 박정희 대통령이 유신 독재로 이 나라 백성들을 탄압하고 도탄으로 몰고 갈 때 그를 위해 몸부림치며 간구해 본 적이 한 번도 없었습니다. 그를 비판하고 욕한 적은 많지만 그를 위해 애타는 마음으로 하나님께 매달려 본 적은 없습니다. 현직 대통령을 위해서도 마찬가집니다. 그를 위해서 기도하지 않은 것은 아니지만 바울이 말하는 대로 간구와 도고와 감사로 기도하지는 못했습니다. 위정자를 위해 기도하는 것이 다른 무엇과도 비길 수 없는 중요한 일이라는 사실을 미처 깨닫지 못했기 때문입니다.

토레이(대천덕) 신부님은 강원도 태백에서 예수원을 운영하며 많은 젊은이들과 지성인들에게 영향을 끼치고 있는 분입니다. 저는 그분이 저술한 어떤 책을 읽다가 국가원수에 대한 그분의 깨달음에 무척 공감했습니다. 미국 사람들은 일나나 자유롭습니까? 그들은 대통령을 코미디나 풍자의 단골 메뉴로 삼습니다. 신문이나 시사 주간지의 만평 그림을 봐도 대통령의 코를 뭉그러뜨린다거나 얼굴을 별의별 우스꽝스러운 모습으로 변형시켜, 보는 이들의 실소를 자아내게 하지 않습니까? 토레이 신부님은 이러한 일들을 명백한 죄로 규정하고 있습니다. 어떤 사람이든지 하나님께서 일단 그를 권좌에 앉힌 이상, 그의 권력이 하나님께로부터 온 것인 줄 알고 기도하고 존경해야 하는 것이 교회의 위치요, 그리스도인의 입장이라는 것입니다.

옳은 말이라고 봅니다. 예수 안 믿는 사람들은 자신이 지지하는 사람이 당선되면 자기가 찍어서 그가 대통령이 되었다고 떠벌립니다. 그러나 자신이 반대하는 사람이 지도자가 되면

"그는 불법 선거로 당선되었다."라거나 "이 정권은 정통성이 없다."라며 그의 권위를 인정하지 않으려 합니다.

하지만 예수 믿는 사람이라면 심지어 민족의 원흉 김일성 같은 자도 일단 권력을 잡고 북한을 다스리고 있는 이상 하나님이 어떤 계획을 가지고 그를 권좌에 앉혀 놓고 사용하시는 것이라고 생각해야 합니다. 하나님이 그를 국가의 통치자로 앉혀 놓으신 이상 성경의 가르침대로 그 권세를 주신 하나님을 생각하고 그의 권위를 존경해야 합니다(롬 13:1). 그의 권위를 존경하지 않는 사람은 결코 그를 위해 기도할 수도 없을 것입니다.

요즘 신문을 펼쳐 보면 정치 지도자들에 대해 얼마나 말들이 많습니까? 그러나 우리 그리스도인들은 냉정하게 생각해야 합니다. 국가의 통치자를 모욕하거나 말이나 글, 그림을 통해서 우스갯거리로 만드는 것은 결국 자기의 뜻대로 인간 나라의 권세를 누구에게든지 주시는 하나님을 욕하는 것이요(단 4:17), 동시에 통치자를 위해 기도해야 할 책임을 가진 우리 자신을 모욕하는 것이라 할 수 있습니다.

회개의 중보 기도를 하라

임금들과 높은 사람들을 위해 기도해야 한다는 말에는 적어도 세 가지 의미가 담겨 있습니다.

첫째로는, 회개의 중보 기도를 하라는 뜻입니다. 우리가 잘 알다시피 세상에서 가장 더러운 곳이 정치계입니다. 요즘 월간 시사 잡지들마다 지나간 공화국에 관한 숨겨진 이야기들을 폭로하는 데 얼마나 열을 올리고 있습니까? 무엇인가 큰 것 하나만 터트리면 그 잡지는 날개 돋친 듯 팔려나가 매진에 매진을 거듭하며 즐거운 비명을 지르는 것을 볼 수 있습니다.

일반 국민들이 이러한 정치 비화들에 대해 지대한 관심을 보이는 것은 무엇을 의미하는 것일까요? 그만큼 이제까지의 정치가 뒷거래나 배후 조종 내지는 조작을 통해 은밀하게 이루어져 왔다는 것을 뜻합니다. 그래서 사람들은 이런 비화들을 읽으며 자신들의 눈을 가리고 있던 수건이 벗겨지고 모든 진상을 밝히 보는 것 같은 통쾌함을 느끼는 것입니다.

저도 가끔 그런 기사들을 읽어 보지만 뒷맛이 좋지 않은 것이 사실입니다. 추악한 정치계에 대한 씁쓸한 여운이 쉽게 가시지 않기 때문입니다. 그런 기사를 읽은 대부분의 사람들이 아마 저와 비슷한 감정을 느꼈으리라 봅니다. 정치계는 세상의 모든 악이 모여 있다고 해도 과언이 아닐 정도로 더러운 것 같습니다. 정적에 대한 비윤리적인 보복 행위나 권모술수, 통계 수치 조작, 거짓말, 허세, 공작, 사건 조작 등 수많은 악들이 자행되고 있는 곳이 바로 정치계인 것입니다.

그러므로 우리 그리스도인들은 정치인들의 죄를 짊어지고 회개할 수 있어야 합니다. 대통령이 회개하지 않는 죄를 대신 회개해야 합니다. 국회의원이 죄를 범하고도 뻔뻔스럽게 허세를 부리는 죄를 교회가 담당하고 하나님 앞에 회개해야 합니다. 권력을 무기로 삼아 힘없는 사람들을 착취하는 통치자들의 죄를 우리가 짊어지고 회개해야 합니다. 우리가 그들의 죄를 대신 짊어지고 하나님 앞에 눈물로 기도하면 하나님께서 우리의 기도를 들으시고 그들로 인하여 이 나라와 민족이 당하게 될지도 모를 모든 비극을 거두어 주실 것이기 때문입니다.

솔직히 고백하면, 저는 그들의 죄를 짊어지고 눈물로 회개한 적이 별로 없습니다. 여러분들 가운데 거의 대부분이 저와 마찬가지일 것이라 생각합니다. 이 점에 대해서 우리 모두가 가슴 아파해야 합니다. 정치 지도자의 잘못 때문에 아파하기에 앞서 우리가 그들의 죄를 짊어지는 뜨거운 마음이 없었던 것을 가슴 아파해야 합니다. 우리는 언제든지 하나님 앞에 나가서 기도할 수 있는 특권을 가진 왕 같은 제사장들입니다. 그들이 범하는 죄를 보고도 회개의 중보 기도를 하지 않는다면 제사장으로서의 직무를 유기하는 것과 다를 바 없는 것입니다.

관심을 가지라

둘째로는, 지도자들이나 나라 일에 대해 깊은 관심을 가지라는 뜻입니다. 별로 관심을 두지 않는 어떤 사람을 위해 기도하기란 결코 쉽지 않습니다. 그런 의미에서 위정자들을 위해 기도하라는 말은 곧 그들에 대해 관심을 가지라는 말로 이해할 수 있습니다. 진정으로 대통령을 위해서 기도하기를 원한다면 대통령에게 관심을 기울여야 합니다. 국회의원을 위해서 기도하기를 원한다면 그들의 입법 활동에 대해 관심을 가져야 합니다. 그렇다고 그들의 말이나 행동에 동조하라는 말이 아닙니다. 그들의 문제가 무엇인지 분명히 알고 하나님 앞에서 보다 구체적으로 기도해야 한다는 것입니다.

만약 대통령이 국정을 제대로 돌보고 있지 못하다면 우리는 그 문제를 가지고 하나님 앞에 나아가 간구해야 합니다. 우리가 청와대에 들어갈 수는 없지만 하나님 앞에는 얼마든지 나갈 수 있습니다. 대통령 앞에서 직언할 기회를 못 얻는다 할지라도 하나님 앞에서는 언제든지 직언할 수 있는 것입니다. 사회가 잘못되어 갈 때 마냥 침묵하고 있어서는 안 됩니다. 기도를 통해 하나님께 하소연해야 합니다. 일부 특권층 사람들 때문에 인플레가 계속된다면 남의 일처럼 여기고 입을 다물면 안 됩니다. 가난한 사람들이 핍박을 당하고 압박을 당하는 것을 보고도 구경만 하고 있어서는 안 됩니다. 통치자나 정부가 기독교를 탄압한다거나 불이익을 끼치려 든다면 가만히 보고만 있어서는 안 됩니다. 악덕 기업주가 자기 욕심을 채우느라 노동자들에게 돌아갈 이익을 부당하게 가로채고 있다면 소리쳐야 합니다. 기업들이 터무니없이 비싼 값을 받으며 엉터리 같은 상품을 만들어 낸다면 말을 해야 합니다.

저는 국산 소형 카세트 플레이어 하나를 샀다가 무척 후회한 적이 있습니다. 며칠 못 쓰고 고장났기 때문입니다. 사용해 본 사람들의 말을 들어 보면 비슷한 가격의 일제 카세트 플레이어는 일 년이 넘도록 고장 한 번 안 난다고 합니다. 사람들이 일제 카세트 플레이어를 고집하는 것도 그만한 이유가 있는 것입니다.

그리스도인이 전 국민의 0.5퍼센트도 안 된다는 일본 사람들은 카세트 플레이어를 만들어도 믿을 만하게 만들어 내는데 우리나라는 왜 이래야 합니까? 돈을 벌면 외국으로 빼돌리기에 급급하고, 정치 지도자들은 검은 거래를 통해 챙긴 돈으로 치부하기에 바쁘다면 이 나라를 누가 신뢰하겠습니까? 조금이라도 이 나라를 염려하고 국정에 관심을 가지고 있다면 이렇게 기도하지 않을 수 없을 것입니다. "하나님, 세계의 모든 나라가 그리스도인이 5분의 1이나 된다는 이 나라를 어떻게 보겠습니까? 기업들이 예수 믿고 선한 양심을 가지고 더 좋은 제품을 만들어 내놓을 수 있게 해주옵소서."

더 나아가 참된 관심에서 하는 기도는 실제적인 참여로 이어져야 합니다. 저는 예수 믿는 사람들이 정치계에도 많이 나가야 한다고 봅니다. 우리는 한때 정권을 잡았던 예수 믿는 대통령이나 국무위원들이 좋지 않은 결과를 빚어 냈던 뼈아픈 과거를 가지고 있습니다. 그러나 그것 때문에 좌절해서는 안 됩니다.

링컨이 암살당한 후 그 유해가 아직 빈소에 있을 때 그 당시 미국에서 가장 유명한 설교자였던 필립스 브룩스는 "에이브러햄 링컨"이라는 제목으로 다음과 같은 설교를 했습니다. "오

하나님, 우리에게 에이브러햄 링컨 대통령과 같은 좋은 목자를 주신 것을 감사드립니다. 그는 이 나라의 최고 지도자로서 우리에게 하나님을 어떻게 사랑해야 하는지, 그리고 거룩하고 공의로운 삶이 어떤 것인지를 분명하게 보여 주었습니다." 얼마나 자부심 있는 설교입니까? 빈소에서 한 설교가 아닙니다. 그가 섬기던 교회에서 주일 예배 시간에 한 설교입니다.

우리나라에도 링컨과 같은 예수 잘 믿는 지도자가 많이 나와야 되지 않겠습니까? 우리나라 사람들이 어떤 후보를 지지하게 되는 것은 대개의 경우 혈연과 지연, 학연 및 기타 인간관계 때문입니다. 그러나 우리 예수 믿는 사람은 그런 것을 선택 기준으로 삼아서는 안 됩니다.

그렇다면 무엇을 기준으로 삼아야 할까요? 우리가 먼저 따져 볼 것은 후보자가 하나님을 두려워하는 사람이냐 하는 것입니다. 만약 후보들 가운데서 하나님을 두려워하는 자가 하나도 없다면 예수 믿는 부인이 있는 후보자를 찾아야 합니다. 그가 비록 믿지 않는다 해도 예수 믿는 아내에게서 직간접적인 영향을 받게 마련이기 때문입니다. 만약 아내마저 예수를 믿는 후보가 아니라면 그들의 자녀를 살펴보십시오. 자녀들로 하여금 자유롭게 예수를 믿고 교회에 나가게 하는 사람이 있다면 그에게 더 많은 점수를 주어야 합니다. 자녀들을 통해서 그들이 선한 영향을 받게 될 것이기 때문입니다.

1982년 4월 워싱턴에서는 '예수를 위한 워싱턴 대회'라는 집회가 열린 적이 있습니다. 이 집회에 참석한 목사님들은 미국 교회가 그동안 하나님 앞에서 잘못한 죄를 하나하나 열거하면서 회개 기도를 했습니다.

그 가운데 제가 무척 감명을 받았던 기도 제목이 하나 있는데, 불신자가 정계와 교육계, 연예계, 언론 대중매체를 완전히 장악하도록 방치한 죄를 회개하는 내용이었습니다. 우리는 상상도 못하는 이야기가 아닙니까? 우리가 이 나라 교육계의 부정부패를 보며 얼마나 혀를 찼습니까? 이 나라 교육계가 촌지로 병들어 가는 것을 보며 얼마나 입이 마르도록 성토했습니까?

그러나 비난의 화살을 쏘기에 앞서 더 많은 양심적인 그리스도인들이 교육계를 주도할 수 있게끔 자녀를 교육하거나 교육계에서 일하는 사람들을 보다 적극적으로 전도하여 예수 믿게 하지 못한 책임을 통감하고 회개해야 할 것입니다. 양심이 병든 세상 사람들이 교육계를 쥐고 흔들도록 방치해 둔 죄를 회개해야 합니다. 정치계나 교육계뿐만 아니라 다른 모든 분야에 대해서도 마찬가지입니다. 세상 사람들이 주도권을 쥐고 엉뚱한 방향으로 이끌고 가도록 무책임하게 방치해서는 안 됩니다.

이와 같은 무책임한 태도는 그 모든 영역에서 하나님의 영광이 드러나든지 말든지 오로지 자신만을 위해 살겠다는 것과 다를 바 없기 때문입니다. 이것이 하나님 앞에 죄가 아니고 무엇이겠습니까?

나라를 구하는 기도

마지막으로 우리가 임금과 높은 지위에 있는 자를 위해서 기도하는 것은 구국(救國)의 의미를 갖습니다.

"이는 우리가 모든 경건과 단정함으로 고요하고 평안한 생활을 하려 함이라"(딤전 2:2하).

'경건'이 하나님과의 관계에 있어 신자답게 사는 것을 말한다면, '단정'은 세상 사람들과의 관계에서 신자답게 사는 것을 말합니다. 우리가 위정자들을 위해서 기도할 때 하나님과 사람들과의 관계 속에서 신자다운 면모를 보일 수 있습니다. 더 나아가 우리의 기도로 인해 이 나라가 평안해질 수 있습니다. 그럴 때에야 우리가 평안한 가운데 하나님께 영광을 돌리며 멋지게 신앙생활을 할 수 있게 되는 것입니다.

"너희는 내가 사로잡혀 가게 한 그 성읍의 평안을 구하고 그를 위하여 여호와께 기도하라 이는 그 성읍이 평안함으로 너희도 평안할 것임이라"(렘 29:7).

조국이 바벨론에 의해 함락되고 포로로 잡혀 온 상황에서 이스라엘 백성들에게 꿈이 있다면 하루빨리 고국으로 돌아가는 것이었습니다. 그러나 하나님께서는 그들의 소원과는 정반대의 말씀을 들려주셨습니다. 원수의 나라 바벨론의 평안을 위해서 기도하라고 말씀하신 것입니다.

저는 그들이 이 말씀을 쉽게 받아들일 수 있었으리라고 보지 않습니다. 니느웨에 가서 회개를 선포하라는 하나님의 명령을 거역했던 요나처럼 그들의 마음속에 저항이 일어났을 것입니다. 그러나 하나님께서 그렇게 말씀하셨던 것은 오히려 그들의 유익을 위함이었습니다. 그들이 그렇게 기도해 줄 때 바벨론이 평안해질 것이요, 그 안에서 평안하게 살 수 있을 것이기 때문입니다. 우리는 이 말씀에서 적당한 때가 되기까지 이스라엘 민족을 평안한 가운데 지키시려는 하나님의 계획을 발견할 수 있습니다.

이와 같은 원리는 오늘날 우리에게도 그대로 적용됩니다. 저는 하나님께서 우리나라에 특별한 계획을 가지고 계시다고 봅니다. 우리나라는 경제적으로나 군사적으로 세계 강대국 대열에 들지 못하지만 전 인구의 4분의 1이 넘는 사람들이 예수님을 믿고 있습니다. 그중에서 적어도 3분의 1은 밤이든 낮이든 간에 하루에 한 번 이상은 이 나라를 위해서 기도하고 있습니다. 이 나라에 민주화가 온전히 이루어지고, 이 사회에 정의가 바로 서고 양심이 살아나서 사람들이 일한 만큼 정당한 대우를 받을 수 있는 나라가 되게 해달라고 기도하고 있는 것입니다.

우리가 부르짖는 이 기도를 듣고 계시는 하나님께서 어떻게 우리나라를 뜻없이 다루시겠습니까? 설사 통치자가 악정을 하고 있다 해도 걱정할 필요가 없습니다. 우리가 밤낮없이 이 나라를 위해서 기도하면 하나님께서 하나님의 때에 적절한 조치를 취하실 것입니다.

지난 수십 년 동안의 우리나라 역사를 돌이켜보십시오. 우리는 전쟁의 잿더미 위에서 세계가 놀라는 경제 기적을 이루었습니다. 우리 민족이 원래 능력이 많아서 이 일이 가능했다고 보십니까? 절대 그렇지 않습니다. 우리나라가 세계가 감탄하는 경제적인 대성공을 거두게 된 배후에는 성도들의 눈물어린 기도가 있었습니다.

우리나라가 위기에 처할 때마다 하나님께서 얼마나 놀라운 방법으로 역사하셨습니까? 정치적으로 몹시 걱정스러울 때마다 하나님께서는 우리의 상상을 뛰어넘는 특별한 간섭으로 위기를 넘기게 하신 것을 잘 알고 있습니다.

앞으로도 하나님께서는 전국에서 기도하고 있는 수많은 무릎들을 통해 이 나라를 지키실 것입니다. 통치자를 위해서 기도합시다. 정치가들과 공무원들을 위해 기노합시다. 간구와 도고와 감사로 최선을 다해 기도합시다. 하나님께서 이 나라를 다스려 달라고 기도합시다. 이 나라가 있기에 우리 가정과 사업이 있을 수 있고 교회가 존속할 수 있는 것입니다.

미국 교회에는 우리나라 교회에서 찾아볼 수 없는 한 가지 특징이 있습니다. 교회마다 강단 한 쪽 끝에 국기를 꽂아 두고 있는 점입니다. 저는 강단에 있는 국기를 볼 때마다 이런 생각을 하곤 했습니다. '예수 믿는 사람이 자기 나라를 사랑하지 않는다면 누가 사랑하겠는가? 예수 믿는 사람이 나라를 위해 기도하지 않는다면 누가 나라를 위해서 기도하겠는가? 예수 믿는 사람이 나라의 장래를 책임지지 않는다면 누가 책임지겠는가?'

저는 이 나라의 모든 교회들이 미국 교회처럼 강단에 국기를 꽂아 놓지는 못한다 하더라도 나라를 위해 기도하는 책임을 다하는 교회가 되었으면 좋겠습니다. 그럴 때 우리가 국가에 대해서 당당하게 권리를 주장할 수 있을 것입니다. 기도는 전혀 안 하면서 비판하고 욕하기에 급급한 것은 절대 하나님이 기뻐하시는 태도가 아닙니다.

이 나라와 지도자들을 위해 하나님 앞에서 기도합시다. 기도만이 이 나라가 살 길입니다. 이 나라가 살아야 우리 모두가 평안 가운데 경건하고 단정한 삶을 살 수 있습니다. 그런 의미에서 기도는 우리 한국 교회가 사는 길입니다. 이 사실을 한시라도 잊지 말고 나라와 위정자들을 위해 기도하기에 힘쓰는 우리 모두가 되어야 하겠습니다.

Chapter 8

고개 숙인 아버지

"사무엘이 늙으매 그의 아들들을 이스라엘 사사로 삼으니 장자의 이름은 요엘이요 차자의 이름은 아비야라 그들이 브엘세바에서 사사가 되니라 그의 아들들이 자기 아버지의 행위를 따르지 아니하고 이익을 따라 뇌물을 받고 판결을 굽게 하니라 이스라엘 모든 장로가 모여 라마에 있는 사무엘에게 나아가서 그에게 이르되 보소서 당신은 늙고 당신의 아들들은 당신의 행위를 따르지 아니하니 모든 나라와 같이 우리에게 왕을 세워 우리를 다스리게 하소서 한지라 우리에게 왕을 주어 우리를 다스리게 하라 했을 때에 사무엘이 그것을 기뻐하지 아니하여 여호와께 기도하매 여호와께서 사무엘에게 이르시되 백성이 네게 한 말을 다 들으라 이는 그들이 너를 버림이 아니요 나를 버려 자기들의 왕이 되지 못하게 함이니라 내가 그들을 애굽에서 인도하여 낸 날부터 오늘까지 그들이 모든 행사로 나를 버리고 다른 신들을 섬김 같이 네게도 그리하는도다 그러므로 그들의 말을 듣되 너는 그들에게 엄히 경고하고 그들을 다스릴 왕의 제도를 가르치라"(사무엘상 8:1-9).

가난하게 살더라도 깨끗한 손으로 정직하게 사는 삶이 얼마나 행복하고 기쁜 것인지 사람들에게 알려야 합니다. 그들에게 경건의 은혜를 보여 줌으로 감동을 주어야 합니다.

흔히 "자녀를 낳기는 쉬워도 사람답게 키우기는 어렵다."고 말합니다. 제 경험으로 봐도 틀린 말은 아닌 것 같습니다. 아무도 큰소리칠 수 없는 것이 바로 자녀 교육입니다.

자녀 교육은 부모의 노력만으로는 안 되는 그 무엇이 있습니다. 부모가 온갖 정성을 다해 철저하게 자녀를 교육시켰지만 실패하는 가정이 많은가 하면, 형편이 어려워 자녀들에게 그렇게 큰 관심과 정성을 쏟지 못하고 거의 방목하다시피 했음에도 자녀들이 잘되는 가정 역시 많습니다.

그런 의미에서 저는 자녀 교육도 은혜의 영역이라고 생각합니다. 하나님의 은혜가 따라야 성공할 수 있지 사람의 노력만으로는 절대 안 되는 것입니다.

위대한 지도자, 실패한 아버지

성경에도 보면 지도자로서는 위대했지만 아버지로서는 별로였던 사례들이 꽤 많이 나옵니다. 지혜의 왕 솔로몬과 본문 말씀에 나오는 사무엘이 그 대표적인 예입니다.

솔로몬은 동서고금을 막론하고 전무후무한 지혜자였습니다. 그는 인생과 동식물과 조류, 어류에 대해서 박학다식했을 뿐 아니라 문학과 음악에 대해서도 조예가 깊어 잠언 삼천 편과 노래 일천다섯 곡을 지었습니다. 그래서 그의 소문을 들은 천하의 모든 왕들이 그의 지혜의 말을 들으려고 찾아오기까지 했다고 합니다(왕상 4:30-34). 또 그는 이스라엘을 당대에 확고부동한 강대국 대열에 서게 할 만큼 군사적인 리더십도 뛰어났습니다. 그뿐 아니라 하나님의 성전을 건축하고, 자기 아내들을 위해 많은 궁전들을 짓는 대토목 공사들을 충분히 감당해 낼 정도로 국가 경제를 이끌어 가는 능력도 탁월했습니다.

그는 정치, 경제, 군사, 문화 그 모든 분야에서 탁월한 업적을 이룬 위대한 지도자였습니다. 그러나 자녀 교육에서만큼은 실패자였습니다. 이것은 그의 뒤를 이어 왕이 된 르호보암을 보면 분명히 알 수 있습니다. 르호보암은 자기 친구들의 말을 듣고 백성을 압제함으로써 나라가 남북으로 분열되게 만든 어리석은 왕이었던 것입니다.

자녀 교육에 실패하기는 사무엘 역시 마찬가지였습니다. 사무엘은 이스라엘이 가나안 땅에 정착하고 난 이후 세움을 받은 최후의 사사요, 최초의 선지자였습니다. 하나님께서는 사무엘을 자신을 대리하여 신정 체제를 감당할 지도자로 세우셨습니다. 하나님의 대리자였던 만큼 지도자로서 그의 권위는 대단했습니다. 모든 백성이 그를 따르고 순종했으며 존경했습니다. 그러나 자녀 교육에서는 실패한 아버지였습니다.

본문 1절을 보면 사무엘은 나이가 많아지자 자기 두 아들을 사사로 세웠습니다. 자기의 통치권을 위임해 준 것입니다. 그러나 그의 아들들은 지도자로서 갖춰야 할 인격과 덕을 제대로 구비하지 못한 자들이었습니다. 그렇다 보니 자연 문제가 생길 수밖에 없었습니다.

"그의 아들들이 자기 아버지의 행위를 따르지 아니하고 이익을 따라 뇌물을 받고 판결을 굽게 하니라"(삼상 8:3)

그들은 자기 이권을 추구해서 뇌물을 받고 판결을 굽게 했습니다. 아버지의 좋은 모범을 따르지 않았던 것입니다.

그들의 아버지 사무엘은 시종일관 백성들에게 흠을 보이지 않은 훌륭한 지도자였습니다. 그는 공식적으로 퇴임식을 하는 자리에서 백성들에게 이렇게 말했습니다.

"내가 여기 있나니 여호와 앞과 그의 기름 부음을 받은 자 앞에서 내게 대하여 증언하라 내가 누구의 소를 빼앗았느냐 누구의 나귀를 빼앗았느냐 누구를 속였느냐 누구를 압제하였느냐 내 눈을 흐리게 하는 뇌물을 누구의 손에서 받았느냐 그리하였으면 내가 그것을 너희에게 갚으리라 하니"(삼상 12:3).

얼마나 대단한 자신감입니까? 털끝만 한 잘못을 저지른 일이라도 있다면 말해 보라는 것입니다. 그러자 백성들은 이렇게 대답했습니다.

"그들이 이르되 당신이 우리를 속이지 아니하였고 압제하지 아니하였고 누구의 손에서든지 아무것도 빼앗은 것이 없나이다 하니라"(삼상 12:4).

그의 잘못을 들고 나온 사람은 아무도 없었습니다. 그는 출발도 좋고 마무리도 좋았던 완벽한 지도자였던 것입니다.

이렇게 훌륭한 아버지를 둔 아들들이라면 아버지의 모범을 따라 백성을 지도했어야 마땅할 것입니다. 그럼에도 그들은 아버지의 모범을 우습게 여기고는 부당한 이익을 챙기려고 뇌물을 주는 대로 챙겨 넣는 타락한 지도자로 전락했습니다. 뇌물을 받는 자에게는 선과 악이 따로 없습니다. 뇌물의 액수에 따라서 선이 악이 되고, 악이 선이 되어 버립니다. 지도자가 이런 짓을 하는데 어떻게 그 사회가 건강할 수 있겠습니까? 어떻게 법과 정의가 제대로 실현되는 공평한 사회가 될 수 있겠습니까?

그들은 실로 자기 이름 값도 못하는 자들이었습니다. 첫아들의 이름은 '요엘'입니다. '요엘'은 '여호와는 하나님이시다.'라는 뜻이 담겨 있습니다. 얼마나 거룩한 이름입니까? 그리고 둘째 아들의 이름은 '아비야'입니다. '아비야'는 '여호와는 나의 아버지시다.'라는 뜻입니다. 얼마나 훌륭한 신앙고백입니까? 그러나 그들은 뇌물을 받고 판결을 굽게 함으로써 자기 이름 값도 못하는 지도자가 되었습니다.

누구든지 분수에 지나친 자리에 앉게 되거나 감당하지 못할 힘을 갖게 되면 자기가 망할 뿐 아니라 가문을 수치스럽게 만들고 나라를 절망의 수렁에 빠지게 만들 수 있습니다. 그렇기 때문에 특히 권좌에 앉는 지도자라면 물욕을 자제할 줄 아는 수련을 닦아야 할 것입니다. 물욕을 자제할 줄 아는 것은 통치자의 기본 덕목입니다.

그러나 사무엘의 아들들은 이러한 기본적인 덕목마저 갖추고 있지 못했습니다. 이 점에서 너무나도 완벽했던 사무엘이 자기 아들들에게 이것을 가르치지 않았을 리가 없습니다. 그러나 그들은 어리석어서 아버지의 교훈을 따르지 않았습니다.

그렇다고 해서 사무엘이 자기 아들들의 행동에 대한 책임을 면할 수 있겠습니까?

아무리 세습 제도로 권력이 이양되는 사회였다 하더라도, 그가 아버지 구실을 제대로 한 사람이었다면 아들들이 백성을 사랑하고 하나님을 두려워하는 바른 지도자가 될 수 있는지의 여부를 냉정하게 판단해 보았어야 마땅할 것입니다. 그래서 자녀가 아무래도 그 일을 감당할 수 없다고 판단되면 그들에게 권력의 칼을 쥐어 주지 말았어야 했습니다. 그러나 그는 그렇게 하지 못했습니다.

그 결과 사무엘은 말년에 그 아들들로 인해 근심이 떠날 날이 없게 되었습니다. 오랫동안 백성들의 신망을 받으며 위대한 업적을 남겼던 그였지만 이제는 아들 때문에 사람들 앞에서 얼굴을 들고 다닐 수 없게 된 것입니다. 그들 때문에 무수한 나날들을 밤잠을 설치며 고민했을지도 모릅니다(잠 17:25). 사태가 이쯤 된다면 사무엘은 한시라도 빨리 자기 아들들을 징계하여 권좌에서 물러나게 하는 용단을 내렸어야 옳을 것입니다.

그러나 그가 결정을 차일피일 미루고 있는 사이 사태는 걷잡을 수 없이 악화되어 아들들의 악정을 견디다 못해 백성들이 들고 일어나는 데까지 이르렀습니다. 이스라엘의 모든 장로들이 사무엘에게 나와서 이렇게 말했습니다.

"당신은 늙고 당신의 아들들은 당신의 행위를 따르지 아니하니 모든 나라와 같이 우리에게 왕을 세워 우리를 다스리게 하소서"(삼상 8:5).

더 이상 사무엘 집안의 통치를 못 받겠으니 다른 나라들처럼 왕을 세워 달라는 것입니다. 백성들의 대표인 장로들이 뜻을 같이하여 압력을 가하니 사무엘도 어쩔 도리가 없었습니다. 이리하여 하나님께서 직접 이스라엘을 다스리신다는 것을 상징하는 사사 제도가 무너지고 세상 나라처럼 왕정이 시작된 것입니다.

그러나 왕이 이스라엘을 다스리기 시작한 이래 수백 년 동안 백성들이 왕으로 인해 받았던 고통은 이루 말로 다할 수 없을 정도였습니다. 왕 한 사람으로 인해서 온 나라가 쑥밭이 된 적이 한두 번이 아니었습니다. 사무엘상하, 열왕기상하, 역대상하와 같은 역사서들이 온통 이 사실을 증거하고 있다고 해도 과언이 아닐 것입니다. 이 무서운 불행의 씨앗을 누가 뿌렸습니까? 자식을 잘못 둔 사무엘과 그의 모범을 따르지 않고 자기 이권을 추구하느라 뇌물을 받고 판결을 굽게 하여 나라를 엉망으로 만든 그의 아들들이었습니다.

이러한 사무엘 부자의 비극이 남의 이야기처럼 들리지 않는다는 데 오늘 우리의 아픔이 있습니다. 누구든지 함부로 나라의 지도자가 되려고 해서는 안 될 것입니다. 한 나라의 지도자가 감당해야 할 무거운 책임을 분명히 알아야 합니다. 그럼에도 불구하고 너도나도 대통령이 되겠다고 나서는 것을 보면 여간 걱정스럽지 않습니다.

저는 언젠가 모 일간지에서 칼럼니스트 유승삼 씨의 글을 읽고 무척 공감했습니다. "대선 주자들에게 분명히 해두고 싶다. 이제 더 이상 대통령병 환자는 필요 없다. 대통령직이 대학 입시나 사법 시험처럼 자신의 개인적 야망을 이루게 해주는 자리가 될 수 없다. 정히 대통령이 되고 싶거든 대통령직에 대한 공부부터 하라." 참으로 의미 있는 지적이라고 생각합니다. 그러나 저는 여기에 한 가지 주문을 덧붙이고 싶습니다. 설혹 자기 자신은 대통령이 될 만한 자격을 어느 정도 갖추었다 할지라도 자녀들이 이 사회나 국가에 누를 끼치지 않는다고 안심할 수 있는 자들인지도 살펴보라는 것입니다. 그런 의미에서 저는 대선 주자들에게 사무엘 집안의 역사를 배우라고 권면하고 싶습니다.

뇌물의 위력

사무엘의 아들들의 악정은 뇌물이라는 말로 대변할 수 있습니다. 그래서 저는 특별히 구약 성경에서 뇌물에 해당하는 단어들을 찾아보았습니다. 놀랍게도 뇌물에 해당하는 단어는 제가 발견한 것만도 무려 일곱 개나 되었습니다.

'코펠', '므킬', '마타나', '쇼타드', '쉴롬', '테르마', '싸칼' 이 모든 표현들은 뇌물을 가리키는 각기 다른 이름들입니다. 뇌물은 천의 얼굴을 가진 사회악이기에 자연히 이름이 많을 수밖에 없습니다. 이것은 우리나라도 예외가 아닌 것 같습니다. '비자금', '정치 자금', '청탁금', '촌지', '급행료', '교통

비', '선물', '떡값', '사과 상자', '007 가방' 등 그 이름이 얼마나 많습니까?

뇌물은 부패한 인간의 최대 약점인 탐욕을 공략하는 것이기 때문에 열이면 아홉은 그 미끼에 걸려들게 되어 있습니다. 뇌물은 일종의 만사 특효약인 셈입니다. 잠언 17장 8절은 이렇게 말씀합니다.

"뇌물은 그 임자가 보기에 보석 같은즉 그가 어디로 향하든지 형통하게 하느니라."

뇌물이 받는 사람에게 보석같이 보인다는 말입니다. 그래서 그것이 어디로 향하든지 원하는 일을 형통케 하는 것입니다. 어떤 사람은 이 구절을 보고 "성경도 뇌물을 인정하지 않느냐?"라며 반색할지도 모릅니다. 그러나 그것은 오해입니다. 이 말씀은 인간 사회에서 뇌물의 위력이 얼마나 대단한가를 말하고 있을 뿐입니다.

서양 속담에 이런 말이 있습니다. "죽음의 뱃사공은 뇌물을 받지 않는다." 세상에서 뇌물이 안 통하는 곳은 죽음밖에 없다는 것입니다. 죽음 앞에서는 아무리 뇌물을 흔들며 살려 달라고 애원해도 소용이 없다는 말입니다.

우리나라 속담에도 이런 말이 있지 않습니까? "기름 먹인 가죽이 부드럽다." 짧지만 매우 기가 막힌 표현이라고 생각합니다. 기름을 많이 먹이면 먹일수록 가죽은 부드러워지게 되어 있습니다. 뇌물은 가죽을 부드럽게 만들기 위해 먹이는 기름과 같아서 무슨 일이든지 순조롭게 만드는 것입니다. 뇌물의 가공할 만한 위력 앞에 무력하기는 동서양의 차이가 없는 것 같습니다.

뇌물은 눈을 흐리게 한다

그러나 우리가 분명히 알아야 할 것이 있습니다. 뇌물에는 치명적인 독이 들어 있다는 사실입니다. 그래서 개인과 사회에 엄청난 해를 끼칠 수 있습니다.

먼저, 뇌물은 주는 자나 받는 자의 눈을 흐리게 합니다. '눈을 흐리게 한다.'는 말은 '총명을 어둡게 한다.', '선악을 분별하는 양심의 눈을 멀게 한다.'는 뜻입니다. 출애굽기 23장 8절을 보십시오.

"너는 뇌물을 받지 말라 뇌물은 밝은 자의 눈을 어둡게 하고 의로운 자의 말을 굽게 하느니라."

뇌물로 인해 선악을 분별하는 눈이 흐려지게 되면 만사를 제대로 판단하지 못하게 되는 것이 당연합니다. 재판에서 엉뚱한 판결을 내려 수많은 의로운 사람들을 억울하게 만들 수도 있습니다. 돈을 먹었는데 어찌 안 봐주겠습니까? 전도서 7장 7절은 "뇌물이 사람의 명철을 망케 하느니라."고 했습니다.

누군가 사과 상자에 몇 억을 담아 들고 와서 "당신의 두 눈을 뽑아 나를 주시오."라고 사정한다고 가정해 봅시다. 선뜻 자기 눈을 뽑아 줄 사람은 아무도 없을 것입니다. 아무리 많은 돈을 줘도 두 눈을 감고 평생을 더듬거리며 살고 싶은 사람은 없는 것입니다. 그러나 작은 촌지 하나에도 양심의 눈은 너무 쉽게 뽑아 주고 맙니다. 양심의 눈이 멀면 선악을 분별하는 감각도 없어져 버립니다. 이런 지도자들이 사회에서 활개를 치고 있다고 생각해 보십시오. 그 사회에 무슨 소망이 있겠습니까?

뇌물은 공의가 설 자리를 없앤다

둘째로, 뇌물은 공의가 설 자리를 잃게 만듭니다. 의와 불의의 경계선을 모호하게 만들어 버린다는 말입니다. 이사야 5장 23절을 보십시오.

"그들은 뇌물로 말미암아 악인을 의롭다 하고 의인에게서 그 공의를 빼앗는도다."

쉽게 말해서 뇌물은 의인을 악인으로 만들고 악인을 의인으로 둔갑시킨다는 말입니다. 법원이나 형무소 주변에 가 보면 "유전무죄(有錢無罪), 무전유죄(無錢有罪)"라는 이상한 말이 돌고 있습니다. 돈 없고 빽 없으면 유죄요, 돈 있고 빽 있으면 무죄라는 것입니다. 돈만 집어 주면 범법자가 피해자가 되고, 피해자가 범법자로 바뀌어 버립니다. 돈만 입에 물려 주면 정보를 미리 빼돌려서 온갖 이권을 가로챌 수도 있습니다. 돈봉투만 내밀면 진급도 잘됩니다. 돈만 주면 외진 시골 마을에도 러브 호텔 허가가 납니다. 돈만 집어 주면 환경이 어떻게 되든지 골프장 허가가 납니다. 무엇이든지 돈이면 다 통하는 사회가 되어 버린 것입니다. 이런 사회에 무슨 공의가 있습니까? 법이 있어도 지켜지지 않는다면 무슨 소용이 있습니까? 뇌물은 사회를 이와 같이 무법 천지로 만들어 버리는 것입니다.

뇌물은 나라를 망친다

셋째로, 뇌물은 나라를 망칩니다.
"뇌물을 억지로 내게 하는 자는 나라를 멸망시키느니라"(잠 29:4).

뇌물을 억지로 내게 하는 자는 나라를 망치는 자들입니다. 전문가들의 말에 따르면 선진국에 비해 우리나라에는 악용할 수 있는 소지가 많은 법조항이나 규제 등이 너무 많다고 합니다. 이와 같은 법조문은 자연히 뇌물 관행이 자리잡게 만드는 모판 역할을 해왔다는 사실을 부인할 수 없습니다.

그럼에도 불구하고 정치인들이 자기 이권을 추구하고 정쟁을 일삼느라 법조문들을 명확하게 개정하지 않고 방치해 둠으로써 결과적으로 뇌물이 사회 구석구석을 독버섯처럼 뒤덮고 있는 뇌물 공화국을 만든 것입니다.

역사를 돌아보십시오. 뇌물로 인해 지도자의 권위가 무너지고, 도덕성이 땅에 떨어지고, 공의가 서지 아니하는 나라치고 망하지 않은 나라가 있습니까? 없습니다. 이사야와 미가 시대의 유대 나라를 보십시오. 그 당시 사회가 온통 뇌물로 물들어 있었습니다. 미가 3장 11절을 보십시오.

"그들의 우두머리들은 뇌물을 위하여 재판하며 그들의 제사장은 삯을 위하여 교훈하며 그들의 선지자는 돈을 위하여 점을 치면서도 여호와를 의뢰하여 이르기를…"

요즈음 말로 하면 정치인들과 법관들이 뇌물을 위하여 재판했다는 것입니다. 돈을 많이 주는 사람이 이기는 것입니다. 그리고 제사장이나 선지자는 돈을 주어야 복을 빌어 주고 제사를 지내 주었습니다. 정치와 종교가 똑같이 썩었으니 그 나라가 어떻게 버티겠습니까? 하나님께서는 선지자들을 통해 이 악에서 돌이킬 것을 수도 없이 지적하셨지만 그들은 경고를 완전히 무시해 버렸습니다. 그 결과 니리기 망해 백성들이 포로로 잡혀가고 온 국토가 폐허가 되는 비극을 당하고 만 것입니다.

이것은 우리 역사를 보아도 분명한 사실입니다. 1세기 전 대한제국이 망하게 된 이유가 무엇이라고 생각하십니까? 주변 강대국들의 침범 때문일까요? 그것도 한 가지 이유이긴 하지만 근본적인 이유는 다른 데 있다고 봅니다. 제아무리 강대국이라도 내부적으로 결속이 잘되어 있고 국가의 기강이 제대로 서 있는 나라를 삼킬 수는 없습니다.

그러나 당시 대한제국은 지도자와 백성이 하나로 결속되어 있지 못했고, 국가의 기강마저 제대로 서 있지 못했습니다. 마지막 임금 고종은 관직을 돈 받고 파는 일에 직접 개입했고 뇌물이 신통치 않으면 신하들 앞에 그 봉투를 집어던지는 추태까지 보였다고 합니다. 그래서 국고는 텅텅 비어 있어도 왕과 왕비와 대원군의 주머니는 늘 두둑했던 것입니다. 왕이 이 정도라면 나라의 벼슬아치들은 얼마나 더 부패했겠습니까?

1904년에 러일 전쟁 종군 기자로 우리나라에 왔던 미국 소설가 잭 런던은 우리나라에 대해 이런 글을 남겼습니다. "군수는 악명 높은 양반이다. 이를테면 귀족이면서 도둑놈인 것이다. 양반들은 모두 도둑이었다. 백성들은 '양반' 하면 으레 자기 것을 빼앗아 가는 도둑놈으로 생각했다. 그들은 지배 계급이 도둑놈이라는 사실 외에는 아는 바가 없었다." 그 정도로 뇌물로 인해 나라가 엉망이 되어 있었던 것입니다.

이런 나라가 망하지 않는다면 그것이야말로 기적이라 할 것입니다. 그 당시 지도자들의 악정으로 인해 나라가 망한 이후 그 후손인 우리 민족이 당한 수난과 질곡을 무슨 말로 다 형용할 수 있겠습니까?

35년 동안이나 식민지 생활을 한 결과 기성세대의 의식 속에는 아직도 식민지 근성이 남아 있습니다. 어떤 사람은 3대가 지나가야 겨우 씻긴다고 말합니다. 그 말이 사실이라면 식민지 근성이 완전히 없어지려면 아직도 약 5, 60년은 더 있어야 될 것입니다. 뇌물이 나라를 망친다는 것은 역사가 증명하는 진리인 것입니다.

뇌물은 하나님께서 기도를 듣지 않게 한다

마지막으로, 뇌물은 하나님께서 우리의 기도를 듣지 않으시게 만듭니다.

"너희가 손을 펼 때에 내가 내 눈을 너희에게서 가리고 너희가 많이 기도할지라도 내가 듣지 아니하리니 이는 너희의 손에 피가 가득함이라"(사 1:15).

그 손에 피가 가득한 자가 누구입니까? 25절을 보면 뇌물로 의로운 자와 가난한 자를 억울하게 하는 자입니다. 그러한 자들이 하나님 앞에 나와 아무리 열심히 기도해도 하나님께서는 그 기도를 듣지 않으실 것이라는 말입니다. 이것은 오늘날에도 마찬가지입니다. 그때나 지금이나 하나님께서는 달라지지 않으셨습니다. 우리가 부정하게 모은 돈으로 하나님께 드리면 하나님께서는 그 헌금은 물론이거니와 우리가 드리는 기도마저 듣지 않으시는 것입니다.

지금 우리나라는 가라앉는 배에 비유될 정도로 심각한 위기에 처해 있습니다. 개혁을 외친 문민 정부가 더 타락했다는 사실 때문에 국민의 실망과 분노와 원망이 극에 달한 것 같습니다. 한보가 특혜 대출을 받은 총액이 자그마치 5조 원을 넘는다고 합니다. 이것은 우리 같은 사람들은 상상도 못할 거액입니다.

저는 어떤 목사님으로부터 5조 원이 어느 정도의 액수인지 실감나게 들은 적이 있습니다. 잠실 주경기장에서 축구 경기가 열린다고 해봅시다. 이 주경기장을 가득 채울 경우 5만 명 정도가 들어간다고 합니다. 5조 원은 축구 경기 관람을 마치고 나가는 5만 명의 관중들에게 한 사람당 1억 원씩 나누어 줄 수 있을 정도의 액수입니다. 그 많은 돈이 나라의 기간 산업을 튼튼하게 세우는 일에 제대로 쓰여졌다면 그나마도 다행이었을 것입니다.

그러나 5조 원 중에 소위 말하는 '비자금'으로 돌렸다고 의혹을 받고 있는 돈이 수천억 원이라고 합니다. 수천억 원이라면 한 사람당 1억씩이라고 계산해도 정계, 금융계, 공무원 세계의 지도급 인사 가운데 수천 명이 그 악덕 기업인에게서 돈을 받고 그의 손을 들어 주었다는 이야기가 됩니다. 그러니 소위 '정 리스트'에 이름이 오르내리는 사람들이 자기들만 애꿎게 걸려들었다는 말을 하는 것입니다.

솔직히 그의 돈을 안 받은 사람이 있으면 나와 보라고 할 정도로 우리 사회는 정치계와 금융계, 교육계, 심지어 종교계까지 썩어 있습니다. 종교계 하면 그래도 거룩하고 깨끗해야 되지 않습니까? 기독교 하면 그래도 뭔가 살아 있는 양심의 최후의 보루여야 하지 않습니까? 그러나 돈의 무서운 마수에 빠져 주의 종들조차 썩어 가고 있는 것이 우리의 현실입니다.

저는 지난 어린이날 텔레비전에서 초등학교 남학생 몇 명을 세워 놓고 인터뷰하는 것을 본 적이 있습니다. 리포터가 아이들에게 이렇게 물었습니다. "너희들은 요즈음 어른들을 어떻게 생각하니?" 그랬더니 한 아이가 침착한 어조로 이렇게 말했습니다. "어른들이 계속 이런 식으로 하면 우리가 존경하지 못할 것 같아요!" 저는 참 무서운 말이라고 생각했습니다. 이게 바로 아이들의 눈에 비친 우리 어른들의 모습입니다. 우리는 이러한 현실 앞에 옷을 찢고 가슴을 쳐야 마땅할 것입니다.

어떻게 할 것인가?

솔직히 저는 이런 내용의 설교를 하고 싶지 않았습니다. 우선 저 자신에게 은혜가 안 될 뿐더러, 교회 안에는 이 설교를 들어야 할 사람들보다 듣지 않아도 바르게 사는 사람들이 더 많기 때문입니다.

사실 교회 안에는 일일이 열거하기도 힘든 많은 불이익을 당하면서도 끝내 봉투 건네 주기를 거부하고 착실하게 사업하는 기업인들이 많이 있습니다. 박봉을 받으면서도 뇌물의 유혹에 굴하지 않고 오히려 한직을 지원하여 하나님 앞에서 자기 양심을 지키는 공무원들도 많습니다. 촌지를 받지 않기로 하나님과 약속하고 주위 동료들의 눈총을 받으면서 묵묵히 자기 길을 걸어가고 있는 멋진 교육자들도 상당수 있습니다.

그러나 설교는 교인만을 상대로 해서 전하는 것이 아닙니다. 사회와 국가를 향해 외치는 하나님의 진리요, 선지자의 외침이기도 합니다. 그래서 저는 부패한 이 사회를 놓고 교회가 어떻게 해야 할 것인가를 가르치기 위해서라도 뇌물에 대해 설교를 해야겠다고 생각했습니다.

기독교 역사를 보면 사회가 썩어서 악취를 낼 때 교회가 제 구실을 잘 감당한 적이 거의 없는 것 같습니다. 이러한 때 교회가 세상을 향해서 "너는 너고, 나는 나다."는 식으로 처신할 수 있을 것입니다. 그러나 자신의 거룩에만 만족하고 세상에 대해서는 무관심해도 좋다면 도대체 교회가 이 세상에 존재해야 할 이유가 무엇입니까? 그렇다고 해서 "너 좋고, 나 좋자."는 식으로 행동할 수 있겠습니까? 그럴 수 없습니다. 믿는 자는 "세상이 다 그런데 뭐!" 하면서 세상과 똑같이 행동해서는 안 됩니다. 그러다가는 교회가 정체성을 잃고 이 세상에서 그 존재 기반마저 잃을 수 있기 때문입니다.

그러면 교회가 권력을 등에 업고 세상을 정화시키겠습니까? 이것은 굉장한 유혹이 아닐 수 없습니다. 우리는 장로가 이 나라의 대통령이 되었을 때 이러한 기대에 부풀었던 적이 있습니다. '이제 장로 대통령을 통해서 이 사회 구석구석의 썩은 곳들이 다 청소되고 그릇된 제도와 관행들도 모두 고쳐질 것이다. 기독교의 강력한 힘이 사회 전반에 미치게 되어 이 사회가 하나님 보시기에 의로운 사회로 개선될 것이다.'

그러나 지금 우리의 처지는 어떻습니까? 세상 권력을 등에 업는 교회는 그 권력 때문에 반드시 망한다는 준엄한 역사의 교훈을 새삼스럽게 상기하지 않을 수 없게 되었습니다. 그래서 어떤 사람들은 우리가 세상과 끊임없는 전투를 해야 한다고 주장합니다. 사사건건 그들을 정죄하고 충돌해서 믿는 자의 색깔을 분명히 드러내야 한다는 것입니다. 이것은 얼핏 보기에는 대단히 멋진 방법 같습니다. 그러나 세상에 대해 그런 식으로 나가다 보면 일반 직장에서 살아남을 그리스도인은 한 사람도 없을 것입니다. 그렇게 되면 교회가 이 사회에서 발붙일 곳을 모두 잃어버리고 고립되리라는 것은 충분히 상상하고도 남는 일입니다.

그러면 도대체 어떻게 해야 한다는 말입니까? 뇌물로 인해 공권력이 흔들리고 양심이 마비되어 가고 있는 이 마당에 교회가 어떻게 해야 병든 사회를 치료하고 이 나라를 위기에서 구할 수 있을까요? 이것은 보통 어려운 질문이 아닙니다. 그러나 한 가지 분명하게 말할 수 있는 것은 우리 예수 믿는 사람들이 부패한 사회에서 그 영향력을 강화하는 방법 외에는 다른 길이 없다는 사실입니다. 다시 말해 우리가 더 밝은 빛이 되고, 더 짠맛을 내는 소금이 되어서 기독교의 영향력이 사회 구석구석에까지 미치게 만들어야 한다는 것입니다. 이것 외에 다른 길은 없습니다.

손을 깨끗이 하라

그러기 위해서는 몇 가지 과정이 필요합니다. 우선 우리 자신부터가 손을 깨끗이 해야 합니다. 뇌물을 주지도 말고 받지도 말아야 합니다. 내 손이 깨끗하지 않으면서 어떻게 이 사회를 바로잡을 수 있겠습니까? 시편 26편을 쓴 시인은 이렇게 기도했습니다.

"그들의 손에 사악함이 있고 그들의 오른손에 뇌물이 가득하오나 나는 나의 완전함에 행하오리니 나를 속량하시고 내게 은혜를 베푸소서"(시 26:10-11).

세상 사람들의 손에는 뇌물이 가득합니다. 그러나 시인은 자기의 완전함에 행하겠다고 고백합니다. "나의 완전함에 행한다."는 말은 자기 손을 뇌물로 더럽히지 않겠다는 뜻입니다. 먼저 우리 스스로 손을 깨끗이 해야 하는 것입니다.

이 말씀 앞에 가책을 받으시는 분이 있다면 하나님 앞에 회개하십시오. 뇌물을 받고 한보에 거액을 대출해 준 은행장들을 생각해 보십시오. 만약 그들이 그 자리에서 쫓겨나는 한이 있어도 뇌물을 거절하고 자기를 지켰더라면 은행도 살고 자기도 살았을 것입니다.

그러나 그들은 자기 손을 깨끗하게 지키지 못했습니다. 처음 받을 때는 갑부가 되는 것처럼 느꼈을지 모르지만 이제 그들은 가지고 있는 것을 다 뺏기고 자신은 물론이고 자식들조차 얼굴을 들고 살 수 없게 만들어 버렸습니다. 손을 깨끗이 하면 지금 당장은 손해를 볼지 모르지만 결국은 우리에게 복이 될 것입니다.

경건의 은혜를 보여 주라

더 나아가 우리는 손을 깨끗이 하고 살면서 하나님으로부터 받는 은혜를 세상 사람들에게 보여 주어야 합니다. 그래서 그들이 정직하게 사는 삶의 행복을 보고 느낄 수 있도록 해야 합니다. 다시 말해 경건의 은혜가 세상 사람들에게 좀 더 실감나게 알려지도록 해야 한다는 말입니다.

뇌물을 안 주고 안 받다 보면 현실적으로 많은 어려움을 당할 수 있습니다. 교육비를 마련하기 힘들어 자녀 교육에 남들만큼 투자하지 못할지도 모릅니다. 폭등하는 전셋값을 마련하지 못해 여러 번 이사를 다녀야 할지도 모릅니다.

그럼에도 불구하고 우리가 환한 얼굴로 행복하게 산다면 그들은 우리를 보며 이렇게 생각할 것입니다. '봉투를 받지 않아서 가난하게 사는데도 저 가정은 어쩌면 저렇게 얼굴이 밝고 행복해 보일까? 정말 아름답다. 나도 저렇게 살아 봤으면 좋겠다.'

우리가 그들에게 경건한 삶에 임하는 하나님의 은혜를 보여 준다면 세상 사람이 절대 갖지 못한 만족과 기쁨을 보여 준다면 세상 사람들은 이와 같이 감동을 받게 되어 있습니다. 그럴 때 기독교의 감수성이 이 사회 전반에 흘러 넘치게 될 것입니다. 세상 사람들의 반응이 달라질 것입니다.

한때 텔레비전에 나오는 박카스 광고가 세간의 화제가 된 적이 있습니다. 이른 새벽 어떤 환경 미화원이 쓰레기를 가득 담은 수레를 끌고 가는데 그 뒤에서 대학 다니는 아들이 그 수레를 밀어 줍니다. 아버지가 뒤를 돌아보면서 이렇게 말합니다. "얘야, 힘들지 않니?" 그러니까 그 아들은 이렇게 대답합니다. "뭘요. 아버지는 매일 하시는 일인걸요." 너무나 애정이 넘치는 얼굴로 다정하게 대화를 주고받는 그 장면이 사람들의 마음을 사로잡은 것입니다.

사람들은 처음에 '야, 참 연기 실감나게 잘한다.' 라고만 생각했는데 나중에 두 사람이 진짜 부자 사이라는 사실이 밝혀지자 더 많은 감동을 받았습니다. 그러다 보니 신문에서도 이들에 대해 특집 기사를 쓰기까지 했습니다.

아버지인 박선치 씨는 강동 구청 소속 환경 미화원입니다. 그는 원래는 시장에서 옷가게를 했었는데 가게가 잘못되는 바람에 10년 전부터 환경 미화원 일을 하게 되었다고 합니다. 그러나 자녀들에게는 구청에 근무하는 공무원이라고만 알렸습니다. 그런데 큰아들인 상호 군이 고2가 되더니 빗나가기 시작했습니다. 아버지가 아무리 권면해도 말을 안 듣는 것이었습니다.

그러던 어느 날 아버지는 용단을 내렸습니다. 삼 남매를 불러 놓고 자신이 환경 미화원이라는 사실을 털어놓았습니다. "나는 사실 공무원이 아니란다. 아침마다 도로를 청소하는 청소원이야. 내가 지난 10년 동안 남들이 마다하는 그 일을 하며 너희들을 키웠는데 이러면 되겠니?" 그날 밤 온 식구가 끌어안고 밤새도록 울었습니다. 이 일을 계기로 빗나가던 상호 군은 마음을 잡게 되었고, 열심히 공부한 결과 대학에 입학하게 되었다고 합니다.

이 광고를 만든 MBC 애드컴은 삭막해진 이 사회에서 부자가 서로 아끼고 자랑스러워하는 행복한 가정의 모습을 부각시켜야겠다는 생각에서 환경 미화원과 그의 아들이 수레를 끌고 가면서 다정하게 대화를 나누는 장면을 기획했다고 합니다. 가상 인물은 실제 인물에 비해 아무래도 감동이 덜한 법입니다. 그래서 애드컴은 서울시 각 구청에 대학생 자녀를 둔 환경 미화원을 소개해 달라고 요청했습니다.

그러나 한 달 넘게 지원자가 없어 광고 제작을 거의 포기하려고 했는데, 그때 박상호 군이 지원을 한 것입니다. 상호 군은 애드컴 관계자에게 이런 말을 했다고 합니다. "어려운 형편이지만 우리 가정은 어느 가정보다 행복해요. 부모님의 부지런함이 언제나 저를 가르치고 단련시켰습니다. 맡은 일에 최선을 다하시고, 땀흘려 번 정직한 돈으로 저를 키워 주신 아버지를 존경합니다." 길에서 쓰레기 치우는 사람이 되고 싶은 사람은 아무도 없습니다. 힘들고 천한 일이라 기피하는 것입니다. 그러나 박선치 씨 부자는 비록 그런 일을 하며 살지라도 그 속에서 감동이 솟아날 수 있다는 것을 분명하게 보여 주었습니다.

예수 믿는 사람이라면 세상 사람들에게 바로 이런 감동을 줄 수 있어야 합니다. 내가 뇌물 안 받고 안 주는 것으로 만족하면 안 됩니다. 우리가 뇌물을 안 받아서 그리 부유하게 살지는 못하지만 그러한 삶 속에서도 어떤 행복과 기쁨을 누리는가를 보여 줄 수 있어야 하는 것입니다.

우리가 자주 부르는 찬송가 가운데 이런 가사가 있습니다.

"좁은 길을 걸으며 밤낮 기뻐하는 것 주의 영이 함께 함이라."
그리스도인은 좁은 길을 걸어도 밤낮 기뻐하는 사람들입니다.
가난해도, 수입이 적어도, 다른 사람들보다 진급이 늦어져도
하나님 보시기에 정직한 삶을 사는 것이 얼마나 기쁘고 감격
스러운 것인지 보여 주어야 합니다.

당장은 우리 자녀들이 남보다 뒤처지는 것처럼 보이지만 하나님께서 오른손을 높이 드셔서 권능을 베푸시고 복을 주시면 이 자녀들의 장래가 밝아진다는 것을 기억합시다. 하나님께서 복을 주셔야 우리 후손이 번창합니다. 하나님께서 복을 주셔야 우리 가정이 은혜를 받습니다. 우리가 정직하게 사느라 비록 적은 소득밖에 얻지 못한다 하더라도 이와 같이 밤낮 기뻐하는 모습을 보여 줄 때에 세상 사람들이 감동을 받고 '야, 나도 봉투를 거절하고 저 사람처럼 살아야 되겠다.' 하는 마음을 가지게 될 것입니다.

선지자의 목소리를 내라

우리는 선지자의 목소리를 내야 합니다. 교회는 세상에서 비상벨 역할을 해야 합니다. 나쁜 것은 나쁘다고 말해야 합니다. 위험하면 위험하다고 소리쳐야 합니다. 사람들이 망하는 길로 가면 그들을 가로막고 말려야 합니다. 비행기를 타고 가는데 어떤 정신나간 사람이 비상구를 연다고 생각해 보십시

오. 그걸 보면서도 내 일이 아니라고 방관하고 있을 사람이 누가 있습니까?

잠비아의 전(前) 대통령이 이런 말을 한 적이 있습니다. "국가가 무엇보다 필요로 하는 것은 궁전에 있는 기독교 통치자가 아니다. 세상을 향해 목소리를 높이는 기독교 선지자다." 정곡을 찌르는 말이라고 봅니다. 이 나라를 정직한 나라로 만드는 것은 예수 믿는 지도자가 아니라 부패한 세상을 향해서 경종을 울리는 기독교 선지자들인 것입니다.

아내는 남편에게 이렇게 속삭여야 합니다. "여보, 가난해도 괜찮아요. 부정한 돈은 절대 받지 마세요!" 이 한마디에 남편이 얼마나 용기를 얻겠습니까? 자녀는 부모에게 이렇게 말해야 합니다. "아빠, 엄마. 우리 용돈 많이 안 받아도 괜찮아요. 하나님 말씀대로 거룩하고 깨끗하게 살아요." 이 한마디에 축 처졌던 부모의 어깨가 얼마나 펴지겠습니까?

부모는 자녀에게 이렇게 말해야 합니다. "얘들아, 요즈음 많이 힘들지? 하지만 아빠의 직장이 이런 데란다. 우리가 하나님 말씀대로 살려면 어쩔 수가 없지 않니? 한푼이라도 아끼면서 우리 신나게 살아 보자!" 이 말을 듣고 자녀가 부모의 정직한 삶에 감동을 받고 부모를 존경하며 따르지 않겠습니까? 아무도 이러한 가정의 행복을 빼앗을 수 없을 것입니다.

직장에서 상사가 부하 직원에게, 부하 직원이 상사에게 이렇게 말해야 합니다. "상납은 받지도 말고 주지도 맙시다. 우리 정직하게 일해 봅시다." 그럴 때 이 사회가 정직한 사회로 바뀔 수 있는 것입니다.

　가라앉는 배와 같은 이 나라의 처지를 안타까워한다면 우리 자신부터 하나님의 말씀대로 살아야 합니다. 뇌물로부터 손을 깨끗이 해야 합니다. 그리고 비록 가난하게 살아야 할지 모르지만 깨끗한 손으로 정직하게 사는 삶이 얼마나 행복하고 기쁜 것인지 사람들에게 알려야 합니다. 그들에게 경건의 은혜를 보여 줌으로 감동을 주어야 합니다. 경우에 따라서는 세상 사람들에게 비상벨을 울려야 합니다. 그럴 때 이 나라가 소망이 있습니다. 이 사회가 정직한 사회가 될 것입니다. 하나님께서 우리 모두를 이 시대에 위대한 선지자로, 이 시대에 위대한 등불로 크게 사용해 주시기를 간절히 기도합니다.

Chapter 9

성숙이 필요한 사회

"이에 왕이 제사하러 기브온으로 가니 거기는 산당이 큼이라 솔로몬이 그 제단에 일천 번제를 드렸더니 기브온에서 밤에 여호와께서 솔로몬의 꿈에 나타나시니라 하나님이 이르시되 내가 네게 무엇을 줄꼬 너는 구하라 솔로몬이 이르되 주의 종 내 아버지 다윗이 성실과 공의와 정직한 마음으로 주와 함께 주 앞에서 행하므로 주께서 그에게 큰 은혜를 베푸셨고 주께서 또 그를 위하여 이 큰 은혜를 항상 주사 오늘과 같이 그의 자리에 앉을 아들을 그에게 주셨나이다 나의 하나님 여호와여 주께서 종으로 종의 아버지 다윗을 대신하여 왕이 되게 하셨사오나 종은 작은 아이라 출입할 줄을 알지 못하고 주께서 택하신 백성 가운데 있나이다 그들은 큰 백성이라 수효가 많아서 셀 수도 없고 기록할 수도 없사오니 누가 주의 이 많은 백성을 재판할 수 있사오리이까 듣는 마음을 종에게 주사 주의 백성을 재판하여 선악을 분별하게 하옵소서 솔로몬이 이것을 구하매 그 말씀이 주의 마음에 든지라 이에 하나님이 그에게 이르시되 네가 이것을 구하도다 자기를 위하여 장수하기를 구하지 아니하며 부도 구하지 아니하며 자기 원수의 생명을 멸하기도 구하지 아니하고 오직 송사를 듣고 분별하는 지혜를 구하였으니 내가 네 말대로 하여 네게 지혜롭고 총명한 마음을 주노니 네 앞에도 너와 같은 자가 없었거니와 네 뒤에도 너와 같은 자가 일어남이 없으리라 내가 또 네가 구하지 아니한 부귀와 영광도 네게 주노니 네 평생에 왕들 중에 너와 같은 자가 없을 것이라 네가 만일 네 아버지 다윗이 행함 같이 내 길로 행하며 내 법도와 명령을 지키면 내가 또 네 날을 길게 하리라 솔로몬이 깨어 보니 꿈이더라 이에 예루살렘에 이르러 여호와의 언약궤 앞에 서서 번제와 감사의 제물을 드리고 모든 신하들을 위하여 잔치하였더라"(열왕기상 3:4-15).

예수 믿는다고 해서 자동적으로 선악을 분별할 수 있게 되는 것이 결코 아닙니다. 하나님의 말씀을 꾸준히 받아 먹고 속사람이 성장하는 단계를 거쳐야 선악을 분별할 수 있는 온전한 그리스도인이 되는 것입니다.

솔로몬은 이스라엘의 3대 왕이자 이스라엘 최고의 전성기를 이루었던 위대한 왕입니다. 그는 즉위한 지 얼마 되지 않아 기브온에 있는 산당에서 하나님께 일천 번제를 드렸습니다(4절). 일천 번제를 문자적으로 해석해야 할지 아니면 대단히 거창한 제사를 가리키기 위한 상징적인 표현으로 보아야 할지를 놓고 성경 학자들 사이에 의견이 분분하지만, 분명한 것은 하나님 앞에 정성을 다해 드린 제사였다는 사실입니다.

솔로몬은 일천 번제를 드린 바로 그날 밤 꿈에서 하나님으로부터 이와 같은 음성을 들었습니다.

"내가 네게 무엇을 줄꼬 너는 구하라"(왕상 3:5).

무엇을 구하든지 다 들어주시겠다는 것입니다. 그러자 그는 서슴없이 이렇게 대답했습니다. "주여, 저는 작은 아이입니다. 이 많은 백성을 맡아 다스릴 수 없사오니 선악을 분별할 수 있도록 지혜로운 마음을 주옵소서"(7-9절). 그는 자기를 일컬어서 '작은 아이'라고 고백했습니다. 나이가 어리다는 말이 아닙니다.

열왕기상 11장 42절에 따르면 그는 40년 동안 이스라엘 나라를 다스렸습니다. 역대하 12장 13절을 보면 그의 아들 르호보암이 그를 이어 왕이 되었을 때의 나이가 마흔한 살이었습니다. 따라서 솔로몬은 왕으로 즉위하기 이전에 이미 르호보암을 낳았다고 볼 수 있습니다. 이로 볼 때 일천 번제를 드릴 당시 그의 나이는 최소한 20대 초반은 되었으리라는 추측이 가능한 것입니다.

그렇다면 그는 왜 자신을 '작은 아이'라고 말했을까요? 본문 말씀을 앞뒤로 자세히 살펴보면 '지혜가 부족한 자'라는 뜻임을 알 수 있습니다. 나이가 적은 사람은 연장자에 비해 지혜가 부족할 수밖에 없습니다.

"늙은 자에게는 지혜가 있고 장수하는 자에게는 명철이 있느니라"(욥 12:12).

솔로몬은 이 말씀을 진리로 받아들였습니다. 그는 요즈음 젊은 사람들과는 달랐습니다. 요즈음의 젊은 세대들은 기성세대들을 지혜나 분별력도 없고 시대에 뒤떨어진 퇴물 대하듯 합니다. 선악을 분별하고 옳은 일을 판단하는 면에 있어서 기성세대들보다 자신들이 훨씬 앞선다고 착각하고 있습니다. 그러나 솔로몬은 자신에게 지혜가 부족하다는 사실을 겸손하게 받아 들였습니다. 이것은 그가 하나님께 선악을 분별할 수 있는 지혜를 달라고 간구한 사실에서도 분명히 드러납니다. 하나님께서는 겸손하게 지혜를 구한 그에게 전무후무한 지혜를 주셨을 뿐 아니라 그가 구하지 아니한 장수와 부귀와 영화까지 주셨습니다(11-13절). 이것이 본문 말씀의 요지입니다.

솔로몬의 통치 철학

우리가 솔로몬을 통해 배울 수 있는 교훈이 몇 가지 있습니다. 첫째, 올바른 통치 철학이 무엇인가 하는 것입니다. 통치 철학이 우리와 무슨 상관이 있느냐고 생각할 수 있습니다. 통치 철학은 정치가들에게나 해당된다고 말할 수 있습니다. 그러나 우리가 올바른 통치 철학에 대해 분명히 알아 두어야 할 충분한 이유가 있습니다. 오늘날에는 예전과 달리 우리 손으로 직접 나라를 다스릴 지도자를 뽑기 때문입니다. 우리가 정치 지도자를 제대로 뽑기 위해서라도 무엇이 올바른 통치 철학인지 정도는 분명히 알고 있어야 합니다.

솔로몬은 왕위에 오르자마자 한 가지 질문에 골몰했습니다. '어떻게 하면 이 나라를 번영하게 만들고 이 백성을 행복하게 만들 수 있을까?' 많은 고민 끝에 그는 이런 결론에 도달했습니다. '이 나라 백성들을 정말 행복하게 하고 이 나라를 부강하게 만드는 길은 평화도 아니요, 부도 아니요, 장기 집권도 아니다. 이 나라에 하나님께서 기뻐하시는 정의와 공평을 세우는 것만이 최선의 길이다.' 그래서 "무엇을 주기 원하느냐."는 하나님의 질문에 서슴없이 이렇게 대답할 수 있었던 것입니다.

"듣는 마음을 종에게 주사 주의 백성을 재판하여 선악을 분별하게 하옵소서"(왕상 3:9).

상식적으로 볼 때 나라의 경제가 부흥해야 백성들이 잘살고 행복할 수 있지 않습니까? 그러나 그는 부를 구하지 않았습니다. 나라가 군사적으로 강해야 적국의 위협을 무찌르고 평화를 누리며 번영할 수 있지 않겠습니까? 그러나 그는 원수의 생명을 멸해 달라고 구하지도 않았습니다. 강력한 군사력으로 평화를 이룬다고 해서 백성들이 행복해지는 것은 아니기 때문입니다. 아무리 경제적으로 번영하고 정치적으로나 군사적으로 평화를 누리게 된다 하더라도 선악이 뒤바뀐 사회가 되면 결코 행복할 수 없습니다.

"악을 선하다 하며 선을 악하다 하며 흑암으로 광명을 삼으며 광명으로 흑암을 삼으며 쓴 것으로 단 것을 삼으며 단 것으로 쓴 것을 삼는 자들은 화 있을진저"(사 5:20).

솔로몬은 선악을 비롯한 모든 가치들이 전도된 사회가 되면 결국 하나님의 진노를 받아 망하게 되리라는 것을 분명히 알고 있었습니다. 그래서 그는 무엇보다 이스라엘을 도덕과 양심이 살아 있는 나라로 만들고자 했습니다. 도덕적으로 건전한 나라가 되어 선악이 분명히 구분되고, 공의가 든든히 서는 사회가 될 때 비로소 번영과 행복을 누릴 수 있다고 생각했기 때문입니다(잠 29:4).

오늘날 우리나라의 정치 지도자들은 어떻습니까? 제1공화국으로부터 지금에 이르기까지 역대 통치자들 중에 비극적인 종말을 맞지 않은 사람이 누가 있습니까? 참으로 부끄러운 일이 아닐 수 없습니다.

그런데 그런 종말을 맞이한 이유가 다른 데 있다고 보지 않습니다. 그들에게는 솔로몬의 통치 철학이 없었습니다. 어떤 이는 공산주의만 몰아내면 나라가 안녕 가운데 번영할 것이라고 믿고 반공을 최우선 과제로 삼았습니다. 또 어떤 이는 경제 부흥을 최대의 과제로 내세웠습니다. 민주화와 통일을 국가

지도력의 최우선 과제로 삼고 열을 올린 이들도 있었습니다. 그 결과 우리나라가 공산주의를 막아냈고 거지 나라 신세를 면하게 되었으며 상당한 정도로 민주화를 이루었다는 사실은 부인하지 않습니다.

그러나 사회에 만연해 있는 불신과 부정부패, 타락 풍조로 인해 우리 모두가 얼마나 진통을 겪고 있습니까? 얼마나 많은 돈 없는 사람들이 무고하게 피해를 당해 피눈물을 흘리며 신음하고 있습니까? 이 모든 것은 선악을 분별하는 도덕성을 우습게 여긴 정치 지도자들과 우리 모두의 어리석음이 자초한 것입니다. 따라서 우리는 솔로몬의 통치 철학을 깊이 되새겨 볼 필요가 있습니다.

해리 트루먼 대통령은 6·25 전쟁과 밀접하게 관계된 사람이어서 우리가 그 이름을 익히 기억하고 있습니다. 그는 대통령에 취임할 때 이렇게 기도했다고 합니다. "지혜로운 마음을 종에게 주사 주의 백성을 재판하며 선악을 분별하게 하옵소서." 솔로몬의 기도를 자신의 기도문으로 삼았던 것입니다. 미국의 장래가 도덕성에 달려 있다는 사실을 누구보다 분명히 인식하고 있었기 때문입니다.

당시 언론이나 여론은 그가 위대한 미국을 위한 거창한 기도를 하기보다 단순하기 그지없는 솔로몬의 기도를 읊은 데 대해 비난을 퍼부었습니다. 그러나 수십 년이 지난 지금 그에 대한 평가가 얼마나 달라졌습니까? 그는 사람들의 마음속에 존경받는 대통령의 한 사람으로 기억되고 있습니다.

우리나라에도 트루먼과 같은 멋있는 지도자들이 많이 나왔으면 좋겠습니다. 이 나라 백성들이 선과 악을 분별할 수 있는 지혜로운 마음을 지도자의 으뜸가는 자질로 알고 그런 지도자를 뽑는 수준 높은 백성이 되었으면 좋겠습니다. 관권 선거나 금권 선거를 추방하여 모든 사람들이 깨끗하게 승복할 수 있는 선거 풍토를 만드는 것도 참 중요한 일입니다.

그러나 선악을 분별할 수 있는 정상적인 양식을 갖춘 사람을 지도자로 뽑는 것은 그보다 더 중요합니다. 그가 어느 정당에 속해 있고, 어떤 지역 출신이며, 무슨 학교를 나왔는지 따지지 맙시다. 이런 것들은 모두 우리의 눈을 어둡게 해서 판단을 그르치게 하는 망상들에 불과합니다. 우리가 따져야 할 것은 그가 지도자로서 얼마나 양심껏 일할 수 있는 사람인가 하는 것입니다.

만일 아무리 찾아도 그럴 만한 자질을 갖춘 사람이 안 보인다면 그중에서 그래도 가장 나은 사람을 찾아야 할 것입니다. 맘에 드는 사람이 없다고 해서 투표권을 포기해 버리면 안 됩니다. 주변에서 자기는 산으로, 들로 놀러 가느라 투표도 안 했으면서 지도자로 당선된 자가 조금이라도 정치를 잘못하면 욕하고 비판하기에 바쁜 사람들을 많이 봅니다. 그러나 예수 믿는 우리들은 그렇게 해서는 안 됩니다. 누가 솔로몬처럼 올바른 통치 철학을 가지고 있는지 살펴보고 가장 근접한 사람을 지도자로 뽑아야 할 것입니다.

선악을 분별하기 힘든 세상

둘째, 선악을 분별하기란 결코 쉽지 않습니다. 요즘 지도자들은 권력을 손에 쥐고 나면 자기의 모든 생각이나 말이 곧 민심이요, 천심인 것으로 착각하는 경향이 있습니다. 다시 말해 온 국민이 불평을 하며 저항을 하고 있는데도 자기의 말이나 생각만 옳다고 여기는 것입니다.

그러나 솔로몬은 달랐습니다. 그는 대권을 손에 쥐었음에도 선과 악을 구별하는 일이 얼마나 어려운 것인가를 솔직히 인정했습니다. 그의 곁에 훌륭한 참모가 없었던 것이 아닙니다. 훌륭한 제사장도 있었고 그의 손에는 언제나 율법책이 들려 있었습니다.

그럼에도 그는 선과 악을 구별하는 것은 그것만으로는 안 된다는 사실을 인정했습니다. 그리고 20대 초반의 젊은이로서 비교적 때묻지 않은 순수한 양심을 가지고 있었지만 그것으로도 선과 악을 분별하기에는 충분하지 못하다고 보았습니다.

우리가 잘 아는 바와 같이 세상에서 악만큼 교묘한 것이 없습니다. 악의 특징들 가운데 빼놓을 수 없는 한 가지는 '위장(僞裝)'일 것입니다. 악이 악으로만 나타나면 악을 가려내는 것은 그리 어렵지 않을 것입니다. 그러나 많은 경우 악은 선의 모습으로 위장해서 나타납니다. 그래서 선과 악을 구별하는 일이 생각보다 쉽지 않다는 사실을 우리는 경험을 통해 잘 알고 있습니다.

오늘날은 솔로몬 시대보다 훨씬 더 복잡하고 혼란스럽습니다. 악도 그 종류가 더 다양해졌고 훨씬 더 교묘해졌습니다. 교통과 통신의 혁명적인 진보로 인해 세계 여러 나라들로부터 홍수같이 쏟아져 들어온 다양한 윤리관들로 인해 가치관의 혼동 현상이 빚어지고 있습니다.

그 결과 선악의 기준은 점점 더 모호해졌고 우리의 판단 능력도 흐려지게 된 것을 부인할 수 없습니다. 이런 현상에 대해 철학자들은 일련의 책임을 면할 수 없을 것 같습니다. 그들은 절대적 가치를 부정하고 상대적 가치를 주장합니다. 자기에게 좋은 것은 선이고 싫은 것은 악이라는 것입니다.

이와 같은 상대적 가치관은 도덕과 양심을 정면으로 부정하는 것입니다. 이러한 환경 속에서 선악을 분별하는 눈은 자연히 더 어두워질 수밖에 없는 것입니다.

요즈음 젊은 사람들은 입버릇처럼 "지금이 어떤 세상인데…"라며 기성세대를 거부합니다. 기성세대의 말이 설사 옳다고 할지라도 일단 거부하고 보는 것이 젊음의 특권인 양 생각합니다. 그들은 문구류 하나를 사도 일제를 고집합니다. 청바지를 입어도 미국이나 일본에서 현지보다 몇 배나 비싸게 들여오는 청바지를 입습니다. 값비싼 수입품은 대한민국 국민의 양심상 절제해야 마땅하지만 그들은 자신들의 행동이 옳은지 그른지 전혀 따져 보지 않습니다.

요즈음 대학생들 사이에서 소위 '의식'이 사라지고 있다고 합니다. 몇 해 전까지만 해도 독재 정권에 맞서서 '어떻게 하면 이 땅에 민주화를 이룰 수 있을까?' 하고 고민하며 아파했지만 이제는 그러한 의식이 다 사라져 버렸다는 것입니다.

학생 운동이 왜 날로 폭력화된다고 생각하십니까? 의식이 사라져 가고 있기 때문입니다. 의식이 빈 만큼 시위가 폭력화되는 것입니다. 선이냐 악이냐를 따지며 고민하기 싫으니까 일단 행동으로 거부하고 보자는 것입니다. 자신이 한 행동에 대해 별로 가책을 느끼지도 않습니다. 악을 행하면서도 악인 줄 모르기 때문입니다. 그만큼 시대가 흘러갈수록 선악을 분별하기가 더 힘들어지는 것입니다.

모 일간지에서 사회 윤리 의식 성향 조사 결과를 분석해 놓은 기사를 읽은 적이 있습니다. 그 기사 중에서 특히 시선을 끄는 대목이 하나 있었습니다. "요즘은 무엇이 옳고 그른지를 판단하기가 힘들다."는 질문에 '그렇다'고 답한 사람이 응답자의 71퍼센트나 된다는 사실입니다. 우리나라 사람들 열 명 중 일곱 명이 선악을 제대로 구별하지 못한다니 충격적인 일이 아닐 수 없습니다. 대부분의 사람들이 세상 돌아가는 대로, 다수가 옳다고 생각하는 대로 세상을 살아가고 있다는 것입니다.

현대 사회는 시간이 아니라 분, 초를 다투는 시대를 향해 달려가고 있습니다. 하루가 다르게 세상이 달라져 잠시라도 한 눈을 팔면 도저히 따라잡기 힘들 정도가 되어 버렸습니다. 이러한 추세는 갈수록 더 심해질 것입니다. 그래서 결과적으로 이 사회는 날로 더 복잡해지고 애매모호해 질 것이 틀림없습니다.

그러므로 우리는 솔로몬처럼 겸손하게 선악을 분별할 지혜가 부족하다는 사실을 솔직히 인정해야 합니다. 예수를 믿기만 하면 자동적으로 선악을 쉽게 분별할 수 있게 된다고 생각하면 크나큰 오해입니다.

"스스로 지혜롭다 하며 스스로 명철하다 하는 자들은 화 있을진저"(사 5:21).

조용히 자신의 삶을 돌이켜보십시오. 선악을 제대로 분별하지 못해서 애매모호하게 행동한 적이 얼마나 많았습니까? 우리가 양심의 소리에 귀기울인다면 솔로몬처럼 하나님 앞에 엎드려 선악을 분별할 수 있는 지혜를 간구할 수밖에 없을 것입니다.

지혜로운 마음을 얻는 비결

셋째는, 하나님께서 주시는 지혜로운 마음을 받아야만 합니다. 솔로몬은 하나님께 선악을 분별할 수 있는 지혜로운 마음 주시기를 간구했습니다(9절). '지혜로운 마음'은 히브리어로 '렙 쇼메아'인데 직역하면 '듣는 마음'입니다. 솔로몬은 무엇을 듣기 원했을까요? 인간 지혜자의 말이었을까요? 아닙니다. 그가 구한 것은 '하나님의 음성을 듣는 마음'이었습니다. 그는 하나님의 음성을 들어야 선악을 바로 분별할 수 있다고 생각했습니다.

그러면 우리가 어떻게 하면 이러한 지혜로운 마음을 얻을 수 있습니까? 성경은 우리에게 두 가지 방법을 교훈합니다. 첫째는 기도하는 것입니다.

"너희 중에 누구든지 지혜가 부족하거든 모든 사람에게 후히 주시고 꾸짖지 아니하시는 하나님께 구하라 그리하면 주시리라"(약 1:5).

따라서 우리도 솔로몬처럼 이렇게 간구해야 할 것입니다. "하나님, 선과 악을 분별할 수 있는 지혜가 부족하오니 내 귀를 열어 주셔서 하나님의 음성을 듣게 하여 주옵소서." 솔직히 우리는 이런 기도는 잘 하지 않습니다. 우리 자신이나 가정, 재물을 위해서는 입이 마르도록 간구하면서도 선악을 분별할 수 있는 지혜로운 마음을 달라고 기도하지 않는 것입니다.

하나님께서 솔로몬의 기도를 듣고 얼마나 기뻐하셨는지를 기억할 필요가 있습니다.

"네가 이것을 구하도다 자기를 위하여 장수하기를 구하지 아니하며 부도 구하지 아니하며 자기 원수의 생명을 멸하기도 구하지 아니하고 오직 송사를 듣고 분별하는 지혜를 구하였으니"(왕상 3:11절).

하나님께서는 거의 탄성을 내다시피 하시며 기뻐하셨습니다. 너무나 흡족해 하신 것입니다(10절). 그래서 하나님께서는 그가 구하지 않았던 장수와 부귀 영화까지 다 주셨습니다. 우리도 기왕에 기도할 바에는 하나님의 마음에 쏙 드는 기도를 해야 하지 않겠습니까? "하나님, 저에게 지혜를 주셔서 이 세상을 사는 동안 하나님께서 원하시는 선을 추구하고 의를 행하는 사람이 되도록 지혜로운 마음을 주옵소서."라고 기도해 보자는 말입니다.

둘째로, 성숙한 그리스도인이 되라는 것입니다.

"이는 젖을 먹는 자마다 어린 아이니 의의 말씀을 경험하지 못한 자요 단단한 음식은 장성한 자의 것이니 그들은 지각을 사용함으로 연단을 받아 선악을 분별하는 자들이니라"(히 5:13-14).

그리스도인 가운데는 두 부류가 있습니다. 하나는 어린아이와 같은 그리스도인입니다. 그는 단단한 음식은 먹지 못합니다. 성경 안에는 이해하기 쉽고 듣기 좋고 마음에 드는 말씀도 많지만 깨닫기 힘들고 듣기에 그리 쉽지 않은 말씀도 상당히 많습니다. 믿음이 어린 사람은 자기 귀에 듣기 좋은 말씀만 골라 먹고 쉬운 것만 알아듣게 마련입니다. 그러다 보니 그들은 의의 말씀을 경험해 볼 기회를 한 번도 가지지 못하게 됩니다. 다시 말해 말씀을 듣기는 들어도 실제 삶 속에서 그 말씀의 능력을 체험하지 못하는 것입니다.

다음으로는 성숙한 그리스도인입니다. 히브리서는 이런 사람을 '장성한 자'라고 표현했습니다. 어린아이는 성장해 가면서 차차 단단한 음식도 씹어 먹을 수 있게 됩니다. 이것은 영적인 면에도 그대로 적용됩니다. 우리는 그리스도인으로서 믿음이 점점 더 성숙해져 감에 따라 단단한 음식도 먹을 수 있게 됩니다. 다시 말해 쉬운 말씀을 배울 뿐 아니라 이해하기가 어렵고 듣기에 별로 달갑지 않은 말씀도 열심히 배워 거기서 진리를 깨달으며 생활에 적용할 수 있게 됩니다. 말씀대로 살려다 많은 어려움과 연단을 겪을 수도 있지만 그 말씀의 진리와 능력을 실제로 체험하게 되는 것입니다. 그럴 때 그의 영성이 다듬어지고 속사람이 성숙하게 되는 것입니다.

이와 같이 하나님의 말씀을 부지런히 배우고 깨달아 성숙한 그리스도인이 되면 우리 마음이 온통 말씀으로 가득 차게 됩니다. 그럴 때 세상 만사를 말씀에 입각해서 보는 눈이 열리게 될 것입니다. 아무리 우리 환경이 복잡하고 애매모호하다 해도 하나님의 말씀에 비추어 선악을 분별할 수 있게 될 것입니다. 예수 믿는다고 해서 자동적으로 선악을 분별할 수 있게 되는 것이 결코 아닙니다. 하나님의 말씀을 꾸준히 받아 먹고 속사람이 성장하는 단계를 거쳐야 선악을 분별할 수 있는 온전한 그리스도인이 되는 것입니다.

김신이라는 판사 이야기가 생각납니다. 한번은 그가 자전거를 훔친 어떤 사람을 재판하게 되었다고 합니다. 그는 피고에게 왜 자전거를 훔쳤느냐고 질문했습니다. 그랬더니 그 사람이 얼굴색 하나 안 변하고 너무도 당당하게 이렇게 대답을 하더라는 것입니다. "새벽 기도를 마치고 나와 보니 얼마나 다리가 아픈지 한 발자국도 옮기기가 힘들었어요. 마침 근처에 자전거가 세워져 있길래 그냥 타고 갔을 뿐인데요."

참으로 어처구니없는 일이 아닐 수 없습니다. 그러나 그를 손가락질할 일만은 아닌 것 같습니다. 경우는 다를지 몰라도 우리 역시 이 사람처럼 선악을 분별하지 못하고 나쁜 짓을 저지르는 경우가 많기 때문입니다. 자신에게 조금이라도 유익하다 싶으면 자전거를 훔치는 것과는 비교도 안 될 엄청난 일을 저지르면서도 그게 악이라고 생각하지 않는 것입니다.

악을 대적하라

그리스도인이 천만 명이나 된다는 이 나라가 왜 이렇게 부정 부패가 만연하고 도덕 의식이 실종된 사회가 되었습니까? 숫자가 천만이나 되어도 대부분이 어린아이와 같은 수준의 그리스도인들이기 때문입니다. 자기가 듣기에 유쾌한 말씀은 잘 받아들이면서 정작 실제 생활 현장에서 말씀대로 선을 따라 살아야 할 때는 꽁무니를 빼는 것입니다. 그러므로 우리는 말씀을 골고루 배우고 깨달음으로써 진리를 알고, 선악을 분별할 수 있는 성숙한 그리스도인이 되고자 하는 노력을 게을리하지 말아야 합니다.

러시아의 대문호 솔제니친은 "현대인은 하나님을 잃어 버렸다"라는 글에서 이렇게 말했습니다. "지구 전체를 뒤흔드는 사건들이 꼬리를 물고 일어나 온 인류를 불안에 떨게 만드는 이때, 인류의 존폐를 가름하는 가장 중요하고도 신뢰할 만한 열쇠가 있다면 선악을 구별할 줄 아는 인간의 마음일 것이다."

누가 선악을 구별할 수 있습니까? 불신자들에게 이것을 기대할 수 있겠습니까? 자기 마음에 맞으면 선이고 자기 마음에 맞지 않으면 악이라고 생각하는 사람들에게 선악 분별하기를 기대할 수 있겠습니까? 그럴 수 없습니다. 우리가 이 세상을 향해 진리의 등불을 높이 들고 무엇이 선한 길인지 보여 주어야 합니다.

우리가 지금처럼 세상을 되는 대로 방치해 두어서는 안 됩니다. 지금과 같은 추세라면 머지않아 선악의 구분이 완전히 무너지는 대혼란이 일어날지도 모릅니다. 나 혼자 건강하다고 세상이 평안해질 것이라 생각하십니까? 돈을 많이 모아 두었다고 걱정 없이 살 줄 아십니까? 혼자 출세했다고 해서 모든 것이 형통하게 될 것이라 생각하십니까? 어리석은 생각하지 마십시오. 악을 선이라 하고, 선을 악이라 하는 사회가 되면 그 속에서 사는 삶 그 자체가 지옥과도 같을 것입니다.

언젠가 《크리스챠니티 투데이》(*Christianity Today*)라는 유명한 기독교 잡지에서 독일 교회가 왜 히틀러와 그 악마 같은 정권이 독일을 통치하도록 허용해서 독일을 지상의 지옥으로 만들어 버렸는지에 대해 분석한 글을 읽은 적이 있습니다.

그 글을 쓴 이는 독일 교회가 선악을 분별하는 감각을 잃어버린 데서 그 원인을 찾았습니다. 독일 교회가 히틀러의 기만 전술에 그렇게 쉽게 넘어가게 된 것은 선악을 분별하는 감각이 무디어졌기 때문이라는 것입니다. 히틀러는 권좌에 오르자마자 독실한 그리스도인인 것처럼 위장했습니다. 그는 독일 기독교의 전통적인 토대들을 존중한다고 말했으며 자기 정권은 기독교를 도덕성의 기초로 삼아 올바르게 정치하겠다고 약속했습니다. 그렇게 함으로써 그는 독일 교회와 국민들에게 자신이 하나님 앞에 거룩하고 겸손한 자로 부각시키는 데 성공했던 것입니다.

그러나 만일 독일 교회가 그의 사탕발림 속에 숨어 있는 악을 분별해 낼 수만 있었더라면 절대 그 악한 정권이 독일에 뿌리내리지 못하게 했을 것입니다.

이런 의미에서 예수 믿는 우리들은 정치가들의 말을 바로 분별할 수 있어야 합니다. 세상 돌아가는 상황을 보면서 선악을 분명히 분별할 수 있는 양식을 갖추어야 합니다. 정치나 사회 문제에 대해 무관심하면서 잘되기만 바란다거나 비판하기에 급급한 무책임한 사람이 되어서는 안 됩니다. 선을 좇고 악을 대적하기 위해 필요하다면 어떠한 대가라도 주저 않고 감당하려는 용기를 가져야 합니다.

이 나라가 잘되려면 선악을 분별할 수 있는 지혜로운 마음을 가진 지도자들이 많이 나와야 합니다. 그러기 위해서는 우리 자신부터 선악을 분별할 수 있는 성숙한 그리스도인이 되어야 합니다. 세상에 나가 말씀대로 선을 사랑하고 악을 미워하는 삶을 살아야 합니다. 그럴 때 우리를 보고 사람들이 선악을 분명히 알게 될 것입니다. 이 땅에 공의가 든든히 서게 될 것입니다. 이 나라가 번영하고, 우리 민족이 행복하게 되는 길은 바로 여기에 있습니다.

Chapter 10

책임전가

"모세가 아론에게 이르되 이 백성이 당신에게 어떻게 하였기에 당신이 그들을 큰 죄에 빠지게 하였느냐 아론이 이르되 내 주여 노하지 마소서 이 백성의 악함을 당신이 아나이다 그들이 내게 말하기를 우리를 위하여 우리를 인도할 신을 만들라 이 모세 곧 우리를 애굽 땅에서 인도하여 낸 사람은 어찌 되었는지 알 수 없노라 하기에 내가 그들에게 이르기를 금이 있는 자는 빼내라 한즉 그들이 그것을 내게로 가져왔기로 내가 불에 던졌더니 이 송아지가 나왔나이다"(출애굽기 32:21-24).

아무리 우리에게 잘못된 근성이 남아 있다 해도 하나님이 부어 주시는 폭포수 같은 은혜에 흠뻑 젖고 나면 정직할 수 있습니다. "내 탓이오."라고 말할 수 있는 용기 있는 사람이 될 수 있습니다.

한보 사건이 터진 후 지난 몇 개월 동안 우리는 텔레비전을 통해서 어쩔 수 없이 얼굴을 내보이는 많은 사회 지도급 인사들을 지켜보았습니다. 저는 그들을 볼 때마다 분통이 터져 견딜 수가 없었습니다. 그들 중에서 자기의 혐의를 속시원하게 시인하는 사람이 한 명도 없었습니다. 그들은 한결같이 자신들에게 씌워진 혐의를 부인하며 "절대 그런 일이 없었다.", "정말 억울하다."는 말만 되풀이했습니다.

잘못한 것이 있다면 솔직하게 인정할 줄 아는 게 최소한의 양심일 것입니다. 본의든 아니든 간에 자신으로 인해 이웃과 온 국민에게 엄청난 물적·정신적 피해를 입히게 되었다면 뭔가 책임을 느낄 줄 아는 게 기본적인 양식일 것입니다. 그러나 그들은 반성의 빛을 보이기는커녕 명백하게 드러난 일들조차 발뺌하기에 급급했습니다. 이제까지 그래 왔듯이 이런저런 말로 잘 버티다 보면 들끓던 여론도 곧 잠잠해질 것이고 검찰 수사도 흐지부지되고 말 것이라 믿기 때문인 것 같습니다.

이러한 자들이 이 사회에서 중추적인 역할을 하는 지도층 인사들이라니 참으로 한심한 일이 아닐 수 없습니다. 많은 지도자들이 이와 같은 썩어 빠진 사고방식을 가지고 있다면 일반 대중들이야 말해 무엇 하겠습니까? 사실 그들의 뻔뻔스러운 언동은 오늘날 이 사회에 만연해 있는 사람들의 생각과 언동을 그대로 반영하는 빙산의 일각에 불과하다는 데 우리의 아픔이 있습니다. 따라서 우리는 그들의 문제를 바로 우리 자신의 문제로 받아들여야 합니다.

놀랍게도 본문 말씀에 등장하는 아론은 오늘날 우리가 안고 있는 문제를 적나라하게 보여 주고 있습니다. 그의 언동을 자세히 살펴보면 우리는 이렇게 고백할 수밖에 없을 것입니다. "이것은 남의 이야기가 아니라 바로 나 자신의 이야기다. 아론의 모습은 곧 나 자신의 모습이다."

아론의 변명

본문을 제대로 이해하기 위해서는 배경을 알 필요가 있습니다. 하나님께서는 모세와 아론을 지도자로 세우셔서 이스라엘 백성들을 440년 동안 종살이하던 애굽에서 이끌어 내셨습니다. 강한 능력으로 홍해를 가르셔서 그들을 건너게 하셨고 시내 광야로 인도하여 그곳에 얼마 동안 영주하게 하셨습니다. 하나님께서는 그곳에서 모세를 시내산으로 부르셨습니다. 이스라엘 백성들이 하나님의 자녀답게 살기 위해 필요한 모든 율법과 규례와 교훈을 지시해 주시기 위해서였습니다. 백성들은 모세가 넉넉잡아 일주일이면 내려올 것이라 생각했습니다.

그러나 2, 3주가 지나고 40여 일이 다 되도록 모세는 내려오지 않았습니다. 그들은 자신들이 하나님처럼 믿고 따라왔던 모세가 산 위에서 죽었을지도 모른다는 불길한 생각을 뿌리칠 수 없었습니다. 그렇다고 사람을 산 위로 올려보낼 수도 없는 노릇이었습니다. 하나님께서 백성들이 산에 오르는 것을 엄히

금하셨기 때문입니다(출 19:24).

이러지도 저러지도 못한 채 40여 일을 지내다 보니 백성들은 불안과 두려움에 견딜 수 없게 되었습니다. 더 이상 그를 기다리고만 있을 수 없다고 판단한 그들은 당시 2인자였던 아론을 찾아와서 한 가지 비상 대책을 제시했습니다.

"백성이 아론에게 이르러 말하되 일어나라 우리를 위하여 우리를 인도할 신을 만들라 이 모세 곧 우리를 애굽 땅에서 인도하여 낸 사람은 어찌 되었는지 알지 못함이니라"(출 32:1).

모세 대신 자신들을 인도할 신을 만들자는 것이었습니다. 아론은 그들의 요구를 거절하지 못하고 순순히 받아들였습니다. 그는 백성들에게 모든 금붙이들을 모아 오게 했습니다. 그리고 그것들을 용광로에 녹여 애굽에서 보았던 금송아지 모양을 부어 만들었습니다. 그런 다음 각도로 조각을 하여 금송아지 신상을 완성했습니다. 그러자 백성들은 이렇게 외쳤습니다.

"이스라엘아 이는 너희를 애굽 땅에서 인도하여 낸 너희의 신이로다 하는지라"(출 32:4).

그 이튿날 그들은 금송아지 신상 앞에서 제사를 지내고 먹고 마시고 춤을 추며 난리 법석을 떨었습니다.

하나님께서는 산 아래서 벌어지는 이와 같은 무서운 사태를 미리 아시고 모세에게 이렇게 말씀하셨습니다. "모세야, 기가 막히는구나! 내가 인도한 이 백성이 이토록 완악하고 목이 곧고 타락하였으니 내가 이 백성을 한순간에 멸해 버리겠다. 내가 너로 새로운 백성의 지도자가 되게 해주겠다"(출 32:7-10).

청천벽력 같은 말씀을 듣고 모세는 억장이 무너지는 것 같았습니다. 그래서 그는 하나님께 매달려 통사정을 했습니다. "하나님, 제발 그리하지 마옵소서. 하나님께서 이적과 기사를 행하시면서 마치 독수리가 새끼를 날개 위에 업고 날 듯이 이 백성을 애굽에서 끌어내셨는데 이제 이 광야에서 그 백성들을 진멸하신다면 애굽 사람들이나 주변에 있는 모든 부족들이 뭐라고 빈정대겠습니까? '여호와가 전능하신 하나님이라고? 천만의 말씀. 애굽에서는 용케 구원했는지 모르지만 광야에서 그 수많은 사람들을 무슨 재주로 먹여 살리겠어? 그러니까 할 수 없이 다 죽여 버린 게 아닌가?' 만약 그들이 이런 식으로 하나님을 욕한다면 하나님의 영광이 얼마나 더럽혀지겠습니까? 하나님의 이름과 영광을 위해서라도 제발 이 백성을 용서해 주옵소서"(출 32:11-12). 그러자 하나님께서는 뜻을 돌이켜 그 백성에게 내리시겠다던 화를 거두어 주셨습니다(출 32:14).

이윽고 모세가 하나님께서 주신 돌판을 가지고 산 아래로 내려와 보니 기가 막힌 상황이 벌어지고 있었습니다. 금송아지 앞에서 술에 취해 비틀거리며 춤추는 모습이 애굽에서 우상에게 제사 지낼 때의 광경 그대로였던 것입니다. 모세는 크게 진노하여 아론을 불러 책임을 추궁했습니다.

"이 백성이 당신에게 어떻게 하였기에 당신이 그들을 큰 죄에 빠지게 하였느냐"(출 32:21).

쉽게 말하면, 도대체 어떻게 지도했길래 백성들이 우상을 숭배하는 무서운 죄를 저지르게 했느냐는 것입니다. 그러자 아론은 이렇게 변명했습니다.

"내 주여 노하지 마소서 이 백성의 악함을 당신이 아나이다"(출 32:22).

이 백성이 얼마나 완악하고 말을 잘 안 듣는지는 애굽에서부터 이 광야에 이르기까지 당신도 겪어보아서 잘 알지 않느냐는 것입니다. 그는 모든 사태의 책임을 백성들에게 떠넘겼습니다.

"그들이 내게 말하기를 우리를 위하여 우리를 인도할 신을 만들라 이 모세 곧 우리를 애굽 땅에서 인도하여 낸 사람은 어찌 되었는지 알 수 없노라 하기에 내가 그들에게 이르기를 금이 있는 자는 빼내라 한즉 그들이 그것을 내게로 가져왔기로 내가 불에 던졌더니 이 송아지가 나왔나이다"(출 32:23-24).

신상을 만들자고 한 것은 자신이 아니라 백성들이라는 것입니다. 자신은 신을 만들라는 백성들의 협박에 못 이겨 금패물이 있으면 다 가지고 오라고 했을 뿐이라는 것입니다. 그가 그 다음에 한 말은 더 기가 막힙니다. 그 금붙이들을 불에 던졌더니 송아지 신상이 나왔다는 것입니다. 자신은 백성들이 가지고 온 금고리를 용광로에다 집어넣은 책임밖에 없다는 것입니다. 금송아지를 만들어 낸 것은 자기가 아니라 용광로라는 것입니다. 그러니까 자기는 전혀 책임이 없다는 것입니다. 정말 지도자로서는 너무 무책임한 말이 아닐 수 없습니다.

아론이 가진 유일한 관심사는 한시라도 빨리 궁지에서 벗어나는 것이었습니다. 그는 분명 40여 일 간 모세를 대신하여 백성들을 지도했던 제2인자였습니다. 그럼에도 그는 백성들로 우상 숭배에 빠지게 한 것이 자기 책임이라고 생각하지 않았습니다. 그들의 요구에 굴복한 자신의 비겁한 행동이 얼마나 끔찍한 죄를 야기시키는 죄악이었는지 생각하지 않았습니다. 그는 오로지 자기에게 날아온 화살을 피하기에만 급급했던 것입니다.

교묘한 거짓말

얼핏 듣기에 아론의 변명은 매우 그럴 듯하게 들립니다. 백성이 악하다는 것도 사실이고, 백성들이 나서 와서 신을 만들자고 한 것도 사실이며, 금붙이를 용광로에 녹인 결과 금송아지가 만들어진 것도 사실이기 때문입니다. 그러나 그의 말은 교묘하게 사실인 것처럼 위장된 거짓말이었습니다. 출애굽기 32장 1-4절에서 백성들이 아론에게 "우리를 인도할 신을 만들라."고 요청을 해오자 그는 금고리를 가지고 오라고 말했습니다. 그가 구체적으로 언급하지는 않았지만, "우상을 만들려면 금이 있어야 되지 않느냐."는 뜻을 내비친 것입니다. 더 나아가 그는 금고리를 불 속에 넣어 녹인 후 송아지 모형 틀에다 부어서 송아지 모양을 만들고 심지어 각도로 다듬고 새기기까지 했습니다(4절). 송아지 신상을 만든 것은 용광로가 아니라 아론 자신이었던 것입니다. 더 나아가 그는 그 이튿날을 '여호와의 절일'로 선포하고 송아지 앞에 제사 지낼 준비를 하라고 명했습니다(5절).

이러한 사실들로 미루어 볼 때, 백성들이나 용광로에 책임을 떠넘기려는 아론의 변명은 말도 안 되는 거짓말이라는 것을 분명히 알 수 있습니다. 자기가 책임져야 할 잘못을 은폐하기 위해서 교묘하게 거짓말을 둘러대고 있는 것입니다.

오늘날 우리 사회를 돌아보십시오. 아론처럼 말을 묘하게 둘러대면서 진실을 은폐하기에 능숙한 사람들이 얼마나 많습니까? 기가 막힌 것은 이와 같이 교묘한 말재주를 가진 사람들이 사회에서는 처세술이 뛰어난 유능한 사람으로 인정받는다는 사실입니다.

물론 우리 사회에는 직업상 거짓말을 할 수밖에 없는 그런 사람들이 있습니다. 폴 에크먼 교수는 『시장, 정치 그리고 결혼에서의 거짓말의 실마리』라는 책에서 "거짓말에 재주가 있는 사람은 연기자나 세일즈맨, 변호사, 브로커, 외교관 같은 직업을 택하는 것이 좋다."고 말했습니다. 이런 직업을 가진 사람들은 그 직업에서 성공하려면 거짓말을 할 수밖에 없다는 것입니다.

매년 브라질의 노바브르시아라는 도시에서는 '거짓말 대회'라는 이색 행사가 열리는데, 몇 년 전부터는 이 대회를 주관하는 임원단에서 한 가지 규정을 추가했다고 합니다. 정치인이나 고급 공무원은 절대로 이 대회에 참가할 수 없다는 것입니다. 그래서 참가 자격을 잃게 된 정치인들로부터 한동안 항의가 끊이지 않았다고 합니다. 그럼에도 대회 관계자들은 그 규정을 절대 포기하지 않았습니다. 그들은 항의자들에 대해 이렇게 대답했다고 합니다. "우리는 프로급 거짓말은 원치 않습니다."

그러나 이제 거짓말은 정치인들이나 고위 공무원들의 몫만은 아닌 것 같습니다. 거의 대부분의 사람들이 거짓말을 주고받으며 거짓에 물들어 살고 있습니다.

도스토예프스키는 이렇게 말하기도 했습니다. "인생에서 무엇보다 어려운 것은 거짓말을 하지 않고 사는 것이다." 그의 말처럼 이 사회에서 거짓말 않고 사는 것은 제일 어려운 일 중의 하나가 되었습니다. 사람들은 거짓말인 줄 알면서도 고개를 끄덕여 주는 것을 훌륭한 처세술로 생각됩니다. 적당한 거짓말은 오히려 귀엽게 봐주어야 할 형편이 되었습니다.

그렇다고 거짓말을 어쩔 수 없는 현실로 용납해야 할까요? 그럴 수 없습니다. 이 사회가 거짓말로 물들어 가는 것을 마냥 보고만 있으면 안 됩니다. 거짓으로 병들어 가는 이 사회를 고쳐야 할 책임이 우리에게 있습니다. 우리가 이 책임을 바로 감당하기 위해서는 우리 자신부터 거짓을 버려야 합니다.

하나님께서는 적당하게 거짓말을 둘러대며 궁지를 모면하는 데 능숙한 자들을 싫어하십니다. 직업상 어쩔 수 없다고 변명하지 마십시오. 정치인이든 고급 공무원이든, 기업인이든 간에 직업상 어쩔 수 없다고 변명하는 자는 아론과 똑같은 사람이 된다는 것을 알아야 합니다. 이 사회가 아론과 같이 변명하는 자들로 가득하다면 우리 자녀들이 설 자리가 어디겠습니까? 정직한 자가 어떻게 살아 남겠습니까? 우리가 진정 이 사회에 만연해 있는 거짓에 물든 병든 의식을 치료하기를 원한다면 우리부터 거짓을 버려야 합니다. 거짓말로 처세하기를 거부해야 합니다.

미국의 지미 카터 대통령이 이란에 억류되어 있는 인질 문제로 기자 회견을 할 때 있었던 일입니다. 회견 도중에 한 기자가 대뜸 대통령에게 엉뚱한 질문 하나를 던졌습니다. "각하께선 대통령으로서 거짓말을 하신 일이 한 번도 없습니까?" 참 대답하기 곤란한 질문이 아닐 수 없습니다.

그러나 그때 카터 대통령은 주저하지 않고 이렇게 대답했다고 합니다. "물론 있습니다. 그러나 알면서 고의적으로 거짓말한 적은 한 번도 없습니다. 어떤 이권이나 국가적인 이익을 위해 잠시 거짓말을 했다가 나중에 그게 거짓말이라는 사실이 탄로나기라도 한다면 얻는 것보다 잃는 것이 더 많으리라는 것을 잘 알고 있기 때문입니다."

예수 믿는 우리가 이런 용기를 가지고 세상에 나가야 합니다. 아론처럼 이런저런 거짓말로 교묘하게 둘러대기보다 어떤 환경에서든지 하나님을 두려워하는 마음으로 진실을 말해야 하지 않겠습니까? 모든 사람이 "저 사람 말이라면 믿어도 돼."라고 인정할 정도로 신임받는 사람이 되어야 하지 않겠습니까? 그럴 때 이 사회가 치유되고 개혁될 것입니다.

탓

또 하나 우리가 아론에게서 주목해 볼 것이 있습니다. 책임을 떠넘기기에 급급한 그의 태도입니다. 우리가 이미 살펴본 바와 같이 그는 사태의 책임을 백성의 악한 심성에다 돌렸습니다. 그들이 신을 만들어 달라고 난리를 피우는 바람에 어쩔 수 없이 했다는 것입니다. 그는 더 나아가서 용광로에까지 책임을 전가했습니다. 금붙이들을 불에 던져 넣었더니 금송아지가 나왔다는 것입니다. 이렇게 변명하는 모습에서 우리는 그가 어떻게든 자기 책임을 회피해 보려고 안간힘을 쓰고 있다는 것을 알 수 있습니다.

빌라도 역시 아론처럼 책임을 떠넘기기에 급급했던 인물이었습니다. 그는 예수님을 심문해 본 후 예수님께 아무 죄가 없다는 것을 솔직히 시인했습니다. 그럼에도 그는 정치적인 약점을 파고드는 유대인들의 강력한 요구에 밀려 예수님의 무죄를 끝까지 주장하지 못하고 사형시키도록 넘겨주고 말았습니다. 그러나 그 순간에도 양심의 고발을 의식한 듯 그는 사람들 앞에서 세숫대야의 물에 손을 씻으며 이렇게 말했습니다. "이 사람의 피에 대하여 나는 무죄하니 너희가 당하라"(마 27:24). 이 일에 대해 자신은 아무런 책임이 없다는 것입니다.

그러나 그는 그 책임을 절대 면하지 못했습니다. 사도신경을 보십시오. "본디오 빌라도에게 고난을 받으사 십자가에 못 박혀 죽으시고." 지금까지 이 사도신경을 외운 사람만 해도 아마 수십억은 족히 될 것입니다. 그렇다면 수십억 이상의 사람들이 빌라도의 책임을 인정한 셈이 되는 것입니다.

책임을 피할 수 없기는 아론 역시 마찬가지였습니다. "백성이 악하다." "용광로에 던져 넣었더니 송아지 우상이 나왔다." 하고 별의별 변명을 둘러댄다 해도 그는 그 책임을 벗을 수 없습니다.

지금 우리 사회에는 잘못된 일은 무엇이든지 자기가 책임지지 않으려는 '기피 풍조'가 그 어느 때보다도 만연해 있습니다. 더 나아가서 그 책임을 남에게 떠넘기려는 '탓 풍조' 역시 기세를 올리고 있습니다. 세상이 악해서 그렇다거나 제도가 잘못되어서, 환경이 열악해서 그렇다는 등 모든 문제를 전부 남의 탓으로 돌리는 것입니다.

어느 정신과 의사의 글을 보니까 정신적으로 문제가 있어 병원에 들어온 환자들이 공통적으로 가지고 있는 증상이 하나 있다고 합니다. 그들은 모두 어떻게 하면 자기가 옳다는 사실을 인정받을 수 있을까 하는 데 비상한 관심을 기울인다는 것입니다. 자기를 정당화하기 위해서라면 남을 탓하고 비난하기를 서슴지 않는다고 합니다.

그는 이렇게 말했습니다. "만일 정신병자가 되고 싶으면 항상 자기가 옳다는 식으로 말하고 행동하라. 잘못된 것은 다 다른 사람의 탓으로 돌려 버리라. 자기 잘못을 인정하지 말라. 책임질 소리는 한 마디도 입 밖에 내지 말라. '나는 정당해. 문제는 나한테 있는 것이 아니야!'라고 주장하라. 그러면 당신은 정말 정신이 돌아 버릴 것이다." 어쩌면 우리는 이미 정신적으로 약간 비뚤어져 있는지도 모릅니다. 내 탓이라고 생각하기보다 남의 탓으로 돌리기를 더 좋아하기 때문입니다.

사랑의교회 우물가 선교회에서 발간하는 《목마르거든》을 읽다가 저도 모르게 눈시울을 적실 때가 많습니다. 때로 삶의 밑바닥에서 허우적거리는 형제 자매들의 이야기를 읽으며 "내가 만약 그런 처지에 있었다면 나도 별수 없었을 거야." 하고 중얼거리기도 합니다. 그러나 그들의 이야기를 읽고 나면 제 마음 한구석에 섭섭함이 남는 것도 부인할 수 없습니다. 그들 중에서 불행했던 과거의 책임이 자신에게 있다고 솔직하게 고백하는 사람을 거의 보지 못했기 때문입니다. 그들은 대부분 다른 사람이나 환경에 그 탓을 돌렸습니다. 어릴 때 돌아가신 부모님 탓, 고아원에서 자랄 때의 열악한 환경 탓, 결혼한 지 얼마 안 되어 세상을 떠난 야속한 남편 탓, 이런저런 탓을 늘어놓았습니다.

그러나 우리가 분명히 알아야 할 것은 우리 주변에는 그들보다 더 열악한 환경 가운데서도 탈선하지 않고 밝게 자란 사람들이 많다는 사실입니다. 환경이 아무리 어렵다 해도 악한 길에 발을 들여놓지 않겠다고 굳게 결심하고 몸부림쳤더라면 그들이 고백하는 그런 불행은 피할 수도 있었을 것입니다. 그러나 아쉽게도 그렇게 하지 못한 자기 자신을 탓하는 사람은 만나 보기 힘든 것 같습니다.

이것은 비단 그들만의 문제가 아닙니다. 남 탓 하기를 좋아하기로는 우리 역시 그들에게 결코 뒤지지 않을 것 같습니다. 심리학적으로 볼 때 남의 탓을 잘하는 사람과 책임질 줄 모르는 사람의 마음속에는 자기 연민과 자책이라는 두 극단적인 심리가 끊임없이 갈등을 일으킨다고 합니다.

자기 연민이라는 심리는 이렇게 속삭입니다. '세상이 다 악한데 너 혼자 정직하게 산다고 무슨 소용이 있냐? 세상이 다 하는 거짓말 너도 좀 한들 어떻겠는가? 이런 세상에서 거짓말 한 번 한 것 가지고 가슴을 치고 서러워해 봐야 너만 불쌍해지는 거야! 네가 무슨 성자라고 스스로 사회의 속죄양이 되려고 그러냐? 거짓말 좀 해도 괜찮아. 인생이란 게 다 그런 거지 뭐.'

반면 자책이라는 심리는 이렇게 속삭입니다. '야, 이 비겁한 놈아. 너는 지금 양심을 속이고 있는 거야. 그렇게 거짓말하고 무슨 낯으로 하나님 앞에 가서 무릎 꿇고 기도하냐? 무슨 핑계를 댄다 해도 거짓말은 거짓말이야.' 이 두 극단적인 심리의 틈바구니에서 갈등하다 보면 시간이 갈수록 점점 위축되어 책임 있는 언동을 할 용기를 잃어 버리게 됩니다. 그러다 보면 양심이 병들 뿐 아니라 인간성마저 파괴될 수도 있습니다.

아론의 경우가 좋은 예일 것입니다. 그는 40여 일 동안 모세 대신 최고 지도자의 자리에 있었습니다. 그는 신상을 만들자는 백성들의 요구가 얼마나 백성의 생사를 가름할 수 있는 심각한 사안인가를 누구보다 잘 알고 있었을 것입니다. 그는 애굽에서 하나님께서 애굽의 모든 신들을 심판하시는 것을 눈으로 똑똑히 본 사람입니다. 그렇다면 백성들이 손에 돌멩이를 들고 협박한다 해도 그들의 요구를 거절했어야 옳습니다.

만일 그가 자기 생명을 내놓고 그 요구를 거부했더라면 이스라엘 백성들은 하나님께서 심판하신 금송아지 신을 용납하는 그런 무서운 죄를 범하지 않았을 것입니다. 그러나 아론은 백성들이 떼로 몰려오자 그만 겁을 먹고 너무나 쉽게 그들과 타협하고 말았습니다.

사실이 이러하다면 모세의 추궁을 받았을 때라도 자기의 잘못을 솔직히 인정했어야 옳습니다. "백성들 잘못이 아닙니다. 그들의 잘못된 요구를 거절하지 못한 제 잘못이 큽니다. 차라리 저를 죽여 주십시오."라며 책임을 자처하고 나섰어야 할 것입니다. 하지만 그는 자기 잘못을 시인하기는커녕 책임을 백성들과 용광로에 돌렸습니다. 그렇게 하기만 하면 자기 책임을 면할 수 있다고 생각했던 것입니다. 자기 연민과 자책 사이에서 갈등하는 동안 그는 이제 용기를 잃은 정도가 아니라 양심마저 병든 심각한 지경까지 이른 것입니다.

정직

안타깝게도 우리 역시 이런 아론의 근성을 가지고 있는 것 같습니다. 여러분의 가정이 왜 불행합니까? 남편 탓인가요? 아니면 아내 탓인가요? 자식이 왜 방황하며 허덕입니까? 공부를 못하기 때문인가요? 아니면 못된 친구 때문인가요? 왜 직장에서 정직하게 일하지 못합니까? 업무상 어쩔 수 없기 때문인가요? 아니면 상사의 압력 때문인가요? 세상 사람들은 충분히 그렇게 생각하고 거짓말을 하며 남이나 환경 탓을 할 수 있습니다. 왜냐하면 그들의 아비 마귀가 거짓말쟁이기 때문입니다(요 8:44).

그러나 우리는 예수님의 보배로운 피로 깨끗함을 입은 하나님의 자녀들입니다. 더 이상 마귀의 자식들과 같이 자기 책임을 회피하려고 남이나 환경을 탓하면서 거짓말이나 하는 사람이 될 수 없습니다. 빛의 자녀답게 모든 거짓을 버리고 정직하게 살아야 합니다(엡 5:8-9).

흔히들 일본 사람이나 미국 사람들은 비교적 정직하다고 인정합니다. 우리가 그들보다 덜 정직해야 할 이유가 무엇입니까? 이 나라에는 예수 믿는 사람이 천만이나 된다고 합니다. 정치인이나 고급 공무원들 중에 예수 믿는 사람들도 셀 수 없이 많습니다. 어쩌면 사회 지도층의 반수 이상이 그리스도인이라고 해도 과언이 아닐 정도입니다. 그런 면에서 볼 때 이 나라가 거짓이 판치고 남의 탓 하기에 급급한 나라가 된 책임을 불교나 유교에 떠넘길 수 없습니다. 그 책임은 철저하게 예수 믿는 우리가 짊어져야 합니다.

"자기의 죄를 숨기는 자는 형통하지 못하나 죄를 자복하고 버리는 자는 불쌍히 여김을 받으리라"(잠 28:13).

하나님께서는 거짓말하며 남의 탓하기 좋아하는 사람을 가장 싫어하십니다. 그러므로 하나님의 은혜를 입기 원한다면 이 사회를 이 모양으로 만든 우리 잘못을 은폐시키려 해서는 안 됩니다. 하나님 앞에 정직하게 죄를 고백하고 스스로 그 책임을 인정할 때 하나님께서 우리를 형통케 해주실 것입니다.

하나님께서 위로부터 폭포수처럼 은혜를 부어 주시면 정직하지 않을 수 없습니다. 거짓말하려고 해도 거짓말을 못합니다. 남의 탓을 못합니다. 쏟아지는 폭포의 물을 우리의 작은 손으로 막을 수는 없는 법입니다. 아무리 우리에게 잘못된 근성이 남아 있다 해도, 직업상 거짓말을 할 수밖에 없는 처지에 있다 해도 하나님께서 부어 주시는 폭포수와 같은 은혜에 흠뻑 젖고 나면 정직할 수 있습니다. "내 탓이오."라고 말할 수 있는 용기 있는 사람이 될 수 있습니다.

이 나라의 앞날을 세상 사람들의 손에 맡겨 놓을 수 없습니다. 그들은 거짓을 일삼는 마귀의 소행을 쉽게 따를 수 있습니다. 그들에게 기대를 걸기는 어렵습니다.

이 사회를 치유하는 일은 오직 예수 믿는 우리들만이 감당할 수 있습니다. 우리 모두 하나님으로부터 폭포수와 같은 은혜를 받고 정직하게 삽시다. 이 땅에 있는 천만 그리스도인들이 모두 그렇게만 될 수 있다면 이 나라는 분명 치유될 것입니다. 세계 열방 중에 내세워도 손색이 없는 도덕적으로 탁월한 나라가 될 것입니다. 거짓을 처세술로 아는 사회를 진실이 살아 있는 사회로 만들 수 있습니다. '탓' 타령을 하며 자기 책임을 회피하기에 급급한 이 사회가 자기의 잘못을 솔직히 인정하고 책임을 지는 정직한 사회가 될 것입니다.

Chapter 11

빈자처럼, 부자처럼

"스스로 부한 체하여도 아무 것도 없는 자가 있고 스스로 가난한 체하여도 재물이 많은 자가 있느니라 사람의 재물이 자기 생명의 속전일 수 있으나 가난한 자는 협박을 받을 일이 없느니라"(잠언 13:7-8).

우리는 하늘 나라에 있는 그 모든 것을 상속받을 하나님의 자녀들입니다. 아버지의 것이 다 우리 것이고 하늘 나라의 영광이 다 우리 것입니다. 그러므로 우리는 땅의 것에 대해서는 빈자처럼, 하늘의 것에 대해서는 부자처럼 살아야 합니다.

본문에는 두 종류의 사람이 나옵니다. '부자인 체하는 빈자'와 '빈자인 체하는 부자'입니다.

"스스로 부한 체하여도 아무 것도 없는 자가 있고 스스로 가난한 체하여도 재물이 많은 자가 있느니라"(잠 13:7).

많은 사람들은 이 말씀이 전자를 책망하고 후자를 칭찬하고 있다고 해석합니다. 없으면서 있는 체하는 것은 잘못이지만 많이 있으면서도 없는 체하는 것은 덕행이라는 것입니다.

우리 주변에는 돈이 없으면서도 마치 대단한 갑부라도 되는 것처럼 온갖 허세를 부리며 잘난 체하는 사람들이 있습니다. 이런 자들에 대해 좋게 말하는 것을 들어 본 적이 없습니다. 대부분의 사람들이 그들에게 아니꼬운 시선을 보내는 것입니다.

한편 우리 주변에는 돈을 많이 가지고 있으면서도 없는 자처럼 행세하는 사람들도 있습니다. 돈이나 재산이 많으면 잘난 체하거나 못 가진 자에게 횡포를 부리기 쉬운 법입니다. 그래서 부자이면서도 티를 안 내고 마치 아무것도 가지지 않은 자처럼 겸손하게 처신하는 이런 사람을 보면 누구나 칭찬을 아끼지 않습니다. 이런 점에서 볼 때 전자를 책망하고 후자를 칭찬하는 것으로 보아야 한다는 해석은 매우 타당성이 있어 보입니다.

두 가지 허세

그러나 말씀을 좀 더 깊이 검토해 보면 그보다는 양자 모두를 책망하는 내용으로 보아야 옳다는 것을 알게 됩니다. 왜냐하면 양자 모두 공통적인 약점들을 가지고 있기 때문입니다. 위선의 가면을 쓰고 있다는 점과 재물의 힘을 하나님처럼 의지하고 있다는 점에서는 차이가 없는 것입니다.

먼저 부한 체하는 빈자를 생각해 봅시다. 그가 허세를 부리는 이유는 다른 데 있지 않습니다. 돈 있는 체하기만 해도 세상에서 대접받고 존경받을 수 있다고 생각하기 때문입니다. 사실 인간 사회에서 돈은 불가능한 일이 거의 없을 정도로 엄청난 위력을 가지고 있습니다. 하늘을 나는 새도 떨어뜨린다는 기세 등등한 권력자도 돈 앞에는 머리를 숙이게 되어 있습니다. 가난한 자가 자기 수중에 돈이 없으면서 돈이 많은 것처럼 허세를 부리는 것은 바로 이러한 부의 힘을 과신하기 때문인 것입니다.

부의 힘을 과신하기는 가난한 체하는 부자 역시 마찬가지입니다. 어떤 면에서 부자가 가난한 자처럼 행세하는 것이 덕스러운 행동일 수도 있지만 그 동기가 순수하지 못할 때는 상황이 달라집니다. 자기 재산을 빼앗기거나 조금이라도 잃고 싶지 않기 때문에 일부러 돈이 없는 것처럼 행동할 수 있는 것입니다. 인간의 심장을 살피시고 폐부를 꿰뚫어 보시는 하나님께서 그러한 불순한 동기를 모르실 리가 없습니다(렘 17:10).

사실 부자들이 가난한 체하는 것은 순수하지 못한 동기에서 그러는 경우가 대부분입니다.

쓰쓰미 요시아키는 미국의 《포브스》(Forbes)라는 잡지가 세계 제일의 갑부로 꼽은 적이 있을 정도로 엄청난 부자입니다. 그는 골프장을 27개나 가지고 있으며, 스키장 27개, 호텔 56개, 열차 노선 7개, 프로야구 구단 1개를 소유하고 있는 억만 장자입니다. 그러나 그의 행색이나 옷차림을 보면 남루하기가 거지를 뺨칠 정도였다고 합니다. 일례로 그는 다 낡아 빠진 구두를 끈으로 묶어서 신고 다녔다고 합니다. 또한 수돗물 한 방울도 자유롭게 쓰지 못하게 하고 화장실의 휴지도 마음대로 쓰지 못하게 하는 등 지독하게 짜게 굴었다고 합니다. 물론 좋게 말하면 절약 정신이 투철하다고 칭찬할 수도 있을 것입니다.

그러나 돈에 대한 무서운 애착이 그를 그렇게 행동하게 했다고 생각합니다. 어떻게 그 많은 재산을 모았는지는 모르겠지만 그는 움켜쥔 돈을 한푼이라도 놓고 싶지 않은 것입니다.

부자가 없는 체하는 것이나 빈자가 있는 체하는 것 모두 그릇된 태도입니다. 그들의 행동의 배후에 돈을 사랑하는 마음이 깔려 있다는 점에서는 차이가 없습니다.

위선을 버리라

하나님께서는 본문 말씀을 통해서 우리에게 두 가지 교훈을 들려주십니다. 첫째는, 실제적인 경제 생활에서 '체' 하는 자세를 버려야 한다는 것입니다. 우리 주변에는 많이 가지고 있으면서도 없는 체 엄살을 떠는 자들이 참 많습니다. 왜 그럴까요? 다 그런 것은 아니지만 일반적으로 보면 자기 것을 내놓기 싫어서 그렇게 할 때가 많습니다. 있는 체하다가 남들이 자신에게 손을 많이 벌리면 손해볼 수 있다는 계산이 깔려 있는 것입니다.

그러나 우리가 반드시 잊지 말아야 할 중요한 사실이 있습니다. 우리가 가진 모든 재물의 원소유주는 하나님이시라는 것입니다. 우리가 가지고 있는 재물은 하나님께서 잠시 우리에게 맡기신 것뿐, 우리 것이 아닙니다. 따라서 우리는 주인 되신 하나님을 위해 재물을 사용해야 할 의무가 있습니다. 그럼에도 불구하고 이런저런 핑계를 대면서 자기 재물을 하나님을 위해 내놓기를 아까워하는 사람들이 얼마나 많은지 모릅니다. 하나님께서는 이와 같이 하나님의 일에 인색하게 구는 자들을 기뻐하시지 않습니다. 하나님께서는 하나님을 위해 즐겨 내는 자를 사랑하십니다(고후 9:7).

또 한 가지 우리가 기억해야 할 것은 가진 자에게는 가진 자로서의 의무가 있다는 사실입니다. 한 사람의 부자가 그 많은 재산을 모으기까지 얼마나 많은 사람들이 그 대가를 지불해야 했는지 모릅니다. 그의 재물은 수많은 사람들의 피땀의 결실인 것입니다. 그러므로 가진 자는 하나님께서 왜 자신에게 그 많은 재산을 주셨는지를 깊이 생각하고 가진 자로서의 의무를 다해야 합니다.

구로 공단에 있는 모 전자 회사에서 노사 분규가 일어나서 사회적으로 큰 물의를 빚은 적이 있습니다. 그 회사의 사주가 교회의 중직을 맡은 자라서 그 여파가 더 심각했던 것 같습니다. 사주나 근로자 중 어느 한 쪽을 일방적으로 두둔하고 싶지는 않습니다.

그러나 관련 자료들을 검토해 보면 그동안 사주가 근로자들을 가혹하게 부려먹으며 그들의 인권을 유린해 왔다는 사실은 분명한 것 같습니다. 그는 근로자들에게 법이 정한 최저 수준에도 못 미치는 임금을 주면서 납 연기로 자욱한 공장에서 하루 평균 13-15시간 일을 시켰습니다. 그는 작업장이나 기숙사, 심지어 화장실에까지 감시 카메라를 설치해 놓고 근로자들의 행동을 일일이 통제했습니다.

더 나아가 그는 매일 아침 예배를 드리게 한다는 명목으로 근로자들을 40분이나 일찍 출근하게 해서는 "범사에 감사하고 항상 열심히 일하라."는 똑같은 설교를 되풀이했다고 합니다. 저는 이것을 예배라고 보지 않습니다. 예배라기보다는 일종의 정신 교육이었다고 봐야 옳을 것입니다. 종교의 힘을 빌어 근로자들의 불만을 누그러뜨려 보겠다는 간교한 술책에 불과했기 때문입니다.

근로자들은 사주의 이런 횡포와 압제를 더 이상 견딜 수 없어서 파업을 했습니다. 그러나 사주가 이것을 가만히 보고 있을 리 없었습니다. 그는 할 테면 해보라는 식으로 파업 주동자 수십 명을 해고해 버렸습니다. 사주의 강경한 조처에 부딪힌 근로자들은 외부에 도움을 요청하기로 결정했습니다. 사주가 예수 믿는 사람이라는 점을 고려해서 몇몇 큰 교회에 서신을 보냈습니다. 교회가 공식적인 이름으로 일개 회사의 일에 개입할 수는 없지만 개인적인 차원에서 그들을 도와야 옳다고 생각합니다.

노사간의 분규가 비단 이 회사만의 문제는 아닙니다. 지금도 수많은 사업장에서 이와 유사한 분규들이 끊임없이 일어나고 있기 때문입니다. 왜 이와 같은 분규들이 일어난다고 생각하십니까?

제가 보기에 우리 사회에서 일어나는 노사간의 갈등은 대부분 가진 자가 가진 자로서의 의무를 다하지 않기 때문에 생겨난 것입니다. 물론 예외가 없는 것은 아니지만 지금까지 한국 경제가 성장해 온 과정을 되돌아볼 때 가진 자의 횡포가 그 도를 넘어섰다는 사실은 부인하지 못할 것입니다. 많은 사주들이 마치 자기는 돈을 많이 벌지 못하는 것처럼, 그래서 근로자의 처지를 외면해도 괜찮은 것처럼 행동했던 것입니다.

그러나 그런 위선은 절대 하나님 앞에 용납될 수 없습니다. 불경기라고 엄살을 떨면서도 자기가 챙길 것은 다 챙기는 이러한 얌체 근성 때문에 얼마나 많은 근로자들과 그들의 가족들이 가슴앓이를 하고 있는지 모릅니다. 약간의 양심이라도 있는 사주라면 근로자들의 목소리를 들어 주어야 할 것입니다. 최소한 그들의 처지를 듣고 이해해 주려는 열린 마음을 가져야 할 것입니다. 그러나 아직도 이 땅에는 근로자들의 고통과 한숨을 철저히 외면한 채 무슨 수를 써서라도 그들의 입을 틀어막는 것을 능사로 아는 비양심적인 사주들이 얼마나 많은지 모릅니다. 하루에도 수십 번 말을 바꾸는 위선적인 사주의 말을 어떤 근로자가 믿겠습니까? 설사 노사 분규가 일어나 마지못해 협상 테이블에 앉는다 해도 말이 안 통합니다. 그러다 보면 파업과 진압이라는 물리적인 충돌이 일어날 수밖에 없습니다.

가진 자는 무엇보다 솔직해야 합니다. 불경기라고 엄살부리지 마십시오. 이제는 없는 체하는 것으로 자기를 보호할 수 있는 시대는 끝났습니다. 자기의 몫을 조금 줄이는 한이 있어도 근로자들의 처우를 개선하는 일에 성실히 임해야 합니다. 스스로 생각하기에 남보다 가진 것이 더 많다고 생각한다면 자신에게 주어진 가진 자로서의 의무를 인정해야 합니다.

허세를 버리라

우리가 버려야 할 또 한 가지 '체' 하는 자세가 있습니다. 아무것도 없으면서 있는 체하는 것입니다. 우리나라 사람들은 유난히 허세를 부리기 좋아하는 것 같습니다.

어떤 수필가는 한국인의 내면을 분석하면서 '광택 인간'이라고 말한 적이 있습니다. "때 빼고 광 낸다."는 말도 있듯이 우리나라 사람들은 번쩍거리는 것을 좋아합니다. 구두에 침을 뱉어서라도 광만 잘 내준다면 만족스러워합니다. '번쩍번쩍'이라는 말은 일본어로 '삐까삐까'라고 하는데, 이 '삐까'와 '번쩍'을 합성한 '삐까번쩍'이라는 신조어가 유행할 정도입니다.

'삐까번쩍'이라는 말로 상징되는 이 광택 문화는 우리 사회 곳곳에 스며들어 있습니다. 개인은 물론이고 사회나 정부도 얼마나 겉모양 치장하기를 좋아하는지 모릅니다. 어떤 사람은 제 말이 지나치다고 생각할지 모릅니다. 그러나 이게 바로 우리의 솔직한 현실입니다. 속은 텅텅 비어 있는데 겉만 번쩍거린다고 무슨 소용이 있습니까? 지금이라도 돌이켜 허세를 버려야 마땅할 것입니다.

우리나라 경제가 1989년 들어 겨우 흑자를 내는 수준에 올라섰습니다. 그러나 돈을 쓰는 씀씀이는 세계 어느 나라에도 뒤지지 않을 정도로 헤픕니다. 독일은 유럽에서도 경제적인 수준이 가장 높은 나라입니다. 그럼에도 독일 사람들은 휴지한 장도 함부로 버리지 않는다고 합니다. 잘 접어서 주머니에 넣어 두었다가 너덜너덜해질 때까지 거듭 사용하는 예가 많다고 합니다. 언젠가 독일 YMCA 수양관에서 집회를 인도한 적이 있는데 그곳 화장실을 가 보고 깜짝 놀랐습니다. 깨끗하게 꾸며진 화장실마다 폐지로 만든 휴지를 사용하고 있었던 것입니다. 세계가 알아주는 부자 나라인데도 그들은 허세를 부리지 않는 것입니다.

그런데 우리나라는 어떻습니까? 화장지도 최고급을 사용하기를 좋아합니다. 한 장만 뽑아도 충분히 될 것을 한꺼번에 서너 장씩 뽑아서 사용합니다.

그까짓 화장지 몇 장을 가지고 그러느냐고 반문할지도 모르지만 화장지를 만드는 재료 중에 우리나라에서 나는 게 뭐가 있습니까? 나무가 납니까? 기름이 납니까? 화장지 만드는 주재료를 모두 외국에서 들여와야 하는 것이 우리의 형편입니다. 그럼에도 우리는 대수롭지 않게 생각하고 마구 버리는 것입니다. 사실 화장지는 빙산의 일각일 뿐입니다. 우리나라 사람들의 허세를 다 꼽으려면 한도 끝도 없을 것입니다. 그러나 없으면서도 있는 체하며 허세를 부리는 이러한 태도는 하나님께서 미워하시는 행동입니다.

작년에 이탈리아를 여행하면서 무척 놀란 것이 한 가지 있습니다. 로마 시내를 누비고 다니는 자동차들 중에 중형차나 대형차는 거의 찾아볼 수가 없었습니다. 대부분이 소형차들이었습니다. 그러나 우리나라는 어떻습니까? 몇 개월 빚을 지더라도 고급 중형 자동차 정도는 타야 한다고 생각합니다. 그것도 모자라서 자동차를 번쩍번쩍하게 치장하여 최고급인 것처럼 만들기를 좋아합니다.

요즈음 음식 쓰레기 문제가 사회적으로 문제가 되고 있습니다. 전국에 있는 수많은 식당들에서 얼마나 많은 멀쩡한 음식들이 쓰레기통으로 들어가는지 모릅니다. 지금 북한에서는 굶어 죽게 된 사람이 부지기수라고 합니다. 이런 때 그들을 도와 주지는 못할 망정 음식을 마구 버리는 것은 죄악입니다.

하나님께서는 있으면서 없는 체하는 것도 미워하시고 없으면서 있는 체하는 것도 미워하십니다. 하나님의 자녀는 솔직해야 합니다. 왜 손님이 오면 상다리가 부러지도록 잘 차리려고 합니까? 자기 분수를 몰라서 그런 것입니다. 많이 가진 자는 부자로서의 자기 위치에서 의무를 다하고 조금 가진 자는 빈사로서의 사기 위치에서 분수대로 살아야 합니다. 이것이 하나님께서 원하시는 삶입니다.

빈자처럼, 부자처럼

둘째로, 영적인 입장에서 이 말씀이 주는 교훈이 있습니다. 땅의 것에 대해서는 가난한 자처럼, 하늘의 것에 대해서는 모든 것을 가진 부자처럼 사는 지혜를 배워야 한다는 것입니다.

성경은 땅에 있는 것에 대해서 이렇게 교훈합니다.

"사람의 재물이 자기 생명의 속전일 수 있으나 가난한 자는 협박을 받을 일이 없느니라"(잠 13:8).

"재물이 그 생명을 속한다."는 말은 돈으로 구원을 얻게 된다는 뜻이 아닙니다. 어떤 집에 강도가 들었다고 가정해 봅시다. 강도가 부잣집에 들어왔을 경우, 부자는 강도에게 재물을 내놓지 않으면 자기의 생명이 위험합니다. 강도 앞에서는 부자의 입장이 난감해지는 것입니다.

경우에 따라서는 "이것 다 드릴 테니 목숨만 살려 주십시오."라며 자기 재산으로 목숨을 구걸해야 할 때도 있습니다. 자기 생명을 부지하기 위해서는 그렇게 애지중지하던 재산도 내주어야 하는 것입니다. 그러나 가난한 자는 강도가 들어도 생명의 위협을 받을 일이 없습니다. 강도가 탐낼 만한 것이 별로 없기 때문에 위협을 당할 필요가 없는 것입니다.

잠언 23장 4-5절 말씀은 이렇게 교훈합니다.

"부자 되기에 애쓰지 말고 네 사사로운 지혜를 버릴지어다 네가 어찌 허무한 것에 주목하겠느냐 정녕히 재물은 스스로 날개를 내어 하늘을 나는 독수리처럼 날아가리라."

이 세상 재물은 결코 영원하지 못해서 나중에는 떠나고 말 것입니다. 흔히 "있다가도 없고 없다가도 있는 게 돈이다."라고 말합니다. 옳은 말이라고 봅니다. 재물은 수중에 있다고 안심하는 사이 자기도 모르게 날아가 버릴 수 있습니다. 그러므로 이런 허무한 재물에 마음을 두지 않는 것이 지혜라는 것입니다.

고린도전서 7장 31절은 세상 것에 대해 우리가 마땅히 취해야 할 자세를 교훈합니다.

"세상 물건을 쓰는 자들은 다 쓰지 못하는 자같이 하라 이 세상의 형적은 지나감이니라."

모든 것은 하나님의 것이지 내 것이 아닙니다. 내게 아무리 많은 소유가 있다 해도 이 세상을 떠날 때는 모두 두고 가야 합니다. 그러므로 부유하든 가난하든 이 세상의 것에 대해 아무것도 가지지 않았다는 자세로 사는 것이 지혜입니다. 그럴 때 우리가 물질의 복을 누리며, 물질을 더 보람된 일에 사용할 수 있을 것입니다. 비록 수중에 돈이 없다 할지라도 범사에 감사하며 즐겁게 살 수 있을 것입니다. 이 세상에 대해서는 아무것도 가지지 않은 자처럼 사는 것이야말로 그리스도인다운 모습입니다.

한편 우리는 하늘의 것에 대해서는 항상 부자처럼 생각하며 살아야 합니다. 땅과 거기에 충만한 모든 것은 다 하나님의 것입니다(시 24:1). 하나님께서는 이 모든 것을 우리에게 주셨습니다. 그러나 땅의 것들은 하나님께서 우리에게 약속하신 하늘 나라의 영광과 부요와는 비교할 수도 없는 미약한 것들입니다. 로마서 8장 18절에서 바울은 이렇게 말했습니다.

"생각하건대 현재의 고난은 장차 우리에게 나타날 영광과 비교할 수 없도다."

예수 믿는 자에게 주시는 하늘 나라의 복은 말로 다 표현할 수 없을 정도로 엄청난 것입니다. 하나님 아버지의 것이 다 우리 것이요, 하늘에 있는 존귀와 영광이 모두 우리 것입니다. 고린도후서 6장 10절에서 바울은 그리스도인의 모습을 이와 같이 묘사하고 있습니다.

"근심하는 자 같으나 항상 기뻐하고 가난한 자 같으나 많은 사람을 부요하게 하고 아무 것도 없는 자 같으나 모든 것을 가진 자로다."

하늘에 있는 것을 소망할 때 우리 마음속에 기쁨이 넘칠 것입니다. 우리가 이 세상에서는 아무것도 없는 자 같지만 하늘 나라의 모든 영광과 부요를 가진 부자요, 다른 사람을 부요하게 만들 수 있는 진정한 부자들이라는 사실을 알기 때문입니다.

스펄전 목사님은 100여 년 전에 세계에서 가장 큰 교회를 담임하고 있었습니다. 그래서 목사님이 돈이 많을 것이라고 생각하고 돈을 빌리러 오는 사람들이 많았다고 합니다. 스펄전 목사님은 그 일을 회고하며 이런 말을 했습니다.

"사람들은 내가 부자인 줄 알고 내게 수백 파운드씩 빌리러 옵니다. 그러나 저는 그들이 생각하는 것처럼 물질적인 부자가 된 적이 한번도 없습니다. 아마 이것은 앞으로도 마찬가지일 것입니다. 하지만 저는 모든 것을 소유하고 있습니다. 그렇기 때문에 저는 영국에서 제일가는 부자입니다."

그가 어떤 의도를 가지고 이런 말을 했다고 생각하십니까? 땅의 것을 가지고 말했을까요? 아닙니다. 그가 가진 하늘 나라의 영광과 부요에 대해 말한 것입니다.

우리는 하늘 나라에 있는 그 모든 것을 상속받을 하나님의 자녀들입니다. 아버지의 것이 다 우리 것이고, 하늘나라의 영광이 다 우리의 것입니다. 그러므로 이 땅에 있는 것을 가졌느냐 못 가졌느냐에 너무 연연하지 맙시다. 예수 그리스도의 은혜로 영원히 사라지지 않는 부요함을 누리게 될 것이기 때문입니다. 우리는 억만장자가 부럽지 않은 사람들입니다. 땅의 것에 대해서는 빈자처럼, 하늘의 것에 대해서는 부자처럼 살아가는 우리 모두가 되어야겠습니다.

Chapter 12

원수가 주리거든

"내 사랑하는 자들아 너희가 친히 원수를 갚지 말고 하나님의 진노하심에 맡기라 기록되었으되 원수 갚는 것이 내게 있으니 내가 갚으리라고 주께서 말씀하시니라 네 원수가 주리거든 먹이고 목마르거든 마시게 하라 그리함으로 네가 숯불을 그 머리에 쌓아 놓으리라 악에게 지지 말고 선으로 악을 이기라"(로마서 12:19-21).

하나님은 누구에게나 먹고 마실 수 있는 권리를 주셨습니다. 심지어 악인조차도 이 권리를 가지고 있습니다. 우리가 하나님께 받은 은혜를 기억한다면 작은 것 하나라도 아끼고 절약해서 그들을 도울 수 있을 것입니다.

사람들은 흔히 지구를 일컬어 '부서지기 쉬운 작은 배'와 같다고 말합니다. 여러분이 타고 있는 작은 배가 파도와 풍랑이 거세게 휘몰아치는 망망대해에 떠 있다고 상상해 보십시오. 더욱이 그 배는 너무 약해서 언제 파도에 휩쓸려 파선될지도 모른다고 생각해 보십시오. 상상만 해도 불안감에 몸서리쳐지지 않습니까?

최근 들어 세계의 유수한 석학들은 지구를 보면서 이와 같은 불안감을 느끼고 있습니다. 그래서 그들은 불과 몇 년 전과는 달리 지구의 앞날에 대해 상당히 비관적인 말들을 많이 합니다. 듣기 싫은 소리라도 말해야 한다는 일종의 사명감을 느끼는 것 같습니다.

식량 위기

그들이 이처럼 지구의 미래를 비관하게 된 데는 조만간 불어 닥칠지 모르는 세계의 식량 위기에 대한 불안감의 영향이 컸다고 봅니다. 미국의 농무부에서 발표한 통계 자료에 의하면, 1996년도의 세계 곡물 공급량은 1993년에 비해 무려 37퍼센트 가량이나 줄어들었다고 합니다. 이 수치는 전 세계 인구에게 잡곡을 포함한 각종 식량을 골고루 공급한다는 전제하에서 나온 것입니다. 식량 생산량이 3년 전에 비해서 37퍼센트나 감소되었다는 것은 쉽게 말해 3년 전에는 여섯 식구가 쌀 열 말로 한 달을 살았는데, 3년이 지난 지금은 여섯 말을 가지고 한 달을 살아야 된다는 이야기입니다.

우리나라의 경우만 하더라도 식량 문제는 이미 적신호가 켜진 상태입니다. 최근 언론에 보도된 바에 의하면 우리나라의 현재 쌀 재고량은 5년 전에 비해서 80퍼센트나 감소되었다고 합니다. 100가마를 쌓아 놓고 살던 집안이 이제 20가마밖에 안 남았다는 말인 것입니다.

한심한 것은 정부나 국민 대다수가 이렇게 엄청난 통계 수치를 보면서도 별로 대수롭지 않게 생각하고 있다는 것입니다. 만약 선진국에서 이런 수치가 보도되었더라면 아마 대소동이 일어났을지도 모릅니다. 그러나 우리는 쌀 재고량이 무려 80퍼센트나 줄었다는 말을 들으면서도 너무나 태평합니다. 역대 정권들의 기만적인 숫자 놀음에 식상한 나머지 수치에 무관심해진 것입니다. 물가가 몇 십 퍼센트씩 오르는 일을 하도 많이 겪다 보니 수치에 둔감해져 버린 것입니다.

사실 정부가 발표한 현재의 쌀 재고량조차도 믿을 만한 것인지 의심스럽습니다. 제가 군대 생활을 할 때 겪었던 일이 생각납니다. 저는 군대에 있는 동안 식량이나 군용 담배를 보급하는 1종 병참 관계의 일을 했습니다. 제가 해야 할 중요한 임무 중의 하나가 재고 조사였습니다. 장부에 기록된 것과 실제 재고량을 확인하기 위해 수시로 재고 조사를 했는데 그때마다 기가 막힌 일들이 얼마나 많았는지 모릅니다. 장부상으로는 분명히 담배가 700상자가 있는 것으로 되어 있습니다. 실제로도 700상자가 있습니다.

그런데 문제는 바깥에 쌓여 있는 상자 몇 개를 들어내고 확인해 보면 속이 텅 비어 있는 상자들이 몇 십 개나 되는 것입니다. 누군가 내용물을 몰래 빼돌린 것입니다. 그러니 장부의 재고 수치를 어떻게 믿겠습니까? 요즈음이라고 해서 상황이 더 나아졌다고 보지 않습니다. 그런 점에서 현재의 쌀 재고량도 사실대로 믿기 어려운 것입니다.

정부가 발표한 현재 재고량이 비교적 정확한 것이라 해도 문제가 심각하기는 마찬가지입니다. 5년 전에 비해서 80퍼센트나 줄었다는 것은 보통 심각한 일이 아닐 수 없습니다. 일본이나 미국처럼 안정된 식량 자급책이 마련되어 있지 않기 때문입니다. 정권이 바뀌면 정기적으로 꾸준히 추진해야 할 중요 정책들이 밑바닥까지 흔들리는 마당에 식량 자급을 위한 장기적인 정책을 기대하기 어려운 것이 우리의 현실입니다.

최근에 세계적으로 공인된 어떤 통계 자료를 본 적이 있습니다. 지금부터 15년 전인 1981년의 식량 생산치를 100으로 놓고 볼 때 최근 몇 년 동안 세계 각국이 식량 생산치를 어느 정도 유지하고 있는지 조사해 본 것입니다. 일본은 1991년과 1995년에 88이라는 비교적 안정된 수치로 나왔고, 미국도 이와 비슷한 수치를 보였습니다.

그러나 우리나라는 1991년에 102였던 것이 점점 떨어져 1994년에는 85로 나왔고 1995년도의 수치는 아직 나오지도 않았습니다. 이것이 무엇을 말합니까? 우리나라의 식량 자급 상황이 그만큼 불안정하다는 것입니다.

　매년 27개국 말로 발표되고 있는 '지구 환경 보고서'에 따르면, 쌀 생산을 위한 혁명적인 기술 개발이 이루어지든지 아니면 전 세계적으로 인구 증가를 억제할 획기적인 가족 계획이 시행되든지 하지 않으면 머지않아 굶주림의 시대가 닥쳐올 것이라고 합니다. 환경 파괴로 인해 곡물 생산은 점점 감소하는데 인구는 매년 9천만 명씩 늘어나는 것입니다. 매년 남북한 인구의 1.5배나 되는 수만큼 인구가 늘어난다는 이야기입니다. 지구는 마치 먹을 것은 줄어드는데 식구는 걷잡을 수 없이 늘어나는 집안과 같다고 할 수 있습니다. 참으로 기가 막힌 일이 아닐 수 없습니다.

　중국을 보십시오. 중국은 황폐화 현상으로 인하여 매년 경작 면적이 1퍼센트씩 감소하고 있다고 합니다. 이러한 추세라면 10년 후에는 전체 경작 면적의 10퍼센트가 없어지는 셈입니다. 그럼에도 중국 인구는 향후 10년간 5억 가량이 더 늘어 16억이 될 전망이라고 합니다. 중국 정부가 인구 정책의 일환으로 하나만 낳자는 운동을 하고 있지만 인구 증가를 막기엔 역부족인 것 같습니다.

　그러다 보니 식량 부족 사태를 피할 도리가 없게 되었습니다. 중국의 식량 부족 사태는 인류에게 엄청난 불행을 초래할 수도 있습니다. 세계의 곡물 수출량 전부를 중국에 쏟아 붓는다 해도 그 부족량을 다 채우지 못할 것이기 때문입니다. 앞으로 인구와 식량 문제를 해결하지 못하면 인류 앞에 굶주림의 시대가 찾아오리라는 것은 불을 보듯 뻔한 일입니다.

수년 전만 해도 우리는 "기근 때문에 굶어 죽는다."는 말을 들으면 지구 반대쪽의 아프리카에서나 일어나는 일로 생각하고 별로 관심을 기울이지 않았던 것이 사실입니다.

그러나 이제 더 이상 굶어 죽는 것이 남의 일일 수 없게 되었습니다. 휴전선 너머 북한에 있는 동족들이 2년째 무서운 기근으로 인해 굶주림에 시달리고 있기 때문입니다. 먼 산의 불인 줄 알았던 일이 바로 우리 마당에서 일어나고 있는 것입니다. 미래 학자들이 불안스럽게 경고했던 일들이 우리 눈앞에 현실로 나타나고 있는 것입니다.

먹고 마실 권리

사람이 세상에 나서 먹고 마시는 것은 창조자 하나님께서 허락하신 가장 기본적인 삶의 권리입니다. 모든 사람은 세상에 태어나면서부터 먹고 살 권리를 가지고 있습니다. 이 점에 대해서는 한 사람도 예외가 없습니다. 심지어 악인이라 해도 먹고 살 권리를 보장받습니다.

"이는 하나님이 그 해를 악인과 선인에게 비추시며 비를 의로운 자와 불의한 자에게 내려주심이라"(마 5:45).

왜 하나님께서 악한 자에게 해를 비추시고 비를 내리십니까? 그에게도 먹고 마실 권리가 있음을 인정하시기 때문입니다. 모든 사람은 그 누구에게도 **빼앗길 수 없는** 먹고 마실 권리를 가지고 있는 것입니다.

그러나 또 한 가지 우리가 분명히 알아 두어야 할 것이 있습니다. 모든 사람은 자신이 먹고 마실 권리를 가지고 있을 뿐 아니라 다른 사람의 먹고 마실 권리를 보호해 줄 책임도 가지고 있다는 사실입니다. 다시 말해, 먹고 살 권리를 서로가 보호해 주고 지켜 줘야 한다는 말입니다.

예를 들어, 어린 자녀는 먹고 마실 권리를 가지고 있지만 그 권리를 지킬 능력이 없습니다. 따라서 부모가 아침부터 저녁까지 땀 흘려 일함으로써 자녀의 먹고 마실 권리를 보호해 주어야 합니다. 노인들 역시 스스로의 힘으로는 먹고 마실 권리를 향유할 수 없습니다. 따라서 자식이라면 마땅히 열심히 일해서 부모의 먹고 마실 권리를 보호해 주어야 하는 것입니다.

그뿐만이 아닙니다. 우리 사회에는 몸이 부자유스러워서 얻어먹는 것조차 몸소 할 수 없는 불쌍한 사람들이 많이 있습니다. 건강한 우리가 이 사람들의 먹고 마실 권리도 보호해 주어야 합니다. 열심히 일하고 세금을 제대로 내어 그들에게도 복지 혜택이 돌아가도록 도와야 하는 것입니다. 많이 가진 자는 가난한 자에게 자비를 베풀어 그들의 먹고 살 권리를 보장해 주어야 합니다. 하나님께서 바로 이러한 책임을 우리 모두에게 맡겨 주셨습니다.

요즘 우리 사회에는 과소비 열풍이 불고 있습니다. 해외 여행이 자유화된 이후 우리나라 사람들이 여행지에서 쓸데없이 외화를 허비하고 사치하는 일들이 더욱 많아진 것 같습니다. 몸에 좋다는 것이면 물불을 안 가리고 먹어댈 뿐 아니라, 심지어 밀수까지 서슴지 않는 사람들로 인해 동남아에 있는 곰 발바닥, 곰 쓸개가 남아 나지를 않는다고 합니다. 그들은 이런 변명을 잘 늘어놓습니다. "내 돈 가지고 내가 쓰는데 무슨 상관이냐?"

그러나 이것은 너무나 무식하고 무책임한 말이 아닐 수 없습니다. 가진 사람이 자기 돈이라고 해서 마음대로 외화를 낭비하게 되면 이 나라 경제가 그만큼 어려워지게 됩니다. 국가 경제가 어려워지면 결과적으로 돈 없는 사람들이 그만큼 살기 힘들어지게 됩니다. 내가 사치하고 낭비함으로써 다수의 돈 없는 사람들이 먹고 마실 권리를 박탈당하게 되는 것입니다. 그러므로 우리는 자기가 번 돈이라고 해서 자기 마음대로 쓰면 안 됩니다. 근검 절약해야 하는 것입니다. 다른 사람의 먹고 마실 권리를 보호해 주기 위해서라도 그렇게 해야 하는 것입니다.

원수의 먹고 마실 권리도 보호해 주라

본문 말씀은 다른 사람의 먹고 마실 권리를 인정하고 보호해 주어야 할 의무에 대해 충격적이고도 실제적인 교훈 한 가지를 들려줍니다.

"네 원수가 주리거든 먹이고 목마르거든 마시게 하라 그리 함으로 네가 숯불을 그 머리에 쌓아 놓으리라"(롬 12:20).

그가 원수라 할지라도 먹고 마실 권리를 보호해 주어야 한다는 것입니다. 당시 로마 교회 성도들은 로마 제국의 여러 집단 중에서 가장 소수 집단이었습니다. 그러다 보니 세상 사람들과 구별되게 살려고 하는 그들의 노력은 오히려 그들이 온갖 조롱과 핍박을 당하게 되는 빌미가 되었던 것이 사실입니다. 그들은 예수 믿는다는 단 한 가지 이유 때문에 가족들의 배척을 받아 집에서 쫓겨났으며, 직장에서는 상관이나 동료들로부터 온갖 괴로움과 수모를 겪기도 했습니다. 그들에게는 본의는 아니지만 원수처럼 지내는 자들이 있었던 것입니다.

'원수'처럼 불편한 관계에 있는 사람에게 농정을 베푼다거나 관심을 보인다는 것은 절대 쉬운 일이 아닙니다. 원수를 사랑하기보다 미워하기가 쉬운 것은 아주 당연한 일입니다.

그러나 하나님께서는 우리에게 그런 당연한 수준을 넘어설 것을 요구하십니다. 우리를 미워하여 원수처럼 대하는 사람들이라 할지라도 먹을 것이 없어 주리는 것을 보거든 속으로 쾌재를 부르며 구경하고만 있지 말고 먹을 것을 가져다 주라는 것입니다. 그들이 마실 것이 없어 목이 타는 어려움을 당하고 있으면 숨겨 놓은 물통을 가지고 찾아가라는 것입니다.

왜냐하면 비록 그들이 원수일지라도 먹고 마실 권리가 있기 때문입니다. 하나님 자신이 악인에게도 해를 비추시고, 비를 내리는 분이신 것처럼 하나님의 자녀 된 우리 역시 그들의 먹고 마실 권리를 보호해 주어야 된다는 것입니다.

지금 휴전선 저 너머에서는 우리의 동족들이 처절하게 굶어 죽어 가고 있습니다. 지난 반세기 동안 그들은 우리의 원수가 되어 있었습니다. 그들은 굶어 죽어 가는 마당에도 공산주의 망령에 사로잡혀 또한번 6·25와 같은 전쟁을 꿈꾸는 철저한 공산주의자들인지도 모릅니다.

그럼에도 불구하고 우리는 그들을 외면하면 안 됩니다. 하나님께서는 원수가 주리면 먹이라고 하셨습니다. 그들이 공산주의자라는 이유 때문에 먹고 마실 권리마저 보호받지 못하는 일이 있어서는 안 됩니다. 사상적으로는 그들이 우리의 원수일지 모르지만 핏줄로는 형제 자매들입니다.

하나님께서는 우리나라를 복주셔서 먹을 것과 마실 것을 풍족하게 주셨습니다. 우리가 이런 풍요로운 시대를 살면서 양식이 없어 굶어 죽어 가는 북한 동포들을 모른 체한다면 하나님 앞에서 큰 죄를 짓는 것입니다.

언젠가 신문 지상을 통해 함경도에서 인육을 시장에 내다 팔다가 처형당한 사람의 이야기가 소개되어 사람들에게 엄청난 충격을 준 일이 있습니다.

함경도 어느 도시에 굶주림에 지친 한 청년이 있었습니다. 그는 너무나 배가 고픈 나머지 헛것을 보기 시작했고, 심지어는 사람이라도 잡아먹고 싶은 충동까지 느끼게 되었다고 합니다. 가만히 생각해 보니 자기 동네 사람들은 다 자기처럼 굶주려 뼈만 앙상한 사람들이라 별로 먹을 것이 없을 것 같았습니다. 그런데 그에게 퍼뜩 한 사람의 얼굴이 떠올랐습니다. 중국을 넘나들면서 장사를 하는 아주머니였는데, 그래도 다른 사람들과는 달리 비교적 살이 통통한 편이었나 봅니다. 그래서 그는 기회를 보다가 그 여자를 사람이 없는 으슥한 곳으로 유인해서 죽이고는 그 살점을 뜯어서 구워 먹었다고 합니다. 자기 혼자서 먹으면 얼마나 먹겠습니까? 실컷 먹고 배부르니까 이제 또 한 가지 생각이 떠올랐습니다. 남은 살점을 시장에 내다 팔아서 돈이나 벌자는 것입니다.

요즘 북한에는 웬만한 도시나 마을에 장이 형성되고 있다고 합니다. 사람들은 그곳에서 물물 교환도 하고, 정보도 교환합니다. 이것은 10년 전만 해도 전혀 상상도 못할 일이었습니다. 그러나 너무나 먹고 살기가 어려워지다 보니 당국에서 이것을 묵인하는 것 같습니다.

그 청년은 이러한 시장에 인육을 내다 팔기로 결심했습니다. 그는 그것을 돼지고기라고 속여서 팔았습니다. 그런데 그것을 사 간 사람들이 먹어 보니 돼지고기 맛이 아니었던 것입니다. 그렇다고 쇠고기일 것 같지도 않았습니다. 북한에서는 소를 밀교살하면 공개 처형되기 때문입니다.

그것이 무슨 고기냐를 놓고 사람들의 의견이 분분한 가운데 정보 당국이 그 청년을 붙잡아 조사한 결과 인육이라는 사실이 밝혀졌습니다. 결국 그는 이 만행을 저지른 죄로 공개 처형을 당하게 되었는데, 처형되기 직전에 이런 말을 남겼다고 합니다. "니도 나중에는 내 꼴이 된데이."

이런 기가 막힌 소식을 들으면서도 대부분의 사람들은 북한 사람들을 불쌍히 여기거나 그들의 처지를 별로 안타까워하지 않는 것 같습니다. 오히려 "다들 꼴좋다. 네 놈들이 저지른 죗값을 톡톡히 치러야 할 거다."라며 즐거워하기까지 합니다.

반세기 전만 해도 우리 선조들은 굶주림 때문에 자주 고생해야 했습니다. 그분들의 말을 들으면 세상에서 굶주림만큼 무섭고 잔인한 것은 없다고 합니다. 요즘처럼 시장 경제가 잘 발달해서 식량과 생필품의 유통이 원활히 이루어졌다면 내가 안 가지고 있어도 다른 사람의 것을 끌어들일 수라도 있었을 것입니다. 그러나 그 당시는 제 것이 없으면 고스란히 앉아서 굶어 죽을 수밖에 없는 농경 사회였습니다. 어쩌다가 병충해나 가뭄 때문에 1년 혹은 2년의 농사 피해를 입게 되면 농가마다 배를 움켜잡고 다음 추수 때까지 버텨야 하는 것이 그 당시의 상황이었습니다.

저는 얼마 전에 저희 어머니로부터 매우 충격적인 이야기를 들은 적이 있습니다. 제 외가에 관한 이야기입니다. 제 증조 외할머니는 마흔 살에야 아들을 얻을 수 있었다고 합니다. 늦게 얻은 아들인지라 얼마나 애지중지했겠습니까?

그런데 이 아들이 너댓 살쯤 되었을 때 2년째 계속되는 가뭄으로 인해 마을에 있던 양식이 거의 바닥이 나 버렸습니다. 5, 60호가 옹기종기 모여 살던 평화로운 시골 벽촌 마을은 이제 살기가 감도는 살벌한 곳으로 바뀌었습니다. 대부분의 사람들은 굶기를 밥 먹듯 했습니다. 아침에 일어나 바깥에 나가 보면

길바닥 여기저기에 굶어 죽은 사람의 시체가 뒹구는 것을 쉽게 발견할 수 있었다고 합니다. 이런 상황에서는 양식이 있는 집조차도 제대로 살 수 없었다고 합니다. 도둑 때문입니다. 집에 양식이 있다는 사실이 알려지는 날에는 그야말로 끝장입니다. 심지어 양식 때문에 목숨마저 잃을 수도 있습니다. 그래서 사람들은 양식이 조금이라도 남아 있으면 땅에 파묻어 두었다가 몰래 꺼내 먹곤 했습니다.

이런 어려운 상황 속에서 증조 외할머니는 늦게 낳은 아들만은 살려야겠다고 결심하셨습니다. 그래서 배고파 우는 두 딸들은 굶기면서 아들만은 어떻게 해서든지 먹였다고 합니다. 어느 날 아침 방문을 열어 보니 두 딸이 주린 배를 움켜쥐고 죽어 있더라는 것입니다.

저는 그 이야기를 들으면서 뭐라고 표현하기 어려운 묘한 기분에 사로잡혔습니다. 증조 할머니가 그렇게 독한 마음을 품고 그 아들을 살리지 않았더라면 제 어머니가 어떻게 태어났겠습니까? 만일 제 어머니가 없었더라면 제가 어떻게 이 세상에 태어날 수 있었겠습니까? 굶주림에 대해 공포감마저 느껴졌습니다. 열 손가락 깨물어 안 아픈 손가락은 없다는 말도 있듯이 어느 부모가 자기 자녀가 배고파 우는 것을 보며 피눈물을 흘리지 않겠습니까? 그러나 굶주림은 부모에게 어떤 아이는 살리고 어떤 아이는 포기해야 할 막다른 비정한 결단까지 요구할 정도로 무서운 것입니다.

북한에 양식을

지금 휴전선 너머 저 북녘 하늘 아래에서는 이와 비슷한 비극들이 도처에서 벌어지고 있습니다. 그들도 먹고 살 권리를 가진 사람들입니다. 우리가 그들의 권리를 보호해 주어야 합니다. 우리가 양식을 보낼 수 있는 길이 있다면 따지지 말고 그들을 도와 주어야 합니다. 그 양식이 굶주리는 사람들의 손에 제대로 전해지기만 한다면 아무런 조건 없이 도와 주어야 합니다. 사실 그들의 비참한 처지가 벌써 2년째 계속 되고 있지만 이제까지 우리는 그들에게 아무런 도움도 주지 못했습니다. 그러나 이제 더 이상 시간을 미루면서 변명하지 맙시다. 정치적인 계산이나 경제적인 조건을 따지지 맙시다. 그 모든 이유들을 다 내려놓고 그들을 도와야 합니다.

교회가 이 아름다운 일에 앞장섰으면 합니다. 그런 의미에서 한 달에 한 번 정도 북한 동포들을 돕는 일에 성의를 모으면 좋겠습니다. 주일 학생이면 100원도 좋고, 500원도 좋습니다. 우리 젊은이들은 커피 한 잔 값만 아껴도 삼사천 원은 충분히 도울 수 있습니다. 외식 한 번만 줄이면 일이만 원은 충분히 도울 수 있습니다. 입고 싶은 것 조금만 참으면 십만 원도 도울 수 있습니다. 우리가 보기에는 대수롭지 않은 금액일지 모르지만 그 돈이면 북한에서 굶주림에 지쳐 죽어 가는 수많은 사람들이 살아납니다.

『21세기 예측』이라는 책이 있습니다. 이 책은 세계에서 내로라 하는 103명의 석학들과 유명인사들이 기고한 글들을 엮어낸 것으로, 21세기를 맞는 현대 사회의 이슈들을 심도 있게 분석한 상당히 무게 있는 책입니다. 이 책을 읽어 가던 중 노벨 평화상 수상자이자 보스톤 대학교 교수인 엘리 비젤 박사가 쓴 글을 읽고 충격을 받았습니다. 그는 21세기에 인간 사회를 황폐화시킬 수 있는 가장 무서운 악이 있다면 그것은 무관심이라고 지적했습니다. 참 옳은 지적이라고 생각합니다.

현대인들의 가장 두드러진 특징 하나를 들라면 무관심을 들 수 있을 것입니다. 사람들은 자기밖에 모르는 이기적인 동물들이 되어 버렸습니다. 자기에게 직접적인 피해가 없는 일이면 남의 일처럼 생각하고 아무런 관심도 안 가지는 것입니다.

그러나 우리는 그의 말에 귀를 기울여야 합니다. "사랑의 반대는 증오가 아니라 무관심이다. 교육의 반대는 무지가 아니라 무관심이다. 아름다움의 반대는 추함이 아니라 무관심이다. 삶의 반대는 죽음이 아니라 삶과 죽음 모두에 대한 무관심이다."

북한에서 수많은 남녀노소들이 굶주려 죽어 가고 있다는 말을 듣고도 무관심할 수 있다면 그는 하나님의 자녀라고 말할 수 없을 것입니다. 우리는 자기밖에 모르는 이 무서운 세대를 본받아서는 안 됩니다. 북한 사람들의 처지를 자신의 문제처럼 생각해야 하는 것입니다.

숯불을 그 머리 위에

로마서 12장 1절을 보십시오.

"그러므로 형제들아 내가 하나님의 모든 자비하심으로 너희를 권하노니 너희 몸을 하나님이 기뻐하시는 거룩한 산 제물로 드리라 이는 너희가 드릴 영적 예배니라."

여기서 '그러므로'라는 말에 주목할 필요가 있습니다. 이 말은 1장부터 11장까지 제시된 복음의 진수를 한마디로 요약하는 것입니다. "로마 교회 성도들이여, 너희들이 누구인가? 너희들이야말로 죽을 수밖에 없는, 영원히 저주받은 죄인이 아니었는가? 그럼에도 불구하고 하나님께서 예수 그리스도의 십자가 공로로 너희의 모든 죄를 용서하셨느니라. 너희는 용서받고 의롭다 함을 받아 거룩한 하나님의 백성이 되었다. 너희가 이 큰 구원을 아무런 값없이 받았은즉 이제 한 가지 해야 할 일이 있다. 너희 몸을 하나님이 기뻐하시는 거룩한 산 제사로 드리는 것이다." 이렇게 말씀하는 것입니다.

그러면 어떻게 우리 몸을 거룩한 산 제사로 드릴 수 있을까요? 20절에 그 한 가지 대답이 나옵니다.

"네 원수가 주리거든 먹이고 목마르거든 마시게 하라."

원수가 주린 것을 보거든 먹을 것을 들고 가라는 것입니다. 그가 목말라 죽어 가고 있으면 우리가 마실 물을 아껴서라도 그에게 마시우라는 것입니다. 그렇게 할 때 한 가지 놀라운 결과가 나타납니다.

"그리함으로 네가 숯불을 그 머리에 쌓아 놓으리라"(20절 하).

'그리함으로'는 20절 앞부분에 나와 있는 명령에 순종하는 것을 말합니다. 그리고 그 뒤에 나오는 말은 그로 인해 나타나게 될 결과를 가리킵니다. 그러면 그 결과가 무엇입니까? 원수의 머리 위에 숯불을 쌓아 놓게 된다는 것입니다. 우리가 북한에 있는 형제들의 굶주림을 안타깝게 여기는 마음으로 아끼고 절약해서 모은 돈을 이름도 없이 빛도 없이 그들에게 보내면 그것을 받는 북한에 있는 형제 자매들의 머리에 활활 타는 숯불을 얹어 놓는 것과 같다는 말입니다.

이 말을 문자적으로 이해해서는 안 됩니다. 진짜 타오르는 숯불을 얹어 놓는다면 머리카락이 다 타 버릴 것이기 때문입니다. 이 말씀은 그들의 온몸이 뜨거워지고 가슴이 뜨거워지게 만든다는 뜻입니다. 사람은 누군가로부터 사랑을 받으면 마음에 진한 감동을 받습니다. 그러다 보면 가슴이 뜨겁게 달아오르게 되어 있습니다.

그리고 이렇게 가슴이 뜨거워지면 아무리 굳게 닫혀 있던 마음이라도 활짝 열리게 됩니다. 우리가 지금 당장 그들에게 가서 예수 믿으라고 전도할 필요가 없습니다. 그들이 굶어 죽어 갈 때 우리가 작은 것이라도 그들을 위해 희생하여 그들을 돕는다면 나중에 남북이 통일될 때 힘들게 전도할 필요가 없습니다. 예수 믿는 사람이라고 하면 그들이 쉽게 마음 문을 열 것이기 때문입니다. '아! 하나님의 사랑이 이런 것이구나.' 하고 우리 앞에 간증할 것이기 때문입니다.

사람은 누구나 먹고 마실 권리를 가지고 있습니다. 심지어 악인조차도 이 권리를 가지고 있습니다. 그뿐 아니라 모든 사람은 다른 사람의 먹고 마실 권리를 인정하고 보호해 주어야 할 책임도 가지고 있습니다. 상대방이 원수라 할지라도 그가 먹고 마실 권리를 향유할 수 있도록 도와야 하는 것입니다. 그동안 우리와 원수처럼 지내 왔던 북한 동포들이 심각한 굶주림에 시달리고 있습니다.

우리가 하나님께 받은 은혜를 기억한다면 작은 것이라도 아끼고 절약해서 그들을 도와야 합니다. 그들의 먹고 마실 권리를 보호해 주어야 하는 것입니다. 우리가 이 책임을 잘 감당할 때 공산주의 사상으로 얼어 붙었던 그들의 마음이 뜨거워질 것입니다. 그들의 마음이 복음에 대해서 활짝 열리게 될 것입니다. 그들은 우리를 보고 악인의 권리까지도 보장해 주시는 하나님의 사랑을 알게 될 것입니다.

우리 모두 그들의 먹고 마실 권리를 보호하는 이 일에 앞장섬으로써 그들로 하여금 복음에 대해 마음 문을 열게 만드는 이 아름다운 일에 놀랍게 쓰임받으면 좋겠습니다.

Chapter 13

저주받은 땅, 책임 있는 관리

"아담에게 이르시되 네가 네 아내의 말을 듣고 내가 네게 먹지 말라 한 나무의 열매를 먹었은즉 땅은 너로 말미암아 저주를 받고 너는 네 평생에 수고하여야 그 소산을 먹으리라 땅이 네게 가시덤불과 엉겅퀴를 낼 것이라 네가 먹을 것은 밭의 채소인즉 네가 흙으로 돌아갈 때까지 얼굴에 땀을 흘려야 먹을 것을 먹으리니 네가 그것에서 취함을 입었음이라 너는 흙이니 흙으로 돌아갈 것이니라 하시니라"(창세기 3:17-19).

오늘날 환경 문제의 근원은 인간들이 자연을 경작하고 관리하는 관리자가 아니라 수탈하는 정복자와 폭군으로 변했다는 데 있습니다. 이것은 경작하고 돌보게 하신 하나님의 명령을 거역하는 배임(背任)이요, 죄입니다.

사람들은 흔히 자연을 일컬어 '인간의 어머니'라고 말합니다. 그리 과장된 말은 아니라고 생각합니다. 자연은 인간이 생명을 보전하기 위해 필수 불가결한 환경이요, 터전이기 때문입니다. 아무도 자연의 품을 떠나서는 살아남을 수 없습니다. 이것은 자연 편에서도 마찬가지입니다. 인간이 없는 자연은 무의미합니다. 하나님께서 인간을 위해 자연을 창조하셨기 때문입니다. 인간과 자연은 어떤 면에서 생사를 같이하는 운명공동체라고 할 수 있을 것입니다. 우리는 본문에서도 그 증거를 발견할 수 있습니다.

저주받은 땅

"땅은 너로 말미암아 저주를 받고 너는 네 평생에 수고하여야 그 소산을 먹으리라"(창 3:17).

아담과 하와의 죄로 인해 땅이 저주를 받았습니다. 그 결과 땅은 가시덤불과 엉겅퀴를 내게 되었습니다. 여기서 '땅'이란 우리가 밟고 다니는 땅만을 말하지 않습니다. 하늘과 바다를 포함한 자연 만물 모두를 말하는 것입니다.

그러므로 땅이 저주를 받았다는 말은 자연 만물이 저주를 받았다는 뜻입니다. 땅은 원래 인간이 먹고 살아가기 위해 필요한 모든 것을 풍성히 공급하게 되어 있었습니다. 땅의 이러한 기능은 저주를 받은 이후에도 변하지 않았습니다. 범죄 이

후에도 인간은 밭의 채소와 땅에서 나는 것을 먹고 살도록 되어 있었습니다.

달라진 것이 있다면 저주로 인해 땅에 생겨난 가시와 엉겅퀴 때문에 사람이 땀을 흘려 수고해야 소산물을 얻을 수 있게 된 것뿐입니다. 그런데 기독교 일각에서는 '땅이 저주를 받았다.'는 이 말을 오해해 '어차피 저주받은 것이니 마음대로 개발하고 훼손해도 된다.'라고 생각하는 사람들이 있는 것 같습니다. 그래서 그런지 이제까지 기독교인들조차도 자연을 매우 거칠게 다루어 왔던 것이 사실입니다.

세계 최대의 환경 운동 단체라고 하는 '월드 워치 지구 감시 연구소'가 발표한 보고서는 오늘날의 환경 위기에 대해 이렇게 보고했습니다. "지구의 환경 위기는 이제 과학 기술의 발달이 해결할 수 있는 선을 넘어섰다. 혁명적인 기술 진보가 없는 한, 인류는 다가오는 굶주림의 시대를 피할 도리가 없을 것이다." 전 세계 인구는 매년 거의 1억 명 정도씩 증가한다고 합니다. 앞으로도 당분간은 이와 같은 추세가 계속될 것으로 전망됩니다.

그런데 문제는 세계의 곡물 생산량이 1984년 이래로 급격히 감소하고 있다는 사실입니다. 밀의 경우는 11퍼센트나 감소했습니다. 그럼에도 농업 용수의 오염은 갈수록 더 심각해지고 도시화로 인해 농경지가 점점 줄어들고 있습니다. 그래서 농부들과 과학자들이 아무리 노력을 해도 인류를 먹여 살리기에는 역부족이라고 말하는 것입니다. 지구는 이미 생물학적인 한계점에 도달해 있기 때문입니다. 따라서 앞으로 인류가 이 지구상에서 살아남기 위해서는 산아 제한을 함으로써 인구를 줄이는 방법밖에 없다는 것입니다. 이러한 위기의 근원이 어디에 있습니까? 무분별하게 자연을 착취하고 훼손시킨 데 있는 것입니다.

조금만 관심을 가지고 둘러보면 우리나라도 환경 문제가 매우 심각한 수준에 이르렀다는 사실을 쉽게 알 수 있습니다. '산업화'라는 허울좋은 이유를 내세우며 산지와 농지를 함부로 파헤치고, 쓰레기를 아무데나 마구 버리고, 죽음의 폐수를 제대로 처리하지도 않은 채 그대로 강으로 흘려 보낸 결과 땅과 강, 바다, 공기 그 어느 것 하나 병 들지 않고 남아 있는 것이 없을 정도가 되었습니다.

수질 오염을 막는 데는 하수 처리 시설이 관건일 것입니다. 그런데 담당 공무원들은 뇌물을 받고 그렇게 중요한 하수 처리 시설을 엉터리 업자에게 하청을 줍니다. 그러다 보니 겉모양은 그럴듯한데 실제로는 한번도 제대로 가동된 적이 없는 시설이 얼마나 많은지 모릅니다. 가동을 중단하고 있는 것이 아니라 애초부터 가동이 안 되는 불량 시설이기 때문입니다. '금수강산'이라고 자랑하는 이 나라 산하가 악한 인간들 때문에 중병에 걸린 것입니다. 지금 우리는 기로에 서 있습니다. 조금 못사는 쪽을 택하고 자연을 살릴 것인지 아니면 조금 더 잘살기 위해서 자연을 계속 훼손시킬 것인지 갈림길에 서 있는 것입니다. 우리는 후손들에게 호화로운 맨션과 함께 더러워진 공기와 썩은 물, 쓸모없는 땅을 물려줄 것인지, 초라한 초가집과 함께 건강하고 아름다운 자연을 물려줄 것인지 둘 중 하나를 선택해야 합니다.

이에 대한 하나님의 뜻은 너무나 명백합니다. 하나님께서는 자연을 마음대로 착취하고 파괴해도 좋다고 말씀하신 적이 한 번도 없습니다. 어떤 사람은 인간이 좀 더 편하게 살기 위해서는 어쩔 수 없는 것 아니냐고 반문할지도 모릅니다. 그러나 그러한 명분은 하나님 앞에서 아무런 설득력이 없습니다. 우리는 그 이유를 두 가지로 살펴볼 수 있습니다.

인간은 자연의 일부이다

첫째 이유는, 인간은 원래부터 자연의 한 부분으로 창조되었기 때문입니다.

"네가 흙으로 돌아갈 때까지 얼굴에 땀을 흘려야 먹을 것을 먹으리니 네가 그것에서 취함을 입었음이라 너는 흙이니 흙으로 돌아갈 것이니라 하시니라"(창 3:19).

사람은 흙으로 만들어진 존재로서 결국 흙으로 돌아가게 되어 있습니다. 인간은 땅, 곧 자연의 한 부분입니다. 이것은 음성학적으로도 입증되는 사실입니다. 히브리어로 사람은 '아담(adam)'입니다. '아담'은 인류의 첫 조상의 이름이기도 한데, 그의 이름 자체가 사람을 뜻하는 것입니다. 흙은 히브리어로 '아다마(adamah)'입니다. 음성학적으로 볼 때도 사람과 흙은 공통 분모를 갖고 있는 것입니다.

요즈음 '신토불이(身土不二)'라는 말이 유행하고 있습니다. 이 말에 함축되어 있는 종교적인 의미만 제거한다면 참으로 옳은 말이라고 봅니다. 우리의 몸과 땅은 둘이 아니요 하나인 것입니다. 그러므로 땅이 가시와 엉겅퀴를 내어 인간을 수고롭게 한다고 해서 그것을 무자비하게 다루어도 좋은 대상으로 보면 안 됩니다. 땅을 무자비하게 다루는 것은 바로 자기 자신을 무자비하게 다루는 것과 같기 때문입니다.

그럼에도 우리는 이 엄연한 사실을 외면한 채 정복감에 고취되어 자연을 마구 수탈해 왔습니다. 오늘날 지구상에 왜 이렇게 많은 기상 이변이 일어난다고 생각합니까? 왜 때아닌 홍수와 지진, 한파가 밀어닥칩니까? 인간의 그칠 줄 모르는 탐욕으로 인해 수탈당해 온 자연이 더 이상 참지 못하고 울분을 토하며 대항하는 것입니다. 인간이 병들면 자연 역시 병들게 되고, 인간이 자기 욕심만 추구하면서 살면 자연이 고통을 당하게 되어 있습니다. 그러므로 인간은 자연을 공생해야 할 존재로 알고 자기 자신을 대하듯 진정으로 아껴야 합니다.

인간은 자연 만물의 관리자다

둘째 이유는, 인간은 하나님께로부터 자연 만물을 관리할 책임을 위임받았기 때문입니다.

"하나님이 이르시되 우리의 형상을 따라 우리의 모양대로 우리가 사람을 만들고"(창 1:26).

우리란 성부, 성자, 성령 삼위 하나님을 가리킵니다. 따라서 이 말씀은 하나님께서 자기 형상대로 사람을 만드셨다는 뜻입니다. '하나님의 형상'은 여러 가지 의미를 가지고 있겠지만 그중에서 빼놓을 수 없는 것이 '왕'이라는 의미라고 봅니다. 하나님께서는 사람을 만물의 영장으로, 곧 왕으로 만드셨습니다. 하나님께서 만드신 자연 만물을 하나님 대신 관리하고 보전하게 하기 위함이었습니다.

"하나님이 이르시되 우리의 형상을 따라 우리의 모양대로 우리가 사람을 만들고…모든 것을 다스리게 하자 하시고 하나님이 자기 형상 곧 하나님의 형상대로 사람을 창조하시되…"(창 1:26-27).

하나님께서 자연 만물을 다스리고 관리하도록 하시기 위해 인간을 자기 형상대로 창조하신 것입니다. 그러므로 28절에 뒤따르는 하나님의 명령은 당연한 순서라고 할 것입니다.

"하나님이 그들에게 복을 주시며 하나님이 그들에게 이르시되 생육하고 번성하여 땅에 충만하라, 땅을 정복하라, 바다의 물고기와 하늘의 새와 땅에 움직이는 모든 생물을 다스리라 하시니라."

하나님께서는 인간에게 생육하고, 번성하고, 땅에 충만하고, 정복하고, 다스리라는 다섯 가지 복을 주신 것입니다.

그런데 기독교인들 중에는 "땅을 정복하라, 다스리라." 하는 이 말씀을 오해한 사람이 적지 않았습니다. 그 결과 기독교 문화가 들어가는 곳마다 과학 문명이 발달하고, 그럴수록 자연을 훼손하고 파괴하는 일이 더 많아졌다는 것은 부인할 수 없는 사실입니다. 이러한 오해의 밑바닥에는 '하나님께서 땅을 정복하고 다스리라고 하셨으니 우리 마음대로 해도 좋다.'라는 사고방식이 놓여 있는 것입니다. 그래서 린 화이트 같은 학자들은 자연이 오늘날과 같이 훼손되고 오염된 데는 기독교에 그 책임이 있다고 주장하기까지 했습니다. 그들의 주장에 억지스러운 면이 없지 않다 하더라도 기독교가 오늘날의 환경 오염에 대해 책임을 져야 한다는 목소리에는 귀를 기울일 필요가 있다고 생각합니다.

기독교가 뒤집어쓴 이와 같은 불명예를 불식시키고 자연에 대한 성경적인 태도를 확립하기 위해서는 '땅을 정복하라', '다스리라' 라는 말의 의미를 분명히 해둘 필요가 있습니다. 이 말은 흔히 '짓밟다', '지배하다' 라는 의미로 사용됩니다. 이런 표면적인 의미만 생각하면 '자연을 우리 마음대로 이용해도 좋다.' 는 말처럼 들리는 게 사실입니다.

그러나 성경 전체를 놓고 살펴보면 절대 그러한 통속적인 의미를 말하지 않는다는 사실이 분명하게 드러납니다. '정복하라' 와 '다스리라' 는 말은 다름이 아니라 하나님의 소유인 자연을 하나님께서 원하는 방법대로 잘 관리하라는 뜻입니다. 이것은 2장 15절에서도 분명히 나타납니다.

"여호와 하나님이 그 사람을 이끌어 에덴동산에 두어 그것을 경작하며 지키게 하시고."

하나님께서는 아담과 하와를 지으신 후 그들을 에덴 동산으로 인도하시고 그것을 다스리고 지키게 하셨습니다. '다스리다' 라는 말은 히브리어로 '아바드' 인데 '경작하다', '일구다' 라는 뜻을 가지고 있습니다. 그리고 '지키다' 라는 말은 '샤마르' 인데 '관리하다', '보존하다' 라는 뜻을 가지고 있습니다. 하나님께서는 인간에게 에덴 동산을 일구어 경작하게 하셨을 뿐 아니라 그것을 잘 관리하고 보존하게 하신 것입니다. 경작하고 돌보는 것, 이것이야말로 '정복하고 다스리라' 라는 말의 참 의미입니다.

여기서 한 가지 분명히 짚고 넘어가야 할 것이 있습니다. 우리는 관리자일 뿐, 주인이 아니라는 사실입니다. 따라서 우리는 탐욕이 부추기는 대로가 아니라 주인 되신 하나님께서 원하시는 대로 자연을 보존하고 관리해야 하는 것입니다.

하나님께서는 절대로 자연의 아름다움을 짓밟고, 생태계의 질서를 파괴해도 좋다고 허락하신 적이 없습니다. 큰 저택의 정원을 책임지고 있는 정원사가 밤낮 술에 취해 잡초가 무성하도록 정원을 내팽개쳐 둔다거나 탐욕에 눈이 멀어 좋은 나무와 예쁜 꽃은 전부 뒤로 빼돌려 팔아먹는다고 생각해 보십시오. 과연 그가 자기 책임을 다하고 있다고 말할 수 있겠습니까?

오늘날 환경 문제의 근원은 인간들이 자연을 경작하고 관리하는 관리자가 아니라 수탈하는 정복자와 폭군으로 변했다는 데 있습니다. 이것은 경작하고 돌보게 하신 하나님의 명령을 거역하는 배임 행위요, 죄입니다. 인간의 몸을 보십시오. 흙으로 만들어진 것이기에 조금만 잘못 다루어도 금방 지치거나 병들고, 심지어 죽을 수도 있습니다. 하나님께서는 인간의 이러한 연약함을 아시기에 잠을 주셔서 밤에 쉬게 하셨을 뿐 아니라 6일은 일하고 하루를 안식하게 하셨습니다.

연약하기로는 자연 역시 다를 바 없습니다. 자연계의 모든 상호 작용은 땅을 중심으로 일어나기 때문에 자연도 똑같은 연약함을 가지고 있습니다. 잘못 다루면 병들거나 망가지기 쉬운 것은 인간이나 자연이나 차이가 없는 것입니다. 하나님께서 땅에도 안식을 주라고 하신 것은 바로 이 때문이었습니다.

"이스라엘 자손에게 말하여 이르라 너희는 내가 너희에게 주는 땅에 들어간 후에 그 땅으로 여호와 앞에 안식하게 하라 너는 육 년 동안 그 밭에 파종하며 육 년 동안 그 포도원을 가꾸어 그 소출을 거둘 것이나 일곱째 해에는 그 땅이 쉬어 안식하게 할지니 여호와께 대한 안식이라 너는 그 밭에 파종하거나 포도원을 가꾸지 말며 네가 거둔 후에 자라난 것을 거두지 말고 가꾸지 아니한 포도나무가 맺은 열매를 거두지 말라 이는 땅의 안식년임이니라"(레 25:2-5).

하나님께서는 제 칠 년째 되는 안식년에는 파종을 하지도, 열매를 거두지도 말라고 명령하셨습니다. 땅이 쉼을 얻도록 하라는 것입니다. 그렇게 할 때 땅이 생명력을 회복하게 되고, 결과적으로는 인간에게 필요한 소산물을 더욱 풍성히 맺을 수 있기 때문입니다.

하나님께서 자연을 얼마나 아끼시는지는 신명기 20장 19절에도 잘 나타나 있습니다. 하나님께서는 당신이 미워하시는 족속들의 성읍을 공격할 때에라도 그 나무는 손대지 말라고 명령하셨습니다. 사람과 싸우러 간 것이지 자연과 싸우러 간 것이 아니라는 것입니다. 하나님께서는 이 정도로 자연을 소중히 여기는 분이십니다.

그러므로 우리는 '경제 개발'이라는 미명 아래 하나님의 소유인 자연계를 함부로 훼손해서는 안 됩니다. 'GNP 1만 달러 시대'나 '선진국 진입' 등 아무리 화려한 구호를 내건다 해도 자연을 함부로 파괴하는 것은 '오늘 즐기고 내일 죽자.'는 어리석은 행동에 지나지 않습니다.

욕심에 눈이 멀어 한치 앞을 못 보고 자연을 마구 파헤치고 더럽히는 사람들을 보면 분노가 치밀어 올라 견딜 수가 없습니다. 어쩌다 우리가 이토록 무모한 파괴자가 되어 버렸습니까? 자기 당대에만 편안하게 살 수 있다면 후손들이야 썩은 물과 썩은 공기를 마시고 죽어도 상관없다는 그러한 끔찍한 발상은 도대체 어디에서 왔는지 모르겠습니다.

자녀 사랑이 무엇입니까? 자연을 함부로 망가뜨리고, 강에 폐수를 방출하여 물고기들을 떼죽음시키면서 번 돈으로 그저 잘 먹이고 잘 입히기만 하면 자녀를 사랑하는 것입니까? 그래서 나중에 그가 오염된 땅에서 썩은 물과 썩은 공기를 마시며 살게 만드는 것이 진정 자녀를 사랑하는 것입니까? 자녀를 진정으로 사랑하는 사람이라면 절대 그런 짓을 할 수 없을 것입니다.

우리는 이 두 가지 사실을 꼭 명심해야 합니다. 먼저, 우리 자신도 자연의 일부분이라는 사실입니다. 우리와 자연은 공동운명체입니다. 따라서 자연을 인간 대하듯 대해야 하는 것입니다. 그리고 또 하나는, 우리는 하나님께서 만드신 자연을 관리할 책임을 위임받은 관리자라는 사실입니다. 관리자는 주인이 아닙니다. 그럼에도 우리가 지금까지 자연을 우리 마음대로 수탈하고 착취하는 폭군 행세를 해온 것이 사실입니다. 저는 우리나라의 오염되고 파괴된 산하를 바라볼 때면 벌써 쉽게 치유할 수 없을 만큼 중병이 들지 않았나 하는 걱정이 앞섭니다.

그러나 한 가지 분명히 말할 수 있는 것은 지금이라도 늦지 않았다는 것입니다. 지금부터라도 우리가 하나님께서 맡기신 청지기 사명을 감당하는 데 앞장선다면 우리 후손들에게 덴마크나 노르웨이와 같이 깨끗하고 건강한 자연을 물려줄 수 있을 것이라 확신합니다.

자연을 사랑하라

그러기 위해서는 먼저 자연을 내 몸처럼 사랑해야 합니다. 선진국 사람들은 야산에서 아름다운 야생화를 보더라도 절대로 꺾어 오지 않는다고 합니다. 사랑하기 때문입니다. 그러나 우리는 어떻습니까? 공짜라고 하면 닥치는 대로 꺾어 갑니다. 심지어는 뿌리째 파가기도 합니다. 자연을 사랑하지 않는 것입니다. 또 선진국 사람들은 아무도 보지 않는 산속이라 해도 쓰레기를 함부로 버리지 않습니다. 그러나 우리는 어떻습니까? 인적이 드문 곳은 물론이고 사람들이 많이 모이는 장소에서도 아무런 양심의 가책 없이 쓰레기를 마구 버리지 않습니까?

어느 산에 갔더니 산 아래 계곡 쪽에 멋진 별장이 하나 있었습니다. 그 별장 앞에는 아름답게 가꾸어진 정원이 있었는데, 공휴일이면 사람들이 떼로 몰려와 거기서 하루 종일 먹고 즐긴다고 합니다. 그러다 보니 그 곳이 성하게 남아날 리가 없습니다. 나무와 꽃은 망가지고 여기저기 음식물 찌꺼기와 빈 병과 일회용 그릇들이 나뒹구는 모습이 마치 쓰레기 하치장을 연상케 할 정도가 되었다고 합니다.

그래서 한 번은 정원 주인이 크게 마음을 먹고 쓰레기를 버려 두고 가는 사람을 붙잡아 쓰레기를 치우고 가라고 말했는데 오히려 그 사람이 온갖 욕설을 퍼부으며 대드는 바람에 겁에 질려 도망을 친 적이 있다고 합니다. 세상에 이런 적반하장이 어디 있습니까? 제가 그 정원 주변을 둘러보니 엉망진창이 되어 있었습니다. 자연을 사랑하는 자라면 절대 이런 짓은 하지 않을 것입니다. 그런 의미에서 자연을 자기 몸처럼 사랑하고 아끼는 마음을 가지는 일이 급선무라고 봅니다.

절제하라

둘째로는, 절제해야 합니다. 절제란 한 번 쓸 것을 두 번 쓰고, 버릴 것을 한 번 더 재활용하는 것을 말합니다. 저는 우리가 자신도 모르는 사이에 청결 결벽증에 걸려 있지 않나 생각합니다. 이것은 위생적인 차원이라기보다 습관적인 것입니다. 무조건 많이 씻고 닦아 내야 직성이 풀리는 것입니다. 제 아내도 쓰레기를 줄이고 오염을 줄이는 데 매우 적극적이기는 합니다만 가끔 저와 다툴 때가 있습니다. 청결 결벽증 때문입니다. 와이셔츠를 하루 입었다고 꼭 빨아야 합니까? 한 번만 입고 빨 경우 그만큼 자주 빨아야 하고 세제도 그만큼 많이 쓰게 될 것이고, 결과적으로 물이 그만큼 더 더러워진다는 것은 너무나 명백한 사실입니다. 우리가 한 번 입을 것 두 번 입는다면 수질 오염을 그만큼 막을 수 있는 것입니다. 그런 의미에서 저는 좀 더럽게 살자는 운동을 하고 싶습니다. 자연을 살리기 위해서는 다소 더럽게 살 필요가 있는 것입니다.

음식물도 버리는 것이 없도록 적당히 담아 먹고, 국물은 남기지 않고 깨끗이 비우는 습관을 가져야 합니다. 환경부의 자료에 의하면 된장국물 1그램을 정화하는 데 물 7리터가 필요하고, 폐식용유 1그램을 정화하는 데 물 200리터가 필요하다고 합니다. 우리가 아무 생각 없이 버리는 이런 생활 하수들이 수질 오염의 40퍼센트를 차지하고 있다는 사실을 기억합시다. 국물이나 식용유를 절대 함부로 버려서는 안 됩니다. 기름이

묻은 그릇은 신문지로 기름기를 깨끗이 닦아 낸 다음에 물에 씻어야 합니다.

저는 오래 전부터 머리를 감을 때 비누를 사용합니다. 샴푸보다 비누가 물을 오염시키는 정도가 훨씬 적기 때문입니다. 종이도 양면으로 사용합니다. 폐지 1톤은 길이 8미터, 지름 14센티미터의 원목 20개에 해당된다고 합니다. 폐지 1톤을 절약하면 나무를 그만큼 잘라 내지 않아도 되고 수입도 줄일 수 있는 것입니다. 그러므로 종이 한 장도 앞뒤로 꼬박꼬박 써서 더 이상 쓸 수 없을 때 버려야 합니다.

건전지 역시 마찬가지입니다. 요즈음처럼 소형 건전지가 많이 쓰이는 때도 없을 것입니다. 건전지에 수은이나 카드뮴과 같은 인체에 해로운 중금속이 들어 있다는 것은 누구나 아는 사실입니다. 그러나 그 해악성을 피부 깊숙이 느끼지 못하기 때문에 건전지를 함부로 버리는 일이 많습니다. 건전지는 지하수와 토양을 오염시킬 뿐 아니라 거기서 자라나는 곡식까지 오염시킵니다. 우리가 그 곡식들을 먹는 것은 이 중금속을 그대로 먹는 것과 같습니다. 작은 수은 전지 하나는 어른 네 명이나 어린아이 열네 명에게 뇌 기능 장애를 일으킬 만큼 아주 심각한 공해 요소를 갖고 있다고 합니다. 뿐만 아니라 사람을 죽게 할 수도 있습니다.

1953년 일본 구마모토현의 미나마타라고 하는 어촌에서는 555명이 떼죽음을 당한 사건이 일어났는데 조사 결과 인근 화학 비료 공장에서 바다로 방출된 메틸수은이 그 원인이라는 사실이 밝혀져 충격을 준 일이 있습니다. 그들은 폐수에 포함되어 있던 수은에 오염된 어패류를 먹고 '미나마타병'이라는 수은 중독증에 걸려 비극을 당했던 것입니다.

우리가 아무 생각 없이 버리는 건전지 역시, 그 안에 들어 있던 중금속이 토양이나 지하수에 축적되기 때문에 장기적으로 볼 때 엄청난 비극을 초래할 수 있다는 사실을 분명히 알아야 합니다. 그래서 저는 아무리 작은 건전지라도 모아 두었다가 아파트 정문 옆에 있는 건전지 수거함에 넣습니다. 좀 귀찮을지 모르지만 이와 같이 오염원을 줄이려는 노력에 우리가 먼저 앞장섭시다. 이 모든 것이 바로 절제인 것입니다.

환경 파수꾼이 되라

셋째로는, 환경을 지키는 파수꾼이 되어야 합니다. 먼저 우리 스스로가 환경을 보존하기 위한 노력을 다해야 합니다. 그리고 더 나아가 환경을 오염시키는 공해 업소나 뇌물을 받고 그들과 결탁하는 무책임한 공무원들을 감시하고 고발함으로 경종을 울려야 합니다. 산과 들에 쓰레기를 함부로 버리고 훼손시키는 행락객들을 감시해야 합니다. 이 일을 절대 남의 일로 생각하면 안 됩니다. 환경을 오염으로부터 지키고 보존하는 것은 우리 자신들과 후손들의 생사가 걸려 있는 중대한 문제이기 때문입니다.

환경 교육

그러나 오염 현장을 고발하고 감시하는 것만으로는 부족합니다. 후세대들을 철저하게 교육시키는 것이 병행되어야 할 것입니다. 교회가 인간의 영혼 구원을 위해서 하는 사역만 주님의 일이라고 보면 안 됩니다. 중병에 걸려 죽어 가는 자연을 구원하는 것도 주님의 일입니다. 로마서 8장 19-21절을 보십시오. 피조물들도 썩어짐의 종노릇 하는 데서 해방되는 그날을 고대하고 있습니다. 마지막 때 우리의 구원이 완성되는 날, 자연 만물도 부패의 악순환에서 구원을 받을 것입니다. 우리의 후손들이 이 땅 위에 살아남아 주님의 나라를 확장하기 위해서는 인간의 욕심으로 인해 자연이 병들지 않도록 잘 관리하고 보존해야 할 것입니다. 그러기 위해서는 철저한 환경 교육이 필수입니다.

어느 교회 고등부에서 수련회를 갔습니다. 강사로 오신 목사님은 특별히 환경에 대해 관심이 남다른 분이셨다고 합니다. 그는 학생들에게 이렇게 질문했습니다. "여러분들 중에 머리 감을 때 샴푸 쓰는 사람 손 들어 보세요." 한 명을 제외한 모든 학생이 샴푸를 쓴다고 손을 들었습니다. "여러분, 샴푸 쓰는 것이 얼마나 나쁜지 아세요? 우리 몸에도 나쁜지 그것은 잘 모르지만 물을 더럽히고 자연을 더럽히는 큰 주범이란 걸 아세요? 우리 함께 비디오 테이프를 보며 이것을 확인해 봅시다." 비디오를 보고 난 후 그가 다시 질문을 던졌을 때는 단 한

명의 예외도 없이 100퍼센트가 비누로 감겠다고 손을 들었다고 합니다. 이것이 바로 교육의 힘입니다.

우리·예수 믿는 사람이 앞장서지 않으면 '금수강산'이 썩은 물이 넘치는 '오수강산'으로 전락하고 말 것입니다. 하나님께서 주신 이 땅을 보존하고 병든 곳을 치유하여 다시금 건강하게 만들 책임이 바로 우리에게 놓여 있습니다. 그러므로 우리 스스로가 환경을 아끼고 보호하는 일에 앞장섬으로써 이 세대에 대한 사명을 감당해야 하며, 우리의 자녀들에게 철저히 환경에 대한 바른 자세를 교육시킴으로써 소망의 불씨를 지펴야 할 것입니다.

우리와 자연은 둘이 아니라 하나입니다. 우리는 자연의 일부입니다. 따라서 우리는 자연과 생사와 운명을 같이할 수밖에 없습니다. 이 사실을 안다면 우리가 이제까지 자연에 대해 가졌던 부주의하고 오만한 태도를 버려야 합니다. 왜냐하면 그러한 태도는 다름아닌 우리 자신의 존재와 운명을 위태롭게 만드는 어리석은 태도이기 때문입니다.

하나님께서는 우리에게 하나님 소유인 피조물들을 관리할 막중한 책임을 맡기셨습니다. 우리가 하나님께서 원하시는 대로 이 책임을 잘 감당하기 위해서는 무엇보다 자연을 사랑하는 마음을 가져야 합니다. 다소 불편하고, 덜 깨끗하다 해도 절제할 것은 절제합시다. 그럴 때 환경 오염이 그만큼 줄어들 것입니다. 그리고 환경을 오염시키는 자들을 감시하고 자녀들을 철저히 교육합시다. 사람을 구원하는 일만 하나님의 일로 생각해서는 안 됩니다.

  하나님께서 애초에 인간을 만드실 때 자연을 경작하고 관리하게 하고자 하신 것이라면, 비록 저주받은 땅이라 할지라도 잘 관리하고 보존해야 될 책임이 우리에게 있는 것입니다. 그 책임을 회피하거나 무시하지 맙시다. 그것은 우리에게 주어진 복이기 때문입니다. 우리 모두가 자연을 보존하고 관리하는 사명을 잘 감당함으로 이 땅 위에서 풍성한 삶을 누리는 은혜가 있기를 바랍니다.

희망은 있습니다

"제자 중 하나 곧 시몬 베드로의 형제 안드레가 예수께 여짜오되 여기 한 아이가 있어 보리떡 다섯 개와 물고기 두 마리를 가지고 있나이다 그러나 그것이 이 많은 사람에게 얼마나 되겠사옵나이까 예수께서 이르시되 이 사람들로 앉게 하라 하시니 그곳에 잔디가 많은지라 사람들이 앉으니 수가 오천 명쯤 되더라 예수께서 떡을 가져 축사하신 후에 앉아 있는 자들에게 나눠 주시고 물고기도 그렇게 그들의 원대로 주시니라 그들이 배부른 후에 예수께서 제자들에게 이르시되 남은 조각을 거두고 버리는 것이 없게 하라 하시므로 이에 거두니 보리떡 다섯 개로 먹고 남은 조각이 열두 바구니에 찼더라"(요한복음 6:8-13).

만유의 주인 되신 예수님은 먹다 남은 떡 부스러기조차 낭비하지 않으셨습니다. 하나님의 것이기에 아끼고 보존하는 데 앞장서셨던 것입니다. 지금도 주님은 우리에게 이렇게 말씀하십니다. "남은 조각을 거두고 버리는 것이 없게 하라."

목사가 날마다 마음으로 죄를 짓고 산다면 믿으시겠습니까? 아무도 믿지 않으려 할 것입니다. 그러나 저는 제가 바로 그런 사람이라는 사실을 고백하고 싶습니다. 저는 고급차를 타고 가면서 피던 담배 꽁초를 밖으로 휙 던지는 사람을 보거나, 산과 들을 함부로 파헤치고 사리사욕을 채우기 위한 시설을 하는 자들을 보거나, 놀던 자리에 온갖 쓰레기를 그대로 버려 두고 가는 사람들을 보면 마음속에서 분노가 치밀어 올라 견디지를 못합니다.

맑고 시원한 물이 흐르는 계곡에 유흥업소나 식당을 차려 놓고 오수(汚水)를 계속 흘려 보내 냄새 나는 시궁창으로 만들어 버리는 장사치들과 적당히 돈을 받아 먹고 그들을 묵인해 주는 공무원들을 보면 울분이 터집니다.

자연 보존에 대한 확고한 의지나 비전이 결여되어 있는 통치자나 팔당 상수원 하나 깨끗하게 지키지 못하는 행정부를 보면 하루에도 수십 번 제 마음속에서 말로 다 표현하기 어려운 분노가 치밀어 오르는 것입니다.

자연을 마구 더럽히는 사람들을 볼 때면 매일 아침 집 앞에 와서 돌멩이로 유리창을 깨뜨리는 깡패를 보는 것 같은 심정을 느낍니다. 한두 번이라면 그래도 좋게 봐줄 수 있을지 모릅니다. 그러나 매일 아침마다 돌멩이질을 해서 유리창을 깨뜨린다면 제아무리 마음 좋은 사람이라 해도 그들을 보고 분노하지 않을 수 없을 것입니다. 물론 하나님의 자녀라면 분노하거나 미워하거나 욕을 해서는 안 됩니다. 그러나 저는 억지 성자가 되고 싶지 않습니다. 화를 내고 욕을 해서 그들의 행동이 달라질 수 있다면, 환경 파괴가 줄어들 수 있다면 그렇게라도 하고 싶은 심정입니다.

자연 보호-21세기 최대 이슈

 자연 보호는 우리 모두의 생사가 달린 문제이자 자손의 건강과 행복과 직결되는 과제요, 세계의 평화와 번영을 좌우할 21세기 최대의 이슈라 할 수 있습니다. 그럼에도 이 중요한 문제를 소홀히 여기고 '오늘 즐기고 내일 죽자.'는 식으로 사는 사람들을 보면 제 자신이 자제력을 잃게 되는 것입니다.

 저는 그동안 교회가 어떻게 하면 자연 보호 운동에 적극적으로 참여할 수 있을까 하고 고심을 많이 했습니다. 물론 설교를 통해 우리가 환경에 대해 가지고 있는 그릇된 사고와 태도를 바로잡아 줄 수 있습니다. 그러나 설교 하나만으로는 부족하다는 생각이 들었습니다. 우리나라의 자연 파괴는 소수의 사람들이 심심풀이로 떠들다가 말아도 될 정도의 수준을 훨씬 넘어섰기 때문입니다.

 한반도의 좋은 자연이 얼마나 오염되고 파괴되었는지 앞으로 20년 동안 국가 예산의 50퍼센트를 쏟아 붓는다 해도 완전한 회복이 어려울지 모릅니다. 정말 심각한 문제가 아닐 수 없습니다. 저는 자연을 살리고 보존하는 것이 경제 발전이나 통일보다 더 시급한 과제라고 생각합니다.

그래서 교회가 이 일을 잘 감당하기 위해서는 보다 조직적인 참여가 필요하겠다고 판단했습니다. '기독교 환경 운동 연대'라는 한 시민 단체에 이사로 발을 들여 놓게 된 것도 바로 그 때문입니다. 이제 교회가 이 시민 단체와 연대해서 환경을 보호하는 일에 보다 적극적으로 나서야 할 것입니다.

'금수강산'이라고 자랑하던 이 나라 자연이 왜 이렇게 심각하게 파괴되었을까요? 그 이유는 다른 데 있다고 보지 않습니다. 자연 파괴는 우리의 눈먼 탐욕과 무절제한 낭비가 불러들인 인재(人災)입니다. 우리가 탐욕을 자제하지 못한 탓에 이 나라 산하가 황무지로 변해 가는 것입니다. 이것이 비단 우리나라만의 문제는 아닙니다. 전 세계의 자연이 인류의 탐욕으로 인해 황폐한 땅으로 바뀌고 있습니다. 우리가 함부로 쓰고 내버리는 이 낭비벽을 고치지 않는다면 지구가 쓰레기 하치장으로 변하는 것은 그야말로 시간 문제입니다.

시중에 있는 서점을 한번 들러 보십시오. 지구의 환경 위기를 경고하는 책들이 얼마나 많이 나와 있는지 모릅니다. 그중에 한두 권을 잡고 몇 페이지만 넘겨 보십시오. 아마 머리가 지끈거려 다섯 페이지 이상을 읽기 힘들 것입니다. 듣기 좋은 소리는 전혀 나오지 않기 때문입니다. 마치 의사가 중병에 걸린 환자를 앞혀 놓고 "당신은 이렇게 죽을 것입니다."라는 말만 들려주는 것 같습니다. 그만큼 지구의 환경 파괴가 심각하다는 말입니다. 그러나 대부분의 사람들은 사형 선고에 가까운 그들의 진단과 예언을 심각하게 받아들이지 않는 것 같습니다. 물이나 공기 오염이 심각하다 해도 그것 때문에 지금 당장 죽는다거나 살아가는 데 특별한 지장이 생기는 것은 아니기 때문입니다.

그러나 우리가 분명히 알아야 할 것은 자연을 염려하는 전문가들은 충분한 근거를 가지고 이야기하고 있다는 사실입니다. 그들의 예언이 아무리 현실적으로 실감이 안 난다 해도 10년이나 20년 뒤에는 반드시 현실로 나타난다는 것입니다. 일례로 20여 년 전에 과학자들이 지구의 온난화 현상에 대해 경고한 적이 있습니다. 그 당시에는 대부분의 사람들이 그들의 말을 그리 대수롭지 않게 여겼습니다.

그러나 이미 그들이 경고한 일이 우리 눈앞에 현실로 나타나고 있지 않습니까? 전 세계적으로 일어나는 기상 이변도 사실은 온난화 현상과 밀접하게 연관되어 있습니다. 그러므로 듣기 싫은 말이라 해도 귀담아들어야 합니다. 우리 모두의 생사와 후손들의 안녕이 걸려 있는 이 중대한 문제를 남의 일 보듯 해서는 안 되는 것입니다.

과학자들이 말하는 몇 가지 사례를 들어 보겠습니다. 이 지구상에는 천만 종이 넘는 동식물이 살고 있다고 합니다. 그런데 지난 20년 동안 그중 10퍼센트가 삼림 훼손이나 사막화 현상으로 사라져 버렸다고 합니다. 약 백만 종 가량이 멸종된 것입니다. 이러한 추세가 계속된다면 2030년대쯤에는 동식물 중 40퍼센트 정도가 사라져 버릴 것이라고 합니다. 우리가 알고 있는 십여 종의 새 가운데서 무려 네 종류가 사라져 버린다는 것입니다. 또 우리가 알고 있는 나무 열 종류 중에서 네 종류가 멸종한다는 것입니다. 이러한 동식물의 멸종이 인류의 운명에 얼마나 막대한 해를 끼치게 될지는 불을 보듯 뻔한 일입니다.

지구에는 약 6천 70만 평방미터의 삼림이 있다고 합니다. 그런데 그 가운데서 33퍼센트가 이미 훼손되어 버렸다고 합니다. '잘살아 보세.'라는 구호 아래서 수많은 삼림이 공장이나 주거지로 탈바꿈했습니다. 특히 열대 우림은 지구의 산소 공급량의 절반 이상을 감당하는 귀중한 삼림인데, 매년 남한 면적만큼 파괴되고 있다고 합니다.

이러한 속도대로라면 2천 년쯤에는 열대 우림의 80퍼센트 정도가 사라지게 될 것입니다. 이것은 마치 지구의 허파가 병들어 20퍼센트의 기능밖에 감당하지 못하게 된다는 말과 같습니다. 일 분에 스무 번 숨을 쉬던 사람이 단지 네 번밖에 못 쉬게 된다면 과연 그가 정상적으로 살 수 있겠습니까? 지구 역시 마찬가지입니다. 이러한 지구의 위기는 곧바로 그 속에 사는 인류를 비롯한 모든 동식물의 생존을 위협하는 무서운 적이 될 것입니다.

1990년 봄에 어떤 조사 기관에서 일본 동경에 거주하는 3, 40대 샐러리맨들을 대상으로 설문 조사를 실시한 적이 있습니다. 이 설문 조사의 핵심은 이것이었습니다. "현재 당신이 가장 불안하게 여기는 것 하나를 적으십시오." 그 당시 일본은 거품 경제를 걷어 내느라 혹독한 시련을 당하고 있었습니다. 요즈음 우리 사회에서 문제가 되고 있는 조기 퇴직, 명예 퇴직이 꼬리를 물고 일어나고 있었고, 회사들마다 허리띠를 졸라매는 방편으로 평생 고용제를 포기하려는 움직임도 활발하게 일어나고 있었습니다. 그래서 이 설문 조사를 주관했던 단체에서는 실직이 제1의 불안 요인으로 꼽힐 것이라 예상했습니다.

그러나 설문 조사 결과를 분석해 보니 결과는 다소 엉뚱했습니다. 지구의 온난화가 최고의 불안 요인으로 꼽힌 것입니다. 이외에도 프레온 가스로 인한 오존층 파괴와 열대림의 벌목, 지구의 사막화가 6, 9, 10위를 차지하는 등 불안 리스트 10개 항목 가운데 환경 위기와 관련된 것이 네 가지나 올라 있었습니다.

자녀를 사랑하는 마음으로

이것만 보아도 우리가 지금 얼마나 무서운 재난 앞에 서 있는지를 분명히 알 수 있습니다. 그럼에도 우리나라 사람들은 아직도 정신을 못 차리고 '내일 죽을 테니 오늘은 신바람 나게 살자.'는 식으로 사는 것 같습니다. 오늘의 행복과 즐거움을 위해 자연을 마구 더럽히고 파괴하는 것입니다. 그러나 자녀를 사랑한다면 절대 그래서는 안 됩니다.

아비쉬 속담에 이런 말이 있습니다. "우리는 우리 조상으로부터 이 땅을 물려받은 것이 아니다. 우리 자녀들로부터 그것을 빌려 쓰고 있는 것이다." 이 땅은 우리가 자녀들에게 물려줄 땅이 아니라 빌려 쓰다가 다시 돌려주어야 할 땅이라는 것입니다. 우리가 마시는 물과 숨쉬는 공기와 하늘과 산과 바다를 깨끗하게 보존했다가 후손들에게 돌려주어야 할 책임이 우리 모두에게 있습니다. 정말 자녀를 사랑한다면 자연을 함부로 파괴하거나 더럽혀 그들이 살 수 없는 곳으로 만들 수 없습니다. 자연이 파괴되는 것을 남의 일 보듯 방관할 수 없는 것입니다.

자연 환경이 깨끗하기로 유명한 스웨덴에서는 유리병 하나를 33번까지 재활용하도록 법으로 규정해 놓고 있다고 합니다. 유리병을 재활용하는 만큼 유리병 생산이 줄어들게 될 것이고, 깨진 유리병이 자연을 훼손시키는 일도 그만큼 줄게 되기 때문입니다. 환경 보호에 대한 관심이나 열의로 말하면 덴마크나 스위스도 스웨덴에 결코 뒤지지 않습니다. 덴마크에서는 눈을 씻고 찾아보아도 음료수나 통조림 캔을 발견할 수 없다고 합니다. 공해를 일으키는 일회용 캔은 아예 사용하지 못하도록 법으로 규정해 놓았기 때문입니다. 스위스는 지상 낙원이라 할 정도로 이상적인 자연 환경을 가지고 있는 나라입니다. 가만히 있어도 좋은 공기와 맑은 물을 마실 수 있고, 아름다운 산과 점점이 흩어져 있는 호수의 낭만적인 정경을 만끽하며 살 수 있습니다. 그럼에도 그들은 자연을 깨끗하게 보존하기 위한 노력을 한시도 게을리하지 않습니다. 이제 그들은 반농담조로 이런 말을 한다고 합니다. "우리나라에서는 공해 문제를 다 해결했다. 아직 마음에 걸리는 것이 하나 있다면 그것은 소음 공해를 일으키는 교회당의 종소리이다."

이런 나라들 이야기를 들으면 부러움과 아울러 한숨이 절로 납니다. 우리와 너무 비교가 되기 때문입니다. 우리나라는 도대체 어쩌자는 것인지 모르겠습니다. 말로는 '금수강산'이라고 자랑들을 하지만 그나마도 반 동강난 좁은 땅덩어리를 무슨 생각으로 그렇게 훼손시키는지 모르겠습니다. 공기와 물과 하늘과 땅이 다 못살 정도가 되면 다른 나라로 집단 이주라도 할 생각입니까, 아니면 온 국민이 집단 자살이라도 하겠다는 것입니까?

전 세계가 환경을 보존하는 일에 열을 올리고 열심을 내는데 우리나라는 어떻게 된 일인지 자연을 보존하는 데 너무나 무관심합니다. 국가의 미래를 내다보고 환경을 살리는 바른 비전과 정책을 제시하고 그것을 강력하게 시행함으로써 국민을 올바르게 계도해야 할 정부조차 정신을 못 차리고 뒷돈을 받아 가며 환경 파괴에 앞장서고 있다는 데 우리의 아픔이 있습니다.

버리는 것이 없게 하라

성경에서 '환경 오염'이나 '자연 파괴' 문제와 직접적으로 연결될 수 있는 말씀을 찾아내기란 그리 쉽지 않습니다. 성경이 기록될 당시에는 오염이라는 말 자체가 필요 없을 정도로 모든 것이 깨끗하고 온전했기 때문입니다. 자연이 오염될까 봐 걱정할 필요도 없었습니다. 그 당시에는 인구도 그리 많지 않았을 뿐더러 사람들이 먹고 입는 것들이라 해봐야 아무데나 던져 놓으면 이내 썩어 버리는 그런 것들밖에 없었던 것입니다.

그러나 성경은 두 가지 사실을 분명하게 말씀하고 있습니다. 우주의 주인은 하나님이시며 우리는 그의 소유된 우주를 관리하는 청지기라는 것과, 청지기로서 우리는 이 우주를 아름답게 관리하고 보존해야 할 책임이 있다는 것입니다.

그러면 우리가 청지기로서의 본분을 다하려면 어떻게 해야 할까요? 본문 말씀에서 예수님은 이 문제에 대해 매우 중요한 교훈 한 가지를 들려주십니다. 낭비하지 말고 절약하라는 것입니다.

오병이어의 이적은 사복음서 모두에 기록되어 있는 대사건입니다. 예수님께서 많은 병자를 고치시는 이적을 본 많은 사람들은 원근 각처에서 몰려들어 그분의 말씀을 듣고 있었습니다. 그 사이 시간은 많이 흘러 벌써 날이 저물기 시작했습니다. 사람들은 아마 하늘로부터 내려오는 신령한 은혜에 흠뻑 젖어 시장기를 전혀 못 느꼈던 것 같습니다. 그러나 말씀을 다 듣고 돌아갈 즈음이 되자 그들은 비로소 허기를 느끼기 시작했습니다. 예수님께서는 그들이 배가 고파 기진맥진 하는 것을 보시고 한 아이가 가지고 있던 보리떡 다섯 개와 물고기 두 마리로 거기에 있던 모든 사람을 배불리 먹이는 엄청난 이적을 베푸셨습니다.

한 아이의 한 끼 식사밖에 안 되는 양을 가지고 장정만 오천 명에다 여자와 아이들까지 합하면 만 명이 족히 넘는 엄청난 군중들을 배불리 먹였다고 상상해 보십시오. 그들이 얼마나 흥분했겠습니까? 그들 중에 어떤 이들은 예수님을 억지로 왕으로 모시려고까지 했습니다(요 6:15). 그만큼 그 이적은 사람들을 흥분시켰던 것입니다.

배부르게 먹은 무리가 흩어져 가려고 할 때 예수님은 제자들을 불러 매우 귀중한 말씀을 한마디 하셨습니다.

"남은 조각을 거두고 버리는 것이 없게 하라"(요 6:12).

여기서 "버리는 것이 없게 하라."는 말은 남은 조각들을 쓰레기통에 넣지 말라는 뜻이 아닙니다. 그 당시에는 쓰레기 문제를 언급하실 만큼 환경 문제가 심각하지 않았기 때문입니다. 그렇다면 이 말이 무슨 뜻입니까? 낭비하지 말라는 것입니다.

제자들은 그 명령에 순종해서 무리를 헤집고 다니면서 그들이 먹다 남긴 떡 조각을 모았습니다. 먹어 보신 분들은 잘 아시겠지만 보리떡은 그리 맛있는 음식이 아닙니다. 게다가 먹다가 남긴 딱딱한 부스러기라면 돼지한테나 던지고 싶지 절대 다시 먹고 싶지 않을 것입니다. 그리고 배고픈 군중이 먹고 남긴들 얼마나 남겼겠습니까?

게다가 거두려는 것은 온전한 덩어리가 아니고 부스러기들입니다. 실제로 거두어진 것도 겨우 열두 바구니 정도밖에 안 되었습니다. 요즘 사람들은 배낭이나 핸드백과 같은 가방을

휴대하고 다니지만 그 당시 사람들은 천으로 만든 조그마한 주머니에다 음식물이나 여행에 필요한 물건들을 넣어서 메고 다녔습니다.

그러니까 열두 바구니라 해봐야 그리 대단한 양이 못 됩니다. 그들이 앉아 먹었던 들판에 그대로 내버려두고 가면 개미나 새가 와서 먹어 버리면 그만일 정도로 하찮은 것들이었습니다. 더군다나 이것은 만여 명이 먹고 남긴 것치고는 너무나 보잘것없는 양이었습니다.

그럼에도 불구하고 주님께서 제자들에게 한 조각도 버리지 말고 거두라고 하신 이유가 무엇일까요? 성경이 그 이유를 분명히 밝히고 있지 않지만, 본문의 상황으로 미루어 볼 때 예수님 일행이 다음 한두 끼니를 해결하는 데 사용했을 것이라 추측해 볼 수 있습니다. 떡 조각을 모아서 열두 바구니에 담아 간 자들이 제자들이었다는 사실을 주목할 필요가 있습니다. 그들이 그걸 가지고 가서 뭘 했겠습니까? 그냥 내버렸을까요? 그렇지 않습니다. 틀림없이 그날 저녁 한끼를 해결하는 데 썼을 것입니다.

예수님 일행은 재정이 그리 넉넉하지 못했습니다. 한번은 너무 배가 고픈 나머지 밀밭을 지나가다가 이삭을 잘라 먹은 적도 있을 정도였습니다(마 12:1). 항상 재정적인 어려움을 겪고 있던 예수님 일행으로서는 비록 부스러기이긴 하지만 장정 열세 명이 한두 끼를 거뜬히 해결할 수 있는 양식을 거둔다는 것은 대단한 절약이었던 것입니다.

사실이 그렇다 해도 이와 같은 절약은 예수님께는 너무나 어울리지 않는 것이었습니다. 그분은 우리가 잘 아는 바와 같이 하나님의 아들이십니다. 세상에 있는 모든 것이 다 그의 손안에 있습니다. 자기가 만드신 것들이기 때문에 원하시기만 하면 그 모든 것을 얼마든지 사용하실 수 있었습니다.

더군다나 그분은 떡 다섯 덩이와 물고기 두 마리로 만 명 이상을 먹이셨던 능력의 주님이셨습니다. 그런 위대하신 주님이 먹다 남은 떡 조각들을 버리지 못하게 하셨다니 정말 뜻밖이 아닐 수 없습니다. 왜 그렇게 하셨을까요? 하나님께서 주신 것은 먹다 남은 부스러기라도 낭비하면 안 된다는 진리를 교훈하고 계시는 것입니다. 예수님께서는 만유의 주인이시면서도 스스로 하나님의 것을 낭비하지 않음으로써 낭비가 악이라는 것을 행동으로 보여 주신 것입니다.

탐욕은 우상 숭배

우리 예수 믿는 자들은 마땅히 예수님의 모범을 따라야 합니다. 무릇 경건하게 살고자 하는 자는 절약해야 합니다. 성경 그 어디를 봐도 있는 대로 흥청망청 낭비해도 좋다고 말하는 구절은 한 군데도 없습니다. 사도행전 24장 25절을 보십시오. 바울이 벨릭스 총독 부부에게 예수 믿는 도에 대해서 뭐라고 말했습니까?

"바울이 의와 절제와 장차 오는 심판을 강론하니 벨릭스가 두려워하여 대답하되 지금은 가라 내가 틈이 있으면 너를 부르리라 하고."

바울은 먼저 의에 대해서 이야기했습니다. "각하, 구원받으시려면 예수를 믿어야 합니다. 예수의 피로 말미암아 각하의 모든 죄가 용서함을 받을 것입니다. 그리고 하나님 앞에 의인으로 인정받게 될 것입니다." 그 다음에 절제에 대해서 가르쳤습니다. "예수를 믿어 의롭다 함을 얻은 후에는 지금처럼 살면 안 됩니다. 검소해야 됩니다. 가진 것을 절약하여 선한 일을 위해서 쓰며 경건하게 살아야 합니다." 그 당시 왕이나 귀족들이 얼마나 호화롭고 사치스럽게 살았는지는 삼척동자라도 다 아는 일이었습니다.

그러나 바울은 절약하며 검소하게 살아야 한다고 강조했습니다. "만약 제가 말한 두 가지를 따르지 않으시면 당신에게 하나님의 심판이 임할 수 있습니다." 그러자 벨릭스는 바울의 말을 부담스럽게 여기고 그를 물러가게 했습니다. 왜 그렇게 했을까요? 바울이 말한 심판이 두렵기도 했지만 그가 이제까지 누리던 사치스러운 생활을 포기하고 싶지 않았던 것입니다.

안타까운 일은 현대 사회를 살고 있는 많은 그리스도인들이 벨릭스와 별로 다르지 않게 행동한다는 것입니다. "예수 믿으면 구원받습니다."라고 말하면 할렐루야를 외치지만, "구원받은 자라면 절약하고 절제하며 살아야 됩니다."라고 말하면 분위기가 썰렁해지는 것입니다. 그러나 예수 믿는 사람이라면 조금 적게 쓰고, 불편하게 살아도 자족하는 마음으로 하나님께 감사하며 살아야 정상일 것입니다.

"항상 기뻐하라 쉬지 말고 기도하라 범사에 감사하라 이것이 그리스도 예수 안에서 너희를 향하신 하나님의 뜻이니라"(살전 5:16-18).

예수님을 주님으로 모시는 자라면 마땅히 범사에 감사해야 합니다. 약간의 부족과 불편이 있을지라도 감사하며 받아들일 수 있어야 한다는 말입니다. 그것이 하나님의 뜻이기 때문입니다.

물론 풍요로운 세상을 즐기려는 경향이 강한 현실에서 절제가 쉽지 않다는 것은 우리가 경험으로 잘 알고 있는 사실입니다. 우리 마음 바닥에는 다소의 차이가 있을지는 몰라도 탐욕이 웅크리고 있기 때문입니다. 탐욕이 살아 있는 한 약간의 부족과 불편을 감사하기는 어렵습니다. 그러므로 탐욕을 버려야 합니다.

"그러므로 땅에 있는 지체를 죽이라 곧 음란과 부정과 사욕과 악한 정욕과 탐심이니 탐심은 우상 숭배니라"(골 3:5).

바울은 탐심 곧 탐욕을 우상 숭배라고까지 했습니다. 탐심을 십자가에 못박아야 합니다.

"음행과 온갖 더러운 것과 탐욕은 너희 중에서 그 이름조차도 부르지 말라 이는 성도에게 마땅한 바니라"(엡 5:3).

탐욕스러운 말은 농담이라도 우리 입에 담아서는 안 됩니다. 어떻게 하면 이 탐욕을 이길 수 있을까요? 탐욕을 이기는 길은 다른 데 있지 않습니다. 절약하고 절제하는 수밖에 없습니다.

절약-자연 보호의 첫걸음

그리스도인은 세상에 살고 있지만 하늘에 시민권을 둔 천국의 백성들입니다. 우리는 주님이 임하시는 그 나라가 이 땅에 속히 임하기를 고대하고 있습니다. 하나님 나라는 반드시 완성될 것입니다. 그러나 우리의 헌신과 희생 없이는 그 나라의 완성을 기대할 수 없습니다.

그렇다면 우리가 그 나라를 위해 어떻게 헌신해야 할까요? 이 땅에 하나님의 나라를 세우기 위해서 물질로 헌신할 수 있을 것입니다. 그러나 무조건 물질만 드린다고 다 헌신이라고 말할 수는 없습니다. 자기 마음껏 쓰고 남으면 드리는 것은 헌신이라고 할 수 없기 때문입니다. 한푼이라도 아끼고 절약해서 하나님 나라를 위해 드려야 헌신이라고 말할 수 있는 것입니다. 그럴 때 하나님 나라가 이 땅에 임하는 것입니다.

하나님께서 주신 이 땅을 보호하는 것 역시 우리가 하나님 나라를 위해 헌신할 수 있는 한 방법입니다. 우리는 하나님의 동산을 아름답게 보존하고 가꾸어야 할 관리자입니다. 만일 관리자가 동산을 어떻게 잘 가꾸고 보존할까를 생각하기보다 자기 탐욕을 좇아 마음껏 먹고 마시며 흥청거리고 노는 데만 정신이 팔려 있다면 그 동산은 망가지고 말 것입니다.

그러므로 탐욕을 절제하고 "남은 조각을 버리지 말고 모으라." 하셨던 예수님의 절약 정신을 배워야 합니다. 절약하는 사람치고 사치와 낭비를 일삼거나 자연을 함부로 해치는 사람은 없습니다. 우리가 조금만 더 절약한다면 머지않아 우리의 병든 자연이 아름답게 치유될 것입니다.

그런 의미에서 절약은 자연 보호의 첫걸음이라고 할 것입니다. 우리가 작은 것 하나라도 절약하면 자연 보호에 엄청난 기여를 할 수 있습니다. 화장지를 예로 들어 봅시다. 우리나라 사람들은 콧물이 약간만 나도 한꺼번에 화장지를 두세 장씩 뽑아서 쓴 후 바로 휴지통에 던져 넣지 않습니까? 그러나 독일 사람들은 한 번 쓴 화장지라도 접어서 호주머니에 넣어 두었다가 여러 번 사용하여 너덜너덜해진 후에야 비로소 버린다고 합니다.

한 사람이 하루에 휴지 1장씩만 덜 뽑아 쓰면 무려 4천만 장을 아낄 수 있습니다. 4천만 장이면 100매짜리 고급 화장지 40만 통에 해당되는 물량입니다. 40만 통을 아끼면 몇 그루의 나무를 살릴 수 있는지 저는 정확히 모릅니다. 그래서 그 구체적인 수치를 알고 싶어서 환경부에 문의를 해보았습니다만 별 뾰족한 대답을 못 얻었습니다. 자기들도 그런 계산은 안 해봐서 잘 모르겠다는 것이었습니다. 환경부에서 일하면서 환경 보호에 대해 구체적인 연구를 하지 않는 게 아닌가 하는 인상을 받아 제 마음이 착잡했습니다.

우리 교회가 한 해 동안 전기를 얼마나 많이 썼나 하고 조사해 본 일이 있습니다. 1년 동안 쓴 전기료는 대략 9천만 원 정도였습니다. 전기료로만 거의 1억에 가까운 돈을 지출한 셈입니다.

만일 우리가 전기를 조금만 더 아껴 쓰면 10퍼센트 정도는 절약할 수 있을 것입니다. 돈으로 따지면 천만 원 정도를 벌 수 있는 것입니다. 그렇게 되면 우리가 영혼을 구원하는 일이나 우리 어린 자녀들을 하나님의 말씀으로 교육하고 이웃들에게 사랑을 베푸는 데 그만큼 더 투자할 수 있을 것입니다.

그뿐 아닙니다. 우리가 전기를 천만 원어치 정도 적게 쓰면 그만큼 발전량을 줄일 수 있게 될 것이고, 결과적으로 발전소를 가동하는 과정에서 발생하는 오염도 그만큼 줄게 될 것입니다. 일거삼득의 효과를 얻을 수 있는 것입니다.

그럼에도 사람들이 교회에서 전기를 사용하는 것을 보면 얼마나 낭비가 심한지 모릅니다. 집회 시간이야 당연히 불을 켜 놓아야 하겠지만 모임이 폐한 후에는 마지막으로 나가는 사람이 불을 끄고 나가야 하지 않겠습니까? 그런데 그것조차 안 하는 것입니다. 집회가 끝난 뒤 사람이 하나도 없는데도 불구하고 불을 그대로 켜 놓고 가 버린 것을 한두 번 본 게 아닙니다. 물론 교회에 청소하는 분들이 계시지만 언제 일일이 따라다니며 불을 끄겠습니까? 그래서 제가 일전에는 교역자들을 나무랐습니다. 교인들이 전기를 아끼는 습관이 안 되어 있으면 교역자라도 남아서 끄고 나가야 될 것 아니냐고 말입니다.

저는 교회에 있는 제 사무실에 혼자 있을 때는 책상 위에 있는 스탠드 하나만을 켭니다. 천정에 붙어 있는 전등은 될 수 있는 대로 켜지 않으려고 합니다. 그러다가 어둑어둑해지는 저녁 무렵에는 반 정도만 켭니다. 물론 손님을 맞아야 할 때는 전부 다 켜기도 하지만 그가 가고 나면 다시금 스위치를 내립니다. 우리 모두가 전기를 조금만 아끼면 일 년에 천만 원 이상을 절약하여 보다 선한 사업에 유용하게 쓸 수 있다는 사실을 꼭 명심하시기 바랍니다. 그리고 환경을 보전하는 데 한몫을 감당하게 된다는 사실도 잊지 말아야 할 것입니다.

물도 마찬가집니다. 화장실에 가 보신 분들은 "1분간 물을 트는 데 22원입니다."라는 팻말이 붙어 있는 것을 보셨을 것입니다. 어떤 사람들을 보면 손이나 얼굴을 씻을 때 수도꼭지를 계속 틀어 놓은 채 비누질을 하거나 씻습니다. 무슨 특별한 나쁜 의도가 있어서라기보다 습관적으로 그렇게 하는 것입니다. 그러나 우리가 물을 그렇게 마구 낭비해서는 안 됩니다. 썩은 한강물을 사람이 마실 수 있을 정도로 정제하는 데 화학 약품과 전기가 얼마나 많이 사용되는지 아십니까? 우리가 물을 적게 쓰면 쓸수록 그만큼 자연 보호에 기여하는 것입니다.

우리가 거주하는 집은 어떻습니까? 우리는 대부분 조금 더 넓은 주택을 선호하는 경향이 있습니다. 그러나 우리가 지금보다 주거지를 5평만 줄인다면 어떻게 될까요? 50평에 살던 사람은 45평에 살고, 20평에 살던 사람은 5평이 지나치면 1평만 줄여 19평에 살아 보자는 말입니다. 다섯 평이 아니라 한두 평만 줄여도 그 효과는 대단할 것입니다. 줄어드는 평수만큼 난방 연료를 절약할 수 있고, 청소하는 데 사용하는 물도 아낄 수 있고, 집 크기가 줄어드는 만큼 자연을 덜 침해할 수도 있는 것입니다.

언제 이 땅에 반딧불이가 다시 돌아올까요? 언제 서울 하늘에서 하얗게 솜털처럼 피어 오르는 뭉게구름을 바라볼 수 있을까요? 언제쯤 개구쟁이들이 발가벗고 개천에 들어가서 물놀이를 하고, 미꾸라지 잡느라고 흙탕물을 뒤집어쓰며 깔깔대는 모습을 보면서 살 수 있을까요? 언제 쏟아질 듯이 황홀하게 반짝거리는 은하수를 올려다보며 정담을 속삭일 수 있을까요?

우리의 욕심 때문에 하나님께서 관리하라고 맡기신 이 아름다운 금수강산이 난지도처럼 냄새 나는 쓰레기장으로 변해 가고 있습니다. 경제 발전의 미명 아래 수많은 산하를 파헤치고 공장을 지어 폐수를 흘려 보낸 결과 생태계가 엄청나게 파괴되고, 땅과 물과 공기 어느 것 하나 오염되지 않고 온전하게 남아 있는 것이 없을 정도가 되었습니다. 내일이야 어찌 되든 오늘은 즐기자라며 자연을 함부로 훼손하고 더럽힌 결과, 하나님의 동산을 황무지로 만들어 버린 것입니다.

그러나 지금이라도 늦지 않습니다. 지금부터라도 정신을 차립시다. 가정에서부터 작은 것 하나라도 절약하고 절제하려고 몸부림칩시다. 어린 자녀들이 왜 그렇게 화장지를 함부로 없앱니까? 왜 교회나 공공 장소의 화장실에 들어가서 적당하게 쓰면 될 화장지를 마구 풀어서 내버립니까? 그런 행동을 어디에서 배웠겠습니까? 가정에서 배운 것입니다. 가정에서 화장지 한 장이라도 아끼도록 교육받지 못했기 때문입니다.

우리 교회는 이미 오래 전부터 쓰레기 분리 수거함을 설치해 두고 환경 보호에 힘써 왔습니다. 그러나 가만히 지켜보면 어른으로부터 주일 학교 아이들에게 이르기까지 아직도 분리 수거에 관심이 없는 사람들이 너무 많습니다. 분명히 '종이류'라는 글씨가 선명하게 붙어 있는 것을 보면서도 비닐 봉지나 플라스틱 같은 것을 던져 넣는 것입니다. 환경 보호에 대해 아무 생각이 없는 것입니다.

이런 식으로 환경을 보호하기 위한 작은 일 하나조차 무시하고 살다가는 우리 모두 이 땅에서 더 이상 살아 남을 수 없게 될지 모릅니다. 우리나라보다 몇 배로 크고 아름다운 자연을 가진 선진국들이 환경을 보호하는 데 사력을 다하고 있는데 우리가 이런 식으로 하면 어떻게 되겠습니까?

20년 후에 우리 자녀들은 통일이 안 되었다고 우리 부모들을 욕하지는 않을 것입니다. 경제적으로 좀 넉넉하게 살지 못하는 것 때문에 부모를 저주하지는 않을 것입니다. 그러나 탁한 공기와 악취 나는 물과 온갖 오물로 뒤덮인 쓰레기 하치장 같은 이 땅을 물려준 그것 때문에 우리를 원망하고 저주할 것입니다.

만유의 주인 되신 예수님은 먹다 남은 떡 부스러기조차 낭비하지 않으셨습니다. 하나님의 것이기에 아끼고 보존하는 데 앞장서셨던 것입니다. 지금도 주님은 우리에게 이렇게 말씀하십니다. "남은 조각을 거두고 버리는 것이 없게 하라." 죽어가는 자연을 살리고 보존하는 길은 절약밖에 없습니다. 우리 모두 주님의 절약 정신을 본받아 절약을 생활 속에서 실천합시다.

그러나 우리만 잘해 보려고 하는 선에 머물러서는 안 됩니다. 다른 사람들에게 예수님의 절약 정신을 알려야 합니다. 그들도 자연을 살리는 일에 동참하도록 만들어야 합니다. 우리 후손들에게 썩은 강토를 넘겨주면서 '금수강산'이라고 떠벌리는 사기꾼이 되지 않으려면 온 국민이 한 마음이 되어 자연을 살리는 일에 힘을 모아야 합니다. 그럴 때 이 병든 한반도가 치료될 수 있습니다. 금수강산이 될 수 있습니다.